Sandra Ivette Quintero Solís

Los MASC y la justicia restaurativa para lograr la reparación del daño

AF821189

Sandra Ivette Quintero Solís

Los MASC y la justicia restaurativa para lograr la reparación del daño

Su impacto en Jalisco y México

PUBLICIA

Impressum / Aviso legal
Bibliografische Information der Deutschen Nationalbibliothek: Die Deutsche Nationalbibliothek verzeichnet diese Publikation in der Deutschen Nationalbibliografie; detaillierte bibliografische Daten sind im Internet über http://dnb.d-nb.de abrufbar.

Información bibliográfica de la Deutsche Nationalbibliothek: La Deutsche Nationalbibliothek clasifica esta publicación en la Deutsche Nationalbibliografie; los datos bibliográficos detallados están disponibles en internet en http://dnb.d-nb.de.

Coverbild / Imagen de portada: www.ingimage.com

Verlag / Editorial:
PUBLICIA
ist ein Imprint der / es una marca de
OmniScriptum GmbH & Co. KG
Bahnhofstraße 28, 66111 Saarbrücken, Deutschland / Alemania
Email / Correo Electrónico: info@editorial-publicia.com

Herstellung: siehe letzte Seite /
Publicado en: consulte la última página
ISBN: 978-3-639-64983-3

Zugl. / Aprobado por: Jalisco, México, Instituto de Estudios Jurídicos, Tesis Doctoral, 2015

Contenido

AGRADECIMIENTOS 6

INTRODUCCIÓN 8

CAPÍTULO PRIMERO 10

1. ANTECEDENTES INMEDIATOS DE LA JUSTICIA ALTERNATIVA EN MÉXICO Y JALISCO. 10

1.1 La justicia en los Métodos Alternos de Solución de Conflictos y la llamada Justicia Restaurativa 11

1.1.1 En relación con los/las victimarios/as: 28

1.1.2 En relación con las víctimas: 29

1.1.3 En relación con la comunidad 29

1.2 Los mecanismos complementarios de solución de conflictos como medio para la Justicia Restaurativa 30

1.3 El Conflicto 32

1.3.1 Fuentes: 34

1.3.2 Elementos: 35

1.4 Los diferentes Métodos Complementarios de Solución de Conflictos. 47

1.4.1 La Mediación 50

1.4.1.1 El Mediador 64

1.4.2 La Conciliación. 70

1.4.2.1 El conciliador 75

1.4.3 El Abogado en los métodos complementarios 79

1.4.4 Análisis de los métodos complementarios y su eficacia como medio para lograr la justicia restaurativa. 83

1.5 Conclusiones. 92

CAPÍTULO SEGUNDO 94

2. TEORÍAS EMPLEADAS PARA EXPLICAR EL PROBLEMA DE LA IMPARTICIÓN DE JUSTICIA Y LOS MÉTODOS ALTERNOS DE SOLUCIÓN DE CONTROVERSIAS COMO POSIBLE SOLUCIÓN 94

2.1 Introducción 94

2.2 Teoría de la Constitución de Rudolf Smend 95

2.2.1 Noción 95

2.2.2 Postulados 96

2.2.3 Utilidad de la Teoría de le Constitución en los Mecanismos Alternos de Solución de Conflictos 105

2.3 Teoría Económica del Derecho de Ronald Coase 109

2.3.1 Noción 109

2.3.2 Postulados 112

2.3.3 Principales exponentes 114

2.3.4 Utilidad de la Teoría Económica del Derecho en la aplicación de los Mecanismos Alternos de Solución de Conflictos 116

2.4 Teoría Jurídica Crítica de Luigi Ferrajoli 118

2.4.1 Noción 118

2.4.2 Postulados 119

2.4.3 Utilidad de la Teoría Jurídica Crítica en los Mecanismos Alternos 123

2.5 Teoría Pensamiento Jurídico Crítico de Antonio Carlos Wolkmer 124

2.5.1 Noción 124

2.5.2 Postulados 127

2.5.3 Principales Exponentes 132

2.5.4 Relación de la Teoría Crítica del Derecho con los Mecanismos Alternativos. 134

2.6 Teoría del Funcionalismo Estructural de Robert King Merton. 135

2.6.1 Noción 135

2.6.2 Postulados 137

2.6.3 Relación de la Teoría del Funcionalismo Estructural con los Mecanismos Alternativos. 145

2.7 Teoría del Funcionalismo Estructural de Talcot Parsons 147

2.7.1 Noción 147

2.7.2 Postulados 148

2.7.3 Principales autores o exponentes: 150

2.7.4 Relación de la Teoría del Funcionalismo Estructural con los Mecanismos Alternos de Solución de Conflictos. 151

2.8 Teoría de la Justicia de Jhon Rawls 153

2.8.1 Noción 153

2.8.2 Postulados 155

2.8.3 Relación de la Teoría de la Justicia con los Mecanismos Alternos 156

2.9 Teoría del Conflicto de Ralf Dahrendorf 158

2.9.1 Noción 158

2.9.2 Postulados 159

2.9.3 Principales exponentes 166

2.9.4 Relación de la Teoría del Conflicto con los Mecanismos Alternativos y la Justicia Restaurativa 167

2.10 Teoría Estado Mínimo de Nozick 167

2.10.1 Noción 167

2.10.2 Postulados 168

2.10.3 Relación de la Teoría del Estado Mínimo con los Mecanismos Alternos y la Justicia Restaurativa. 170

2.11 Conclusiones 171

CAPÍTULO TERCERO 173

3. CONCEPTOS FUNDAMENTALES INHERENTES AL PROBLEMA OBJETO DE ESTUDIO 173

3.1 Arbitraje 173

3.2 Arbitro 174

3.3 Conciliación 175

3.4 Conciliador 176

3.5 Conflicto 177

3.6 Convenio Final del Método Alternativo 178

3.7 Justicia Restaurativa 179

3.8 Mediación 180

3.9 Mediador 182

3.10 Método Alternativo 182

3.11 Negociación 184

3.12 Proceso restaurativo 185

3.13 Reparación del daño 186

3.14 Resultado restaurativo 187

3.15 Tejido social 188

3.16 Victima 189

3.17 Conclusiones del Capítulo 191

4. TRATAMIENTO JURÍDICO DE LOS MÉTODOS ALTERNOS DE SOLUCIÓN DE CONTROVERSIAS 192

4.1 Los métodos alternos y la reparación del daño en la Constitución política de los Estados Unidos Mexicanos 193

4.2 Métodos Alternos y Justicia Restaurativa en los tratados y foros internacionales 202

4.2.1 Congresos quinquenales. 203

4.2.1.1 Séptimo Congreso. 205
4.2.1.2 Octavo congreso 208
4.2.1.3 Noveno congreso 211
4.2.1.4 Décimo congreso 213
4.2.1.5 Décimo primer congreso. 216
4.2.1.6 Décimosegundo congreso. 219
4.3 Los Métodos Alternos de Solución de conflictos. Un análisis de las Constituciones de los Estados de la República Mexicana. 223
4.3.1 La Constitución del Estado de Baja California 224
4.3.2 La Constitución del Estado de Chiapas 224
4.3.3 La Constitución del Estado de Coahuila 225
4.3.4 La Constitución del Estado de Colima 225
4.3.5 La Constitución del Estado de Durango 226
4.3.6 La Constitución del Estado de Guanajuato 226
4.3.7 La Constitución del Estado de Hidalgo 227
4.3.8 La Constitución del Estado de Michoacán 227
4.3.9 La Constitución del Estado de Nayarit 228
4.3.10 La Constitución del Estado de Nuevo León 228
4.3.11 La Constitución del Estado de Oaxaca 228
4.3.12 La Constitución del Estado de Quintana Roo 229
4.3.13 La Constitución del Estado de Veracruz 230
4.3.14 La Constitución del Estado de Yucatán 230
4.4 La Ley Nacional de Mecanismos de Solución de Controversias en Materia Penal 231
4.5 Ley de Justicia Alternativa para el Estado de Jalisco 237
4.6 Los Mecanismos Alternativos en el Código Penal del Estado de Jalisco 244
4.7 Código Procedimientos Penales para el Estado de Jalisco 250
4.8 Tesis y jurisprudencias relacionadas con los Métodos Alternos de Solución de Conflictos. 253
4.9 Conclusiones al capítulo 267
CAPÍTULO QUINTO 270
4. MEDICIÓN EMPÍRICA DE LA REALIDAD DE LOS MECANISMOS ALTERNOS EN MÉXICO Y JALISCO 270
5.1 Análisis Cuantitativo 270
5.2 Métodos y técnicas 270

5.3 Estadísticas proporcionadas por las Autoridades 272
5.3.1 Campeche 274
5.3.2 Chihuahua 275
5.3.3 Chiapas 278
5.3.4 Durango 279
5.3.5 Distrito Federal 283
5.3.6 Jalisco 284
5.3.7 Nayarit 285
5.3.8 Nuevo León 286
5.3.9 Sinaloa 292
5.3.10 Sonora 294
5.4 Encuestas oficiales a nivel Nacional realizadas por la Secretaría Técnica para la implementación del Sistema Penal Acusatorio. 296
5.4.1 Selección de la muestra 297
5.4.2 Análisis cualitativo del estudio de percepción 299
5.4.3 La metodología 299
5.4.4 Cobertura 300
5.4.5 Métodos de recolección utilizados 300
5.4.6 Sectores estudiados 300
5.4.7 Caso por el que levantó la demanda 301
5.4.8 Institución en la que realizó la denuncia 302
5.4.9 Etapa en el proceso 302
5.4.10 Nivel de satisfacción con el proceso 302
5.4.11 Cumplimiento de expectativas 303
5.4.12 Sentimiento de protección 303
5.4.13 Reparación de daños a víctimas 304
5.5. Encuestas realizadas sobre los Métodos Alternativos de Solución de Conflictos en Jalisco. 305
5.6 Conclusiones al capítulo 328
CONCLUSIONES 331
BIBLIOGRAFÍA 335

AGRADECIMIENTOS

Al Dr. Gelacio Juan Ramón Gutiérrez Ocegueda por su consejo, respaldo y confianza incondicional, luz de sol en el día y resplandor de luna en la noche, por estar siempre ahí, porque sin él esto no sería posible. JTB.

A mi hija, por ser mi orgullo y mi gran motivación, libras mi mente de todas las adversidades que se presentan y me impulsas a cada dia superarme en la carrera de ofrecerte siempre lo mejor, por tu paciencia, porque siempre me has apoyado y entendido de manera incondicional. Te amo.

A mis padres por su gran amor, comprensión, consejo, tolerancia y apoyo, sin ello, recorrer lo andado hubiera sido imposible.

INTRODUCCIÓN

"La práctica de la Mediación, a cualquier nivel de las relaciones humanas, supone un aprendizaje y un adiestramiento en la Resolución Positiva de Conflictos. Tiene mucho que ver con la Educación para la Paz, puesto que cuando solucionamos un conflicto adquirimos la capacidad de solucionar conflictos futuros, sea de la misma temática o de otra diferente"

-Vincenc Fisas

Titular de la Cátedra UNESCO sobre Paz y Derechos Humanos de la Universidad Autónoma de Barcelona

Es un principio de derecho que la justicia penal debe ser el último que aplique el Estado para la solución de los conflictos entre los ciudadanos, sin embargo en la Ley de Justicia Alternativa del Estado de Jalisco, se establece un catálogo de delitos que no pueden ser objeto de ser solucionados mediante algún método alterno, y ahora con la Ley Nacional de Mecanismos Alternos de Solución de Conflictos en materia Penal, en la cual cierra aun más el catálogo de delitos, por lo que serán menos los delitos que puedan resolverse mediante dichos métodos, lo que impide que el derecho penal sea la ultima ratio e imposibilita el avance del sistema penal acusatorio, considerando que el éxito de éste será contar con un sistema de justicia alternativa eficaz. Sin embargo, es una realidad el que sólo un mínimo porcentaje de los delitos que son denunciados reciben una sentencia condenatoria y aun más mínimo el porcentaje de las victimas a quienes se les reparó el daño, lo que genera descontento de la victima u ofendido pues el fin último que perseguía consistente en que se reparara el daño del delito sufrido no se materializa, generando con esto una percepción ciudadana de insatisfacción e ineficacia de las instituciones procuradoras y administradoras de justicia.

CAPÍTULO PRIMERO

1. ANTECEDENTES INMEDIATOS DE LA JUSTICIA ALTERNATIVA EN MÉXICO Y JALISCO.

"Las formas de resolución de conflictos en las que una tercera parte ayuda a los contendientes a resolver sus conflictos y a llegar a sus propias decisiones probablemente han existido desde que había tres o más personas sobre la tierra"

Jay Folberg y Alison Taylor

En este primer capítulo, como técnicas de recopilación de datos se analizaron libros, revistas, material electrónico y toda la información posible a partir de su disponibilidad, a través de la investigación jurídica. Entre los métodos se utilizó, el deductivo, ya que a partir de la información recabada se fue progresando por el razonamiento a través de la deducción; también se utilizó el método sintético relacionando distintos hechos e informaciones, para luego homogeneizarse, como el caso de algunos argumentos o conceptos que emanan de diferentes posturas que aparentemente no estaban relacionadas entre sí. A través del método analítico, se revisó detenidamente y por separado, todo el material recabado. Para finalizar, se utilizó el método dialéctico, el cual nos permite estudiar el fenómeno en movimiento.

1.1 La justicia en los Métodos Alternos de Solución de Conflictos y la llamada Justicia Restaurativa

Es un hecho que actualmente se percibe insatisfacción por parte de la sociedad en relación a la manera en la que se solucionan los conflictos, que han llegado al punto de convertirse en delitos. Esto porque son pocos los delitos denunciados que en realidad llegan a un buen término, o por lo menos a lo esperado por la victima u ofendido, que sería la sentencia condenatoria, aunado a lo anterior de esa mínima cantidad de denuncias que logra concretarse en una sentencia en la que se condena al imputado al pago de la reparación del daño, son todavía menos los ofendidos que ven materializada esa sentencia, pues no llega a sus manos la reparación del daño material, moral ni psicológica. Aunado al hecho de que el imputado no tiene una verdadera reinserción social, ni toma conciencia de los hechos que cometió, por el simple hecho de estar en prisión.

Este descontento social se refleja en los índices de percepción ciudadana, en los que se deja patente la desconfianza que existe hacia el sistema de Procuración e Impartición de Justicia, así como la percepción que se tiene sobre la prisión, al conocérsele como la escuela del crimen, pues socialmente se considera que no tiene un impacto en el imputado, que lo haga consciente del daño que generó, responsable por los hechos que cometió y tenga un convencimiento de no volver a delinquir.

Siendo también importante señalar el desgaste emocional de las víctimas, al tener que pasar por procesos largos, en los que lo único que se busca resarcirle al final es el aspecto económico, dejando de lado todo el aspecto emocional que conlleva el haber sido víctima de un hecho señalado por la ley como delito, lo que genera un malestar, descontento e impotencia en las víctimas, al tener el sentimiento de que no les fue impartida la justicia que esperaban.

Teniendo que entrar en este primer punto, sobre ¿qué es la justicia?

Tal vez lo primero que nos vendría a la mente es Justiniano con "Justicia es dar a cada quien lo que le corresponde", pero ese concepto de justicia se encuentra rebasado actualmente, pues se entra en el discurso filosófico de qué es lo que en realidad le corresponde a cada persona y que aspectos se toman o debieran tomarse en cuenta para determinar esa correspondencia.

Luban citado por Brito ("Justicia Restaurativa" Recuperado en : http://www.icbf.gov.co/portal/page/portal/PortalICBF/Bienestar/SRPA/Tab/JR-en-Colombia.pdf) En sus inicios, el debate académico sobre las fuentes de la justicia planteó la disyuntiva entre la justicia proveniente de lo divino y por ende muy ligada a la religión, versus la visión Iusnaturalista que plantea que la justicia es natural en los seres humanos y por ende se da espontáneamente en las relaciones sociales, en las que la búsqueda de la igualdad y la libertad están siempre presentes, sostienen además que la idea de lo justo proviene de la moral y de las costumbres. Pero conforme ha avanzado la sociedad se puede ver que la justicia no es sólo lo que está en las costumbres, ya que podemos recordar la época de la Santa inquisición donde se te podía acusar de brujería y enviarte a la hoguera por cuestiones sin importancia y no por el hecho de que la sociedad estuviera de acuerdo en éste tipo de actos se le puede considerar justo.

Sin embargo dejando de lado el iusnaturalismo y tomando en consideración el iuspositivismo, este nos dice que el derecho y la justicia no es natural en los seres humanos, sino que es necesaria la creación de normas para establecer ese control social que nos permita llegar al fin último de justicia, por lo que histórica y socialmente se ha considerado que es la norma y su aplicación el medio idóneo para llegar a la justicia.

Se debe considerar que, no siempre lo que es legal es justo, y allí es posible citar la visión marxista de la justicia que plantea que esta es también un instrumento ideológico y que por ello las leyes son legitimadoras de injusticias, en este sentido pueden citarse varios ejemplos, la esclavitud es uno de ellos, era legal en la época en que se practicaba, pero no era justa y en el contexto actual se puede citar el caso de las barreras para la movilidad humana de los países pobres hacia los países ricos, esas trabas son legales, pero profundamente injustas. Tomando como base lo anterior es necesario hacer énfasis en que los conceptos de justicia y ley no pueden ser entendidos como sinónimos (Gargarella, 1999). Pues no siempre el que se aplique la ley es lo que nos llevará a la justicia, y en ocasiones para ser justos se deberá de dejar de aplicar la ley.

La profundización en este debate da lugar a lo que se denomina la Posición Relativista (Kelsen, 1988) quien allana el camino con el argumento de que como el problema de lo justo está en el antagonismo de valores, y los valores entran en el plano de lo ético y moral y por ende no son objetivos sino que están guiados por aspectos de tipo subjetivo, lo que debe buscar la justicia es un compromiso que concilie intereses (visión positivista) con los valores (visión iusnaturalista). Y en términos prácticos, ha dado lugar a interesantes desarrollos en materia de aplicación de justicia. En los últimos tiempos ha surgido lo que se denomina "justicias alternativas" que rompiendo la férrea defensa de la doctrina jurídica que procura mantener la aplicación de justicia en el campo del derecho positivo, ha dado lugar a nuevas formas de justicia, que paradójicamente rescatan tradiciones pre modernas para la búsqueda de lo justo. Es regresar al tiempo en que la palabra valía, se cumplían los compromisos, en que los problemas se solucionaban hablando y no yendo ante el juez pretendiendo que fuera éste quien decidiera quien tenía la razón.

De ello deriva la importancia de éstos métodos alternos de resolución de conflictos y de la justicia restaurativa, puesto que logra un concierto entre los intereses y los valores, en los intereses porque la víctima y ofendido puede ver reparado el daño material y en los valores, tanto ofendido como imputado, obtienen una reparación moral o psicosocial, esto debido a que se busca que la victima pueda continuar con su vida como estaba hasta antes de haber sido víctima del hecho señalado como delito, e incluso existir un sentimiento de perdón hacia su agresor; por otra parte al imputado también se beneficia con éste tipo de métodos y justicia restaurativa, puesto que puede recomponer sus valores al verse de frente con la victima u ofendido y verse enfrentado con el ilícito cometido. Incluso podríamos analizar también el hecho de que en este tipo de métodos la víctima también puede hacerse responsable de los hechos que ella realizó que pudieron haber sido causa originadora del delito, asumiendo también su parte de responsabilidad, pensando como lo dijera la criminología en las víctimas propiciatorias.

La justicia restaurativa está enfocada al futuro poniendo hincapié en la solución de los problemas y no en el castigo retributivo. (Carranza, 2001) Pues después de siglos de aplicar los castigos se pudo observar que el simple hecho de castigar no resolvía el problema, el tener al delincuente en la cárcel no lo convertía en una mejor persona convencido del mal generado con su conducta delictiva, sino que generaba en él un descontento hacia la sociedad, por lo que al salir de prisión emerge resentido y con más conocimientos delictivos, generando así mayores problemas para la sociedad.

Sin embargo como se señalaba, esto entra en conflicto, con la idea que se tiene del derecho y como se debe de aplicar éste, y cuáles son los fines que con su aplicación persigue, ya que si analizamos, el derecho es, sin duda, un sistema de expresión y preservación de cierta orientación política, a través de la administración de justicia. En ésta cobra un dramatismo peculiar la esencia política del Derecho y con ella se custodian, implícita o explícitamente, los objetivos, los programas y los grandes compromisos de la comunidad y del Estado. De ahí que el derecho, en su vertiente penal, es un método para el control social. Late en su entraña la idea de conflicto, que aparece en la noción de la contradicción de intereses. Sin embargo, poco o nada ha servido para el control social, ya que aunque así lo pretende, no logra en muchas de las ocasiones aplicar la "justicia" que cada una de las partes espera y continúa así la contradicción de los intereses que los llevaron ante los tribunales.

Ese control social el Estado lo hace a través del Proceso Judicial que es un proceso parcial de resolución de conflictos, puesto que gestiona la parte burocrática y formal del conflicto, pero deja a un lado la parte humana. A pesar de este déficit, los ciudadanos siguen recurriendo a la Administración de Justicia como organismo gestor de sus conflictos. Empero se debe aclarar que recurren a ésta administración de justicia porque es la única que existía, ahora con el resurgimiento de los Mecanismos Alternativos se abre un panorama alentador.

Por ello la tendencia primero internacional, ahora también nacional, hacia la implementación de los métodos alternos de solución de controversias para resolver los conflictos que derivan en conductas reprochables penalmente, siendo la justicia restaurativa en conjunto con los métodos alternos el nuevo paradigma que se ha centrado más en tratar de reparar el daño a la víctima, tanto material como psicológico y moral, reparar el tejido social, pretender que el imputado se haga consciente y responsable de los daños generados con la comisión del hecho delictivo, más que buscar únicamente la pena para el responsable, lo que genera una ruptura con el concepto clásico de justicia retributiva donde el Estado a través de las autoridades lo que realizaban era imponer una pena de prisión o multa. Paradigma que obviamente conlleva un cambio de pensamiento en la sociedad, en el Estado, en el Sistema Judicial, en la autoridad de la manera en la que se aplica y administra justicia, pues se pretende dejar de lado lo punitivo para centrarnos en la capacidad de resolver conflictos de las partes, en la restauración.

Resulta especialmente interesante el hecho de que legislaciones y sistemas judiciales, claramente afincados en la modernidad, estén dando cabida a esta forma de justicia que podríamos denominar pre moderna, por cuanto apela a las bases mismas de la comunidad, y a valores como la solidaridad y al control social como una forma de atender los efectos del crimen. Posiblemente se deba a que está fuertemente cuestionada la efectividad del sistema penal y exista cada vez más certeza de que el castigo y el encierro no son una respuesta suficientemente buena para combatir y prevenir el delito. En pocas palabras lo que propone la justicia restaurativa es un tratamiento diferente a los delitos y a la violencia, supone que más que una cuestión abstracta de reglas y códigos rotos, es un asunto de personas y de sociedades que sufren. Así la justicia restaurativa se va al origen del conflicto, a tratar de reparar el sentimiento dañado en todas las partes interesadas y la comunidad en general.

Esta cabida que se le da a los métodos alternos de solución de controversias, sienta sus bases en que el progreso de un sistema político se mide por su capacidad de tolerar sencillamente la desviación como signo y producto de tensiones y disfunciones sociales no resueltas, y por otro lado prevenirla, sin medios punitivos o autoritarios, haciendo desaparecer sus causales materiales. Y qué mejor manera de desaparecer sus causas que lograr en las personas involucradas un saneamiento interno, que lleva al delincuente a ponerse en el lado de la víctima y a la víctima a lograr un saneamiento interno. En una perspectiva semejante desde luego es posible la abolición de esa pena especifica – inútilmente aflictiva e incluso criminógena que es la reclusión carcelaria. Y más en general, es deseable la reducción cuantitativa de la intervención penal paralelamente a la superación de los que Marx llamaba los focos antisociales donde nacen los crímenes: con la instauración de garantías jurídico-sociales de vida y supervivencia idóneas para eliminar las raíces estructurales de la desviación por razones de subsistencia, con la eliminación de los fenómenos de disgregación y de marginación social de los que nutren las subculturas criminales, con el desarrollo de la democracia y de la transparencia de los poderes públicos y privados cuyo carácter oculto e incontrolado está en el origen de gran parte de la actual criminalidad económica y administrativa. Solo bajo la primacía del castigo, el sistema de Justicia solo puede generar efectos revictimizadores. Es por ello que la criminología crítica señala que el castigo, la prisión, no es la solución al crimen.

Sería entonces dable cuestionarnos, ¿cuál es el avance de nuestro sistema jurídico, político y social, en el ámbito jurídico? podemos señalar que ya son varios estados de la República Mexicana, que han dado cabida a los métodos alternos, pero se debe de implementar de la mano de la justicia restaurativa, ya que con dicha justicia restaurativa se cubriría el avance social, pues se deja de estigmatizar a las personas que han cometido un hecho señalado como delito, puesto que las personas que han estado en prisión siempre llevan consigo el estigma social de haber estado recluidos, aun cuando hubiere sido por delito imprudencial, socialmente es reprochable el hecho de haber estado preso. Otro aspecto social que se prevé lograr con los métodos alternos y la justicia restaurativa es lo relativo a la prevención del delito, esto porque, la tendencia es lograr en el imputado un convencimiento en no volver a delinquir al hacerle frente al delito cometido y en la victima y en la sociedad ir implementando estos métodos como un complemento a la aplicación de la justicia.

Sin embargo, tomando en consideración el problema de lo justo y las bases para la aplicación de la justicia, es posible identificar los siguientes modelos de justicia tal y como lo refiere Montada, citada por Brito:

Justicia Retributiva: Tiene como presupuesto fundamental el castigo a la infracción de la ley, y supone una sociedad de individuos regulada por un contrato social. Se enfoca principalmente al tratamiento que debe dar al ofensor y generalmente deja de lado la víctima. Es un enfoque retroactivo puesto que los procedimientos legales se inician una vez se ha cometido la infracción y utiliza mecanismos tales como las cortes, las leyes criminales y los tribunales internacionales, para combatir la impunidad y disuadir futuras violaciones de derechos. Posee un alto nivel de abstracción ya que delito es concebido como una acción en contra del Estado y se desliga de la relación concreta entre personas y del origen social del conflicto.

La existencia del conflicto aparece como una parte inevitable del funcionamiento social: el ser humano, desde su nacimiento, aprende a vivir empleando estrategias de supervivencia para resolver sus conflictos más elementales. (Márquez Algara, 2004, recuperado en: http://ezproxy.uag.mx:2052/lib/bibliouagsp/reader.action?docID=10609384) Sin embargo al considerarle como inevitable en el humano, es al mismo humano a quien se deja de lado con la justicia retributiva, ya que al considerar al Estado como el ofendido del delito, como lo es en el caso de los delitos perseguidos de oficio, la víctima nunca vuelve a ser escuchada, durante el proceso es el Ministerio Público quien comparece y “representando” a éste solicita la pena y el juez sentencia sin escuchar a la víctima, dejando de lado la parte humana, pues resulta lógico que lo que le expresa el fiscal al juzgador no es lo mismo que le pudiera expresar el ofendido, pues fue él quien resintió el delito.

Por ello si se considera al conflicto como esencial en el hombre, se deben de buscar las mejores formas de resolverlos, de manera que afecten menos a la sociedad, con el menor costo y el mayor beneficio de reinserción y no repetición.

Justicia Distributiva: Esta modalidad de justicia está centrada en los aspectos económicos de las relaciones sociales y se preocupa por dar a todos los miembros de la sociedad, una “parte justa” de los beneficios y recursos disponibles. Es la encargada de definir los criterios de esta distribución y garantizar los procesos que dan cuenta de ello. Supone que es necesario reglamentar de alguna manera la práctica económica, para corregir la desigual proporción con que los diferentes estamentos sociales se apropian del producido social. Sin embargo, en la actualidad la materia penal se centra sólo en la reparación del daño material, dejando de lado lo erogado o el daño moral sufrido por la víctima, por lo que nunca se corrige de manera adecuada el daño causado.

Justicia Reparativa: También llamada justicia compensatoria. La justicia reparativa se preocupa por devolver a las víctimas lo que ellas han perdido durante el curso del conflicto. Estas reparaciones pueden ser individuales o colectivas y pueden ser económicas o no. Uno de los aspectos más importantes de la justicia reparativa es que lleva al ofensor al reconocimiento de la responsabilidad por el daño ocasionado a las víctimas y el gesto de compensación puede ser positivamente percibido por las víctimas como una forma de arrepentimiento genuino. Empero en nuestro actual sistema de justicia, no se da la reparación económica, mucho menos nos encontramos, con un delincuente que pida perdón, porque en muchas ocasiones ni siquiera son conscientes del daño generado por ello por lo que la víctima no ve resarcido el daño ni económica ni moralmente.

Justicia Restaurativa: Es un tipo de justicia centrada en la dimensión social del delito. Busca restaurar el lazo social dañado por la acción criminal en un proceso de reparación y reconciliación entre la víctima y el infractor, con la mediación de la comunidad. Cuestiona la abstracción del modelo jurídico y apela al conocimiento y resolución de los conflictos entre sujetos concretos de comunidades concretas. Da un papel fundamental a la víctima a quien se repara el daño y responsabiliza al ofensor, además de darle la oportunidad de deshacer el daño y reconciliarse con la sociedad. Por ello la justicia restaurativa busca reparar el conflicto desde su origen, permitiendo a ambas partes expresarse, eliminar sentimientos negativos y volver a la sociedad sanados interiormente, lo que conlleva a un mejoramiento de la comunidad en general.

Realizando un análisis de estos diversos tipos de justicia, podemos claramente establecer que el sistema de justicia que se aplica en el estado y el país, es la justicia retributiva, puesto que el Estado se ha centrado únicamente en el castigo, en mantener en prisión al imputado, lo cual queda patente al conocer la sobrepoblación en las cárceles, y cuantas de esas personas han reparado el daño a la víctima, siendo la víctima quien menos figura en esta justicia retributiva, pues no tiene el papel fundamental que debiera tener dentro del proceso al ser ella quien resintió el hecho cometido por el delito, sin embargo, es siempre representada por el Estado.

La Justicia distributiva se centra más en aspectos económicos, sin embargo tratándose de hechos delictuosos, hay ocasiones en que se vulneran bienes jurídicos tutelados que son fundamentales para la víctima y no basta para ella el pago económico, sino que en ocasiones se trata más de una cuestión psicológica o social lo que es fundamental para la víctima que se le repare.

En cambio en la Justicia restaurativa, que como dijimos se puede lograr mediante los métodos alternos de mediación o conciliación, en primer término le da un papel fundamental a la víctima, tal y como lo debiera tener al ser ella quien directamente resintió el hecho señalado por la ley como delito, importante también el papel que se le otorga a la sociedad, puesto que se le involucra en este tipo de justicia, para que también coadyuve en la solución de los conflictos, para lograr la restauración del tejido social, que tanto victima como imputado puedan seguir desenvolviéndose normalmente en sociedad, como lo venían haciendo hasta antes de la comisión del ilícito, ya que busca que el imputado se haga conocedor y responsable de los hechos con los que generó el daño.

Estos modelos de justicia pudieran resumirse en dos: el modelo retributivo, que es el que actualmente se aplica y el restaurativo, que es el que se propone como más adecuado para un avance en la aplicación de justicia, de manera muy clara A. Beristain, citado por Brito, logra resumir estos paradigmas: Ver Cuadro 1.

JUSTICIA RETRIBUTIVA	JUSTICIA RESTAURATIVA
El delito es la infracción a la norma penal del Estado	El delito es la acción que causa daño a otra persona
Se centra en el reproche, la culpabilidad, mirando al pasado, a lo que el delincuente hizo	Se centra en la solución del problema, en la responsabilidad y obligaciones mirando al futuro
Se reconoce una relación de contrarios, de adversarios, que vencen y cometen al enemigo en un proceso normativo legal.	Se establece un diálogo y una negociación normativa que imponga al delincuente una sanción restauradora.
El castigo es la consecuencia natural, dolorosa, que también conlleva o pretende la prevención general y especial.	La solución del conflicto está en la reparación como un medio de restaurar ambas partes, victima y delincuente. Tiene como meta la reconciliación
El delito se percibe como un conflicto del individuo contra el Estado. Se menosprecia su dimensión interpersonal y conflictiva.	El delito se reconoce como un conflicto interpersonal. Se reconoce el valor del conflicto.
El daño que padece el sujeto pasivo del delito se compensa con otro daño al	Se pretende lograr la restauración del daño social.

delincuente.	
Se margina a la comunidad (y a las victimas) y se la ubica abstractamente en el Estado.	La comunidad como catalizador de un proceso restaurativo versus el pasado.
Se promueve, se fomenta, el talante competitivo, los valores individuales.	Se incentiva la reciprocidad
La sanción es la reacción del Estado contra el delincuente. Se ignora a la víctima y el delincuente permanece pasivo.	Se reconoce el papel de la víctima y el papel del delincuente, tanto en el problema (delito) como en su solución. Se reconocen las necesidades y los derechos de la víctima. Se anima al delincuente a responsabilizarse.
El deber del delincuente es cumplir (sufrir) la pena.	Se define la responsabilidad del delincuente como la compresión del impacto de su acción y el compromiso de reparar el daño.
El delincuente no tiene responsabilidad en la solución del problema.	El delincuente tiene responsabilidad en la solución del conflicto.
El delito se define a tenor de la formulación legal, sin tomar en consideración las dimensiones morales, sociales, económico, políticas.	El delito se entiende en todo su contexto moral, social, económico y político.

El delincuente tiene una deuda con el Estado y la sociedad en abstracto.	Se reconoce a la victima la deuda/responsabilidad.
El estigma del delito es imborrable.	El estigma del delito puede borrarse por la acción reparadora/restauradora.
No se fomenta el arrepentimiento, el perdón.	Se procura el arrepentimiento y el perdón.
La justicia está exclusivamente en manos de profesionales gubernamentales.	La respuesta al delito se crea desde los propios protagonistas.

Cuadro 1: Modelo Retributivo vs. Modelo Restaurativo. A. Beristain (1998)

Dicho cuadro comparativo nos deja en claro la diferencia en ambos modelos de justicia y la repercusión que conlleva la aplicación de uno u otro a nivel personal y social. Como bien lo señalara Brito citando a Beristain en su cuadro comparativo, mientras que la justicia retributiva considera el delito únicamente como una infracción a la norma penal del Estado, en un proceso restaurativo, se considera como un daño causado a otra persona, que analizándolo de fondo, como se dijo desde un principio, los delitos son conflictos entre personas que la legislación ha tipificado, pero en un principio surgen como conflictos, se puede hacer un análisis minucioso de nuestro Código Penal y podremos establecer que en efecto cada tipo penal surge como la culminación de un conflicto, existente ya entre particulares. Por lo que el modelo retributivo analiza la conducta del imputado, únicamente como infracción a la norma, dejando de lado la verdadera esencia que es el daño causado y la repercusión de ese daño en la víctima.

Una vez detectado ese daño, la justicia restaurativa centra su atención en resolver el problema, en buscar posibles soluciones o alternativas con las que la victima u ofendido sienta que el daño le fue reparado, no solo materialmente sino emocional, psicológica y socialmente. Como se dijo anteriormente se le da a la victima el papel fundamental que ella tiene dentro del conflicto y en la posible solución de éste.

Sin embargo en modelo retributivo, lo único que hace es observar lo que el imputado hizo y reprochárselo, y la manera de reproche es mantenerlo en prisión, sin que esto conlleve a un mejoramiento o reinserción del imputado, generando con esto que continúe el enfrentamiento entre ofensor y ofendido, puesto que el imputado, en ocasiones no es consciente de la trascendencia del ilícito que cometió y considera a la víctima como el responsable de su reclusión, manteniendo ese sentimiento adversarial entre ambas partes, pues como se ha señalado la reclusión no es la solución al problema de seguridad que se tiene actualmente, puesto que la persona no cambia ni se hace responsable conscientemente del delito que cometió por el simple hecho de estar en prisión, sino que por el contrario genera un resentimiento hacia la autoridad, en cambio en el modelo restaurativo se busca un convenio entre ambas partes, dejando de lado el ser contrarios para buscar una solución en común.

Por lo que en tanto que en uno se busca únicamente una pena, pena que no sirve de reinserción ni de medio preventivo para que deje de cometer los ilícitos, puesto que los delincuentes no analizan los código penales para saber la penalidad que les correspondería, sino que basándose en la ineficacia del sistema, considerando que son pocos los delitos que culminan en una sentencia, no razona en cuanto a la pena que se le aplicaría, sino a la imposibilidad de la autoridad de lograr una condena en su contra.

Y en cambio en la justicia restaurativa, lo que el imputado debe hacer es reparar el daño, por lo que ya no se concreta únicamente a estar como pasivo esperando el castigo del estado, sino en activo para lograr la reparación del daño, siendo por tanto responsable de la solución del conflicto.

En el modelo retributivo lo que se da al imputado es un castigo por el hecho cometido, y como se señalaba el imputado permanece con resentimiento hacia la víctima y al Estado por el castigo que se le impone, en cambio en la justicia restaurativa lo que se busca es una solución del conflicto, y dicha solución beneficia a ambas partes, tanto victima como a imputado, pues como ya se ha señalado con los procesos restaurativos se logra el beneficio de ambas partes, a la víctima se le repara el daño y el imputado se hace responsable consciente y socialmente del hecho delictivo que cometió, lo que ayuda a una verdadera reinserción, pues deja de delinquir por el convencimiento, después de haber sido reflexivo del daño que causa con su actuar, fomentando así el arrepentimiento del imputado y el perdón en la victima.

Después de todo lo expuesto y de las diferencias existentes entre ambos tipos de justicia, podemos señalar que lo que en última instancia busca la justicia restaurativa es:

1.1.1 En relación con los/las victimarios/as:

A) Que enfrenten los hechos y sus consecuencias, es decir, que tomen conciencia y asuman responsabilidad.
B) Crear un espacio de respeto centrado en la comprensión de las dinámicas sociales y la alteridad
C) Que asuma el trabajo de reparar el daño ocasionado y no deje éste a la víctima ni a la sociedad
D) Que tome conciencia de sus actos y las razones y condiciones que le llevaron a cometerlo
E) Que revalúe sus actuaciones no por el temor al castigo sino por la conciencia de sus consecuencias
F) Que comprenda y acepte que pertenecer a una comunidad implica la aceptación de reglas
G) Que comprenda que el tratamiento digno y respetuoso que se le brinda en el proceso es parte de lo que la sociedad espera recibir de él/ella
H) Que a través de la reparación del daño logre superar el estigma del delito y restaurar las relaciones con su comunidad (Brito, 2010)

Recordemos que un daño es un mal, perjuicio (Camargo, 2003) o menoscabo causado por una persona a otra u otras. Este deterioro, puede ser material o moral, el primero consiste en un menoscabo pecuniario al patrimonio de una persona, mientras que el segundo, es la afectación sufrida en los sentimientos, creencias, reputación, en la vida privada o en la consideración que tienen los demás de dicha persona (Carranca, 1997) Y la mayoría de los delitos provocan un deterioro material y moral, pues aun cuando se trate por ejemplo de un robo, no se le puede tomar como sólo algo material, ya que dicho acontecimiento afecta de tal manera a la víctima que la hace cambiar sus hábitos de vida a partir del ilícito.

Por ello la importancia de los mecanismos complementarios y la justicia restaurativa puesto que buscan una reparación del daño integral y con ello se pueden restaurar las relaciones hacia la comunidad.

1.1.2 En relación con las víctimas:

A) Que reciba atención privilegiada, el proceso tiene por objetivo reparar el daño que recibió
B) Que cambie el equilibrio de poder entre ella y el victimario/a, pues la justicia restaurativa entiende que para que ocurra el delito la víctima está en desventaja de poder
C) Que no sufra nuevas victimizaciones en el proceso del tratamiento del delito y romper así con estigmas y prejuicios
D) Que tome un papel activo en el proceso, y logre plantear sus demandas de reparación ante el victimario/a sin sufrir nuevas agresiones

1.1.3 En relación con la comunidad

A) Que participe activamente en la resolución de los delitos y genere espacios de seguridad para víctimas y victimarios/as
B) Que a partir del manejo de los casos se propicien espacios de fortalecimiento a una ética de la convivencia

C) Que tome conciencia de las bases culturales y estructurales de la violencia y el delito para que emprenda acciones de transformación
D) Que acoja y proteja a las víctimas y abra espacios de reinserción a los victimarios/as para superar estigmas y prejuicios. (Brito, 2010)

Se concluye que los objetivos que persiguen los métodos alternativos de solución de controversias son:

A) La descongestión de los tribunales;
B) La mayor celeridad en el conocimiento y resolución de las contiendas;
C) El mejoramiento del acceso a la justicia

Contribuir al mayor protagonismo ciudadano y a los esfuerzos de democratización de la justicia, suministrar a la sociedad formas más efectivas de resolución de disputas. (Dupuis, 1997). Al considerar que el actual sistema de justicia ha sido completamente rebasado, que no logra los fines propuestos, la víctima no se siente reconfortada, al delincuente no se le rehabilita, los delitos aumentan y la percepción ciudadana de inseguridad aun más, es necesario transitar a éstas formal alternativas.

1.2 Los mecanismos complementarios de solución de conflictos como medio para la Justicia Restaurativa

Como se ha venido señalando con anterioridad, la procuración e impartición de justicia en México y en nuestro estado, está en crisis, ya que existe una percepción ciudadana de que dicha justicia no existe, por lo que en la busca de nuevas formas de resolver los conflictos de manera que sea más eficiente y satisfagan las necesidad de percepción de justicia que tiene la víctima y la sociedad, es que se implementan los conocidos como Métodos Alternos de Solución de Conflictos.

Dichos métodos alternos tiene su nacimiento en países europeos, pero a partir de la década de los 80 en los países de América Latina y el Caribe se generó una toma de conciencia en la opinión pública sobre la necesidad de modernizar el sistema de administración de justicia para darle mayor credibilidad, transparencia, celeridad e imparcialidad. Entre las medidas diseñadas para realizar estas reformas se han adoptado los "Medios Alternativos de Solución de Conflictos" también conocidos como "Mecanismos Alternativos de Resolución de Conflictos". (Rango Constitucional de los Medios Alternativos de Solución de Controversias: El Fundamento para un nuevo paradigma en la Justicia Venezolana. Claudia Matute Morales. Recuperado en; http://www.ordenjuridico.gob.mx/Publicaciones/CDs2011/CDArbitraje/pdf/PUBLI15.pdf)

Sin embargo, aun cuando la llegada a nuestro país es reciente y es apenas con la transición al sistema penal acusatorio que se han dado a conocer éste tipo de resolución de conflictos, en varias legislaciones de nuestro estado están previstos, aun cuando con anterioridad han sido prácticamente ignorados.

Antes de continuar, es preciso asentar, que según se trate de un país u otro, e incluso de un estado a otro, la denominación y las características que definen específicamente a cada modalidad de tratamiento y resolución de conflictos es doctrinaria y, a veces, legalmente diferente. Para el objeto de este estudio y en función de la necesidad de homogeneizar el concepto, hemos considerado como MCRC "Métodos Complementarios de Resolución de Conflictos" al género de los métodos, medios y modalidades de resolución de conflictos, aun cuando en líneas posteriores se analizará a la mediación y conciliación como los métodos que se proponen serían la base para lograr la aplicación, funcionamiento y efectividad de la justicia restaurativa en nuestro Estado.

1.3 El Conflicto

Para tener una mejor concepción y entendimiento de que son y en qué consisten los Métodos alternos de solución de conflictos, primeramente deberemos señalar que es el conflicto y porque tiene repercusión en materia penal.

Etimológicamente, conflicto proviene de la voz latina *"conflictos"* que a su vez deriva del verbo *"confluyere"*, que significa: combatir, luchar, pelear, etc. Con este conocimiento etimológico, es posible manifestar que el conflicto se presenta cuando existe una circunstancia en la cual dos o más personas perciben tener intereses mutuamente incompatibles, ya sea total o parcial contrapuestos y excluyentes, generando un contexto confrontativo de permanente oposición. Donde su naturaleza es humana, y los puntos en controversia para cada persona son distintos, ya que el ser humano per se, es conflictivo. (Peralta Quintanilla Tomas Rolando. "Tesis: La Mediación Comunitaria como Medio Alternativo de Solución de Conflictos en la Legislación Ecuatoriana"

Recuperado en: http://www.sisman.utm.edu.ec/libros/FACULTAD%20DE%20CIENCIAS%20HUMAN%C3%8DSTICAS%20Y%20SOCIALES/CARRERA%20DE%20TRABAJO%20SOCIAL/07/NEGOCIACION%20MEDIACION%20Y%20RESOLUCION%20DE%20CONFLICTOS/LA%20MEDIACI%C3%93N%20COMUNITARIA%20COMO%20MEDIO.pdf)
Sin embargo aun cuando se pueda considerar el conflicto como naturaleza del hombre, también existen otros sentimientos positivos, como el perdón o el arrepentimiento, que es lo que hace posible la existencia de los mecanismos alternos.

Torrego señala que los conflictos son situaciones en las que dos o más personas entran en oposición o desacuerdo porque sus posiciones, intereses, necesidades, deseos o valores son incompatibles, o son percibidos como incompatibles, donde juegan un papel muy importante las emociones y sentimientos y donde la relación entre las partes en conflicto puede salir robustecida o deteriorada en función de cómo sea el proceso de resolución del conflicto. (Revista Entramado vol. 7 Enero- Junio 2011. Enrique Pastor Seller. La mediación intrajudicial como método de resolución de conflictos en el seno familiar. Recuperado en: http://www.unilibrecali.edu.co/entramado/images/stories/pdf_articulos/volumen7/Entramado_19003803_Enero_Junio_2011_72-87.pdf)
Por ello para tratar que ambas partes salgan lo menos afectadas a raíz del ilícito, es que se busca solucionarlo por dichos métodos ya que al resolverlo en juicio, como ya se dijo, en muy pocas ocasiones éstas quedan satisfechas y con éstos mecanismos se puede buscar sanear el sentimiento y percepción de los involucrados para que

ésta resolución se lleve a cabo de la mejor manera y con la menor afectación.

Es así que los conflictos surgen cuando dos personas tienen una visión o percepción diferente u opiniones encontradas sobre un hecho, situación o circunstancia, la diferencia en cuanto a esa contraposición de opiniones suele surgir, por las diferencias en lo psicológico, social, moral que es lógico y natural entre los individuos.

Al no existir un acuerdo entre las partes un consenso y además no existir la voluntad de lograrlo y solucionar el problema, éstos conflictos que pueden llegar a convertirse en delitos.

Para lograr un mejor análisis de qué son los conflictos, que los originan y una vez teniendo ésta información, lograr estructurar la mejor manera de solucionarlos, es necesario tener en claro que las fuentes y elementos de los conflictos son los siguientes:

1.3.1 Fuentes:

A. Los hechos: El conflicto surge por un desacuerdo *"sobre lo que es"*. Es decir, las partes tienen una percepción distinta de la realidad *"lo que es"*.

B. Los recursos humanos: El conflicto proviene del desacuerdo sobre la *"distribución"* de recursos humanos escasos.

C. La necesidad: Desacuerdos relacionados *"a qué debe satisfacerse o respetarse"* para que cualquier persona o grupo social pueda desarrollarse plenamente.

D. Los valores: Basados en las diferencias en cuanto a lo que *"debería ser"* como factor determinante de una decisión política, de una relación o de alguna otra fuente de conflicto.

E. La relación: Surgimientos de desacuerdos y conflictos producto de emociones y percepciones negativas o equivocadas.

F. La estructura: El conflicto surge por *"el modo como se ha conformado la estructura"* dentro de la cual interactúan los actores en conflicto, fomentando desigualdad, asimetría de poderes, falta de equidad, etc.

1.3.2 Elementos:

A. Situación Conflictiva

B. Actitudes Conflictivas

C. Comportamientos Conflictivos

(Peralta Quintanilla Tomas Rolando. "Tesis: La Mediación Comunitaria como Medio Alternativo de Solución de Conflictos en la Legislación Ecuatoriana" Recuperado en: http://www.sisman.utm.edu.ec/libros/FACULTAD%20DE%20CIENCIAS%20HUMAN%C3%8DSTICAS%20Y%20SOCIALES/CARRERA%20DE%20TRABAJO%20SOCIAL/07/NEGOCIACION%20MEDIACION%20Y%20RESOLUCION%20DE%20CONFLICTOS/LA%20MEDIACI%C3%93N%20COMUNITARIA%20COMO%20MEDIO.pdf)

Como se ha señalado con antelación los conflictos suelen tener diversos orígenes, que incluyen desde un hecho, donde cada uno de los participantes tiene una visión diferente de cómo debería ser, por ejemplo en un delito de violación entre consortes, donde el cónyuge varón aun considera la existencia del débito conyugal, hasta la distribución de los recursos, donde algunos imputados por el delito de robo lo consideran algo justo puesto que la sociedad no les ha brindado las mismas oportunidades, o incluso los valores, en donde las víctimas de Lenocinio, no consideran que el imputado se esté valiendo de su cuerpo, sino que es su medio de trabajo y de subsistencia, por citar algunos ejemplos en los que los conflictos llegan a tal grado de convertirse en delitos y que aun cuando pueden ser considerados delitos de alto impacto, en ocasiones para los inmersos en ellos no constituyen ni siquiera delito.

Sin embargo desde un punto de vista restaurativo, el conflicto debe ser visto como un desafío, como un proceso en la cual se alcanza nuevas posiciones para lograr las necesidades y objetivos. Nos permite hacer las cosas de una manera diferente en el futuro, superar nuestras relaciones personales y con los demás, debiendo considerarse desde un punto de vista constructivo como el resultado de diversidad de perspectivas. (Peralta Quintanilla Tomas Rolando. "Tesis: La Mediación Comunitaria como Medio Alternativo de Solución de Conflictos en la Legislación Ecuatoriana" Recuperado en: http://www.sisman.utm.edu.ec/libros/FACULTAD%20DE%20CIENCIAS%20HUMAN%C3%8DSTICAS%20Y%20SOCIALES/CARRERA%20DE%20TRABAJO%20SOCIAL/07/NEGOCIACION%20MEDIACION%20Y%20RESOLUCION%20DE%20CONFLICTOS/LA%20MEDIACI%C3%93N%20COMUNITARIA%20COMO%20MEDIO.pdf)

Pues no sólo es el punto de vista de la víctima o el imputado, sino en algunos casos de la comunidad, que desea participar para lograr una verdadera restauración del tejido social, lo cual verdaderamente se convierte en el reto, pues en ocasiones se actúa por imitación, solo porque siempre se ha hecho de la misma manera y no se buscan nuevas formas de solución, por ello, el que se atreve a utilizar dichos métodos, ya está generando nuevas perspectivas para su vida en general.

Debemos de tener presente que si existe complicación por determinar conceptualmente la justicia restaurativa, seguramente el proceso restaurador conllevara cierta complejidad, En efecto, no podemos hablar de un paradigma único en ese nuevo paradigma de justicia, por el contrario existen muchos puesto que a cada problema habrá que adecuar una solución ad hoc. (Quiroga, 2011, "Métodos alternos de solución de conflictos de paz y modernización de la justicia", recuperado en: http://ezproxy.uag.mx:2052/lib/bibliouagsp/reader.action?docID=10559770) Pues considerando que las personas reaccionan diferente ante las situaciones cotidianas que se presentan, dependerá del carácter, pensamiento, cultura, educación, apertura y perspectiva, que las personas inmersas en el conflicto, aceptarán o no, siquiera sujetarse a dichos métodos, por lo mismo, cada una de las soluciones o acuerdos que se tomen será diferente.

Por ello no se puede hablar de una definición general de conflicto, ya que lo que para unas personas puede resultarles un conflicto para otras no lo es. Si atendemos a una definición de conflicto, deducimos que la metodología de gestión que sigamos para la resolución de un conflicto va a determinar su resultado. Es por esto que, según las aportaciones de Peña y Ortuño, deberíamos emplear otros medios alternativos de resolución de conflictos que garanticen la salvaguarda de las relaciones personales de los miembros del sistema familiar. (Revista Entramado vol. 7 Enero- Junio 2011. Enrique Pastor Seller. La mediación intrajudicial como método de resolución de conflictos en el seno familiar. Recuperado en: http://www.unilibrecali.edu.co/entramado/images/stories/pdf_articulos/volumen7/Entramado_19003803_Enero_Junio_2011_72-87.pdf) por eso se propone a los mecanismos alternos para resolver estas discrepancias que puedan surgir entre las personas o de la persona con la comunidad, pues se pretende mantener y fortalecer las relaciones humanas, bajo la premisa, de que ante la empatía con los demás seres humanos, se fomentan las buenas relaciones, se evitan los conflictos y por tanto éstos no escalan a delitos.

Como se señaló en líneas anteriores, se han planteado diversas formas para resolver los conflictos, para la resolución de dichos conflictos, están las formas auto compositivas y heterocompositivas, para Carneluti, la autocomposición es la composición del litigio que efectúan las partes unilateral o bilateralmente, ya sea durante el desarrollo del juicio o fuera de él (Gómez Lara, 1990) Por ello se le ha agrupado a los mecanismos alternos dentro de la autocomposición en conjunto con los acuerdos reparatorios.

Azar Mansur (2003), refiere que entre las formas auto compositivas unilaterales de resolución de conflictos encontramos: el desistimiento, el allanamiento, la renuncia y el reconocimiento, mientras que entre las figuras auto compositivas bilaterales están: la transacción, la mediación y la conciliación, siendo éstas últimas las que nos ocupan. Toda vez que dichas formas de auto composición, en las que ambos participantes, están abiertos al diálogo para buscar la mejor solución, son las óptimas para llevar a cabo la justicia restaurativa.

Ahora bien, una vez estudiado lo que es el conflicto, como surgen, cuales son las fuentes que los desatan, como se solucionan, así como los elementos que los hacen creer, seremos puntuales ahora en lo tocante al concepto de "alternativos" o "complementarios" como se señaló en un principio y esto atendiendo a la evolución que ha dicho concepto en países europeos, sobre todo en España.

Ya que pues si bien es cierto cuando surgen éstos, se les tiene como alternativos al proceso penal, ya que se entiende por mediación "aquel medio alternativo de solución de conflictos que, a través del procedimiento legalmente previsto, se dirige a alcanzar la solución extrajudicial de un conflicto mediante el acuerdo y por la voluntad de las propias partes interesadas, con la preceptiva intervención de uno o varios mediadores que no podrán tener funciones decisorias. (Pelayo Lavín Martha. Tesis: La mediación como vía complementaria de resolución de conflictos. Recuperado en:http://gredos.usal.es/jspui/bitstream/10366/110555/1/DDAFP_Pelayo_Lavin_M_LaMediacion.pdf)

Al señalar dicho término, como alternativo, deja la impresión de que se puede optar por acudir a dichos métodos o no, parece que se debe elegir entre acudir a la mediación o a otra vía (el proceso); y sin embargo, esto no es así. La mediación es un método de gestión de conflictos que no debe necesariamente cerrar la puerta al proceso; por tanto, lo debemos entender como una opción de las partes de acudir o no; y tanto si se someten a mediación, como si no lo hacen se debe garantizar el acceso a la vía judicial. (Pelayo Lavín Martha. Tesis: La mediación como vía complementaria de resolución de conflictos. Recuperado en:http://gredos.usal.es/jspui/bitstream/10366/110555/1/DDAFP_Pelayo_Lavin_M_LaMediacion.pdf)

Por ello, ha sido un tema recurrente en la materia, hasta que punto pudiera hacerse obligatorio para las partes el acudir a una reunión de mediación o conciliación, ya que nuestra legislación, es respetuosa, al señalar que las partes deciden si acuden o no a un mecanismo alterno, sin embargo existe la propuesta, de que en caso de ser procedente se debiera establecer como obligatorio, el que se citara a las partes para llevar a cabo una plática para sensibilizarlos a optar por dichos métodos.

Del estudio de la doctrina, de las legislaciones y de las propuestas programáticas e institucionales de los diferentes países que los contemplan, se observa que los Métodos Alternos vienen siendo propuestos y promovidos como una opción institucional de acceso y mejoramiento de la justicia. Desde su consideración en el ámbito constitucional y/o siendo el objeto de leyes específicas, los métodos alternos constituyen de más en más un aporte estructural relevante y marcan una orientación revalorizante de la función social de la justicia como garantía de la convivencia pacífica.

Por otra parte, la mención de "alternativos" con que se conocen y difunden estos medios y procedimientos, tiene relación y guarda mayor coherencia con el objetivo y las características de no confrontacionales, de autogestión y de protagonismo ciudadano en el tratamiento de la conflictividad social, que definen principalmente su aplicación.

La mención de "alternativo" no puede entenderse como la pretensión y la búsqueda de una cierta privatización de la justicia o como la sola y exclusiva intención de restarlos de la institucionalidad de la Administración de Justicia y del Poder Judicial en el ámbito del Estado de Derecho. (Métodos Alternativos de Resolución de Conflictos en los Sistemas de Justicia de los Países Americanos. Oficina del Subsecretario de Asuntos Jurídicos. Subsecretaría de Asuntos Jurídicos. Secretaría General de la Organización de los Estados Americanos Recuperado en: www.oas.org/consejo/sp/cajp/docs/cp09044s04.doc) Pues incluso como acontece en nuestro estado, no se les excluye del poder judicial, sino que forman parte del mismo, tal como lo es, el Instituto de Justicia Alternativa del Estado de Jalisco, dependiente de dicho poder.

En sentencias dictadas en la Sala Político Administrativa del Tribunal Supremo de Justicia de Venezuela, el origen o la noción más básica de todo sistema que aspire impartir justicia proviene de la imposibilidad material de que los controvertidos allanen un arreglo, haciendo forzosa la participación de un tercero desinteresado que sea capaz de disiparla, aún de manera coercitiva. Con lo cual, la promoción de mecanismos de auto composición por el operador judicial, lejos de significar- como ha sido ampliamente difundido como "mecanismos excepcionales de terminación de causas" debería constituirse en el comienzo o inicio de todo proceso de cognición o avocamiento (lato sensu)". (Tribunal Supremo de Justicia. Sala Político Administrativa. Sentencia No. 00575. 3 de Abril de 2001. Ponente: Magistrada Yolanda Jaimes. Citado en Matute Morales Claudia. RANGO CONSTITUCIONAL DE

LOS MEDIOS ALTERNATIVOS DE SOLUCIÓN DE CONTROVERSIAS: El Fundamento para un nuevo paradigma en la Justicia Venezolana. Recuperado en: http://www.ordenjuridico.gob.mx/Publicaciones/CDs2011/CDArbitraje/pdf/PUBLI15.pdf Ante esto se ha dado la propuesta de que fuera obligatorio para las partes acudir a una sesión de mediación o conciliación y no dejarlo a su libre arbitrio, pues se considera que al estar en los inicios de dichas formas de justicia, la sociedad aun no ha adquirido la cultura de arreglar los conflictos por dichos medios y se continúa a la espera de que sea el Estado quien lo resuelva, y al establecer dicha sesión en la legislación como obligatoria, fomenta el desarrollo de la cultura de la paz.

Por ejemplo al aplicar la legislación de Justicia Alternativa en nuestro Estado, en tratándose de asuntos del orden penal, en primer lugar se explica a ambas partes en qué consisten dichos métodos y se les invita para solucionar su conflicto por medio de ellos, sin embargo, es voluntad de las partes el aceptar su aplicación o no, si estos no estuvieren de acuerdo, se continúa la integración de la averiguación previa. Por el contrario, si ambas partes llegasen a un convenio se termina la indagatoria y se tiene por concluido el asunto, por lo que en efecto no se trata sólo de una alternativa para aplicar la justicia, sino de una manera complementaria para llegar a ella. Empero la misma legislación no señala que la sesión deba de ser conjunta, por lo que basta con que al explicarle a cualquiera de las partes ésta manifieste que no es su deseo someterse a dichos métodos, para que ya no sea posible la solución del conflicto a través de éstos, ante la ausencia de voluntad de una de las partes.

Incluso como se ha señalado en diversos documentos y según lo señalado en líneas anteriores es más conveniente utilizar el término "complementario", con el que queda más claro que los métodos alternos y el proceso no son excluyentes entre sí.

Por lo que no se les debe considerar como una alternativa, sino como un complemento para llegar a una justicia restaurativa integral, y más aún en el supuesto que aquí se maneja, en el que incluso se debe de utilizar dichos métodos para la aplicación de la justicia restaurativa, se debieran utilizar aun existiendo sentencia para lograr una efectiva y eficaz reparación del daño, entendido éste no sólo como una reparación monetaria, sino integral, que abarque lo social, psicológico y moral.

Una vez puntualizado en qué consisten los conflictos, porque hemos decidido llamarlos complementarios, siguiendo la tendencia internacional; continuamos ahora analizando en qué consisten y cuáles son los métodos que consideramos viables para el fin que buscamos.

Iniciamos señalando que los medios alternativos consisten en diversos procedimientos mediante los cuales las personas puedan resolver sus controversias sin necesidad de una intervención jurisdiccional. Encontramos entre ellos la negociación, la mediación, la conciliación y el arbitraje, en los que el poder de las partes puede ser mayor o menor en términos de la decisión.

Lo anterior porque existe una serie de litigios cuya resolución por medio de un proceso no parece la vía más adecuada. Pensemos en conflictos familiares donde el peso de las relaciones necesarias futuras no se puede dejar a un lado al resolverlos o conflictos donde, ya sea por el monto reclamado o por su necesidad inmediata, no se puede optar por un proceso judicial dado el lento paso del mimo. Podemos señalar también aquellos asuntos penales que, perseguibles por querella, la ley privilegia la voluntad del ofendido para conseguir un arreglo no procesal del litigio. (Vado Grajales Luis Octavio. Medios alternativos de resolución de conflictos. Recuperado en: http://biblio.juridicas.unam.mx/libros/5/2264/19.pdf) Debido a ésta categoría de delitos de querella, conde es voluntad del ofendido la persecución del delito, es que estos tipos penales han sido contemplados como susceptibles de culminarse mediante un acuerdo reparatorio, resultado de un método complementario.

Por lo que podemos definir dichos métodos complementarios de resolución de conflictos, como los procedimientos no jurisdiccionales, que han sido introducidos en nuestra legislación como una opción para que los ciudadanos alcancen de una manera más pronta y a satisfacción de ambas partes la solución del conflicto existente, buscando que al resolver dicho conflicto se tenga una percepción de justicia efectiva. Pues como se señalara en líneas anteriores habrá conflictos en los que su resolución o la satisfacción de ambas partes no se logra con un simple proceso o sentencia, ya que como se analizó en las causas que originan los conflictos, en muchas ocasiones están inmersos sentimientos, cuestiones psicológicas, valores, que no se analizan ni se resuelven mediante la sentencia, sino que son necesarios otros procedimientos donde se permita y fomente entre las partes el dialogo para que la solución del conflicto busque permear todos los ámbitos.

La resolución alternativa de conflictos engloba el conjunto de procedimientos que permite resolver un litigio sin recurrir a la fuerza o sin que lo resuelva un juez. Es un mecanismo conducente a la solución de conflictos jurídicos por otras vías que no son la justicia institucional, tradicional u ordinaria. Teniendo en consideración los elementos que concurren, se puede decir que, los Mecanismos Alternativos de solución de conflictos son aquellas formas de administrar justicia por medio de los cuales, de manera consensual o por requerimiento, los protagonistas de un conflicto ya sea al interior del sistema judicial o en una etapa previa- concurren legítimamente ante terceros a fin de encontrar la solución al mismo a través de un acuerdo mutuamente satisfactorio cuya resolución final goza de amparo legal para todos sus efectos, como por ejemplo su ejecutabilidad. "(Rango Constitucional de los Medios Alternativos de Solución de Controversias: El Fundamento para un nuevo paradigma en la Justicia Venezolana. Claudia Matute Morales. Recuperado en; http://www.ordenjuridico.gob.mx/Publicaciones/CDs2011/CDArbitraje/pdf/PUBLI15.pdf Ejecutabilidad que hasta el momento no se refleja en el ámbito penal, ya que si bien es cierto en otras materias como la civil o mercantil, se puede acudir ante el juez para solicitar la ejecución del acuerdo al que se llegó dentro del mecanismo complementario, en la materia penal, no se obliga a la persona a llevar a cabo su cumplimiento, sino que la consecuencia del incumplimiento es que el procedimiento penal continúe.

Al respecto de lo anterior se ha considerado que si los mecanismos complementarios son procesos que pueden ser utilizados para la solución de diferencias de forma amigable, flexible y sin la necesidad de recurrir a métodos netamente adversariales. (González, 2004) por ello no debiera de exigirse su cumplimiento, ya que el acuerdo al que se llega es con la voluntad de ambas partes, y al ser voluntarios debe ser espontanea la observancia del convenio.

Por eso doctrinalmente se señala que en dichos métodos se privilegia la cooperación, tolerancia, empatía y el diálogo, contando con las siguientes peculiaridades:

A) Las partes actúan juntas y cooperativamente, es decir, trabajan unidas para alcanzar la solución;
B) Las partes cuentan con el control del procedimiento y es su decisión la que prevalece;
C) Se benefician todas las partes con la solución que ellas mismas acordaron; La decisión a la que arriban
D) Las partes pondrá fin a su controversia atendiendo sus propios intereses. (Álvarez, 1996)

Dichos métodos complementarios se privilegia el diálogo, la negociación y sobre todo la voluntariedad de las partes, por lo que al acercarse o aceptar la implementación de dichos métodos dentro del conflicto, ambas partes están aceptando su apertura a una nueva manera de resolver el conflicto, que no sea específicamente ante los juzgados, al ser aceptada de manera voluntaria son las partes quienes llevan el control del método y ellas son las que deciden si llegan o no a un convenio, incluso hasta que parte del procedimiento deciden llegar, lo que genera en éstas un sentimiento de libertad en cuanto a la solución de su problema y no sólo una imposición por parte del Estado, por lo que el convenio o acuerdo al que arriben solucionará sus intereses personales y no sólo el interés del Estado por llegar a una pena, que en ocasiones en nada beneficia a la víctima.

1.4 Los diferentes Métodos Complementarios de Solución de Conflictos.

Existen muchas formas o métodos que han sido creados o utilizados para resolver los conflictos, sin embargo, algunos de estos métodos resultan mayormente aplicables para lo que en el presente se busca, que es la utilización de dichos métodos para la obtención de una justicia restaurativa, siendo los que analizaremos los métodos conocidos como mediación y conciliación, ya que el otro de los métodos por excelencia es el arbitraje, sin embargo en dicho método ambas partes se someten a la decisión del árbitro, lo cual rompería con la finalidad que perseguimos que es la libre voluntad de las partes para someterse y ser ellas quienes decidan la solución al conflicto en que se encuentran inmersas.

Para no dejarlo completamente de lado, respecto del arbitraje únicamente se señala que en nuestro país, fueron las Siete Partidas quienes influyeron en la aplicación del arbitraje no sólo en México sino en toda Iberoamérica (Briseño, 1963) empero, dicho mecanismo, es mayormente utilizado en controversias laborales, industriales, así como comerciales.

Según la doctrina, las ventajas del arbitraje en materia de comercio internacional son:

A) Puede ser iniciado rápidamente, el proceso es relativamente corto y la decisión se presenta de manera rápida;

B) Las reglas procesales son flexibles y más directas que las establecidas en el proceso judicial;
C) Las partes seleccionan a los árbitros;
D) Generalmente el árbitro es un experto en la materia; y
E) La decisión es inapelable (Bravo, 2002)

La ventaja del arbitraje resulta ser que son las partes quienes seleccionan a los árbitros, por lo que pueden tener la certeza de que la decisión a la que se llegue será tomada por expertos.

Cruz (2007) señala que sus ventajas frente al procedimiento judicial son su rapidez, economía, informalidad, y el respeto de los derechos procesales de las partes, pudiendo ser obligatoria la resolución final y apelable ante los tribunales ordinarios. Sin embargo en materia penal no es posible que se lleve a cabo el arbitraje, puesto que el árbitro estaría fungiendo como juez, al ser él quien resolviera si el imputado es o no responsable, y si lo considera responsable no está dentro de sus funciones el imponer sanción o determinar a cuánto asciende la reparación del daño, pues ya estaría invadiendo funciones jurisdiccionales.

También se aclara en éste punto, que aun cuando se habla de la negociación como un método, en realidad no lo es, ésta constituye la técnica que se llevara a cabo los mecanismos complementarios, puesto que es mediante la negociación que se lleva a cabo en la mediación y conciliación que se puede llegar a un convenio.

La negociación es un proceso durante el cual dos o más partes con un problema en común, mediante el empleo de técnicas diversas de comunicación, buscan obtener un resultado o solución que satisfaga de una manera razonable y justa sus objetivos, intereses, necesidades y aspiraciones (Colaíacovo, 1998) La negociación es únicamente el camino para llegar a nuestro destino que es la mediación, conciliación y yendo aún más allá, la justicia restaurativa.

Aun cuando se define a los negociadores son profesionales que tratan de obtener beneficios para sí mismos o para su cliente mediante el empleo de técnicas para congeniar, persuadir y comunicar (Craver, 2002). En el caso de los mecanismos complementarios que nos ocupan, no se da el caso, puesto que el mediador o conciliador, si bien es cierto utiliza la negociación dentro de sus sesiones, por el principio de imparcialidad que los rige, no buscan beneficiar a una de las partes en específico, sino lograr el convenio equitativo y voluntario entre las partes.

Francesc Beltri (2000), considera la negociación como una técnica de diez pasos para resolver los conflictos, señala que consiste en agotar 10 etapas, las cuatro primeras se dedican a la preparación mientras las seis restantes se centran en lograr la interacción necesaria y alcanzar el acuerdo:

A) Identificar a las partes;
B) Establecer las necesidades;
C) Fijar los objetivos y
D) Evaluar el poder;
E) Calentamiento: aplicar una serie de fórmulas para acercar a las personas (éstas pueden ir desde un simple saludo hasta un apretón de manos);
F) Sondeo;
G) Establecimiento de alternativas;

H) Intercambio;

I) Cierre y

J) Despedida.

Pasos que obviamente se identifican, valoran y llevan a cabo al desarrollar la mediación y conciliación, adentrémonos en dichos mecanismos de conciliación que son el objeto del presente.

1.4.1 La Mediación

La mediación es el método complementario por excelencia, el que da origen a todos éstos nuevos métodos y por el que se origina esta evolución en la manera de aplicar la justicia.

Tiene antecedentes muy remotos, según la doctrina, la primera mediación documentada, fue llevada a cabo hace más de cuatro mil años en Mesopotamia, realizada por un gobernante sumerio para encontrar una salida pacífica a un conflicto por territorios (Boqué, 2003) Lo anterior deja de manifiesto la efectividad de dichos métodos, ya que son utilizados desde milenios atrás.

La mediación consiste en que ambas partes confluyen de manera voluntaria a una mesa de diálogo en el cual los participantes exponen las causas originadoras del conflicto y su punto de vista sobre éste, siendo la tarea del mediador, únicamente facilitar la comunicación entre ambas partes para que sean ellas mismas quienes formulen las propuestas de solución, pretendiendo que al ser ellas quienes formulan la propuesta se logre un convencimiento en cumplirla.

Hayes establece que "la mediación es un proceso en el cual una tercera persona ayuda a los participantes a manejar el conflicto." (Pelayo Lavín Martha. Tesis: La mediación como vía complementaria de resolución de conflictos. Recuperado en:http://gredos.usal.es/jspui/bitstream/10366/110555/1/DDAFP_Pelayo_Lavin_M_LaMediacion.pdf) Como ya se señaló con antelación el mediador, se conduce bajo los principios de imparcialidad y equidad entre las partes, por lo que su participación es siempre atendiendo a la igualdad de las partes, por ello no se les etiqueta como víctima y victimario, sino como parte solicitante y complementaria.

Ovalle Favela señala que la mediación es la función de este tercero puede limitarse a propiciar la comunicación, la negociación entre las partes, para tratar de que ellas mismas lleguen a un acuerdo que resuelva el conflicto. En este caso, el tercero será simplemente un mediador, que hace posibles las condiciones para que las partes intercambien sus puntos de vista sobre el litigio y al invitarlas para que lleguen a un acuerdo, hace propicia la solución. (Vado Grajales Luis Octavio. Medios alternativos de resolución de conflictos. Recuperado en: http://biblio.juridicas.unam.mx/libros/5/2264/19.pdf) Cabe hacer mención que en nuestra legislación estatal sobre métodos alternos se le conoce como mediador al prestador de servicio que únicamente promueve la comunicación entre las partes.

Enrique Urquidi señala: "La mediación es un proceso mediante el cual las partes en conflicto asistidas por un tercero neutral, buscan identificar opciones reales y alternativas viables para dirimir su controversia y llegar a un acuerdo que ofrezca soluciones de mutua satisfacción y después amplia la mediación puede ser concebida como una colección de técnicas de negociación que permite restablecer o reforzar la confianza y el respeto entre los participantes. Además, fortalece la autodeterminación y en su caso, ayuda a minimizar los efectos adversos de una ruptura definitiva de relaciones. (Vado Grajales Luis Octavio. Medios alternativos de resolución de conflictos. Recuperado en: http://biblio.juridicas.unam.mx/libros/5/2264/19.pdf

En esta definición se señala claramente que los beneficios de la mediación son buscar una satisfacción en ambas partes, lo cual resultaría difícil en un proceso judicial, donde generalmente ambas partes son contrarias y están en constante disputa por demostrar la inocencia o culpabilidad, incluso uno de los principios del sistema penal acusatorio, la contradicción, consiste en eso, en que las partes tendrán el derecho a contradecirse y deberán demostrar cada una sus argumentos para que el juez o tribunal dicte una sentencia.

Lo cual no sucede en la mediación en la cual se genera que ambas partes transiten en una misma dirección y no en contraposición, se genera un dialogo y confianza entre ambas para permitir llegar a un acuerdo en el que ambos estén de acuerdo, minimizando así las posibilidades de ruptura de la relación, tomando en consideración que en muchas ocasiones existen relaciones de parentesco, amistad, trabajo, amor, entre quienes son la víctima y el imputado en el delito, buscando con la mediación que en lo posible no se rompan en definitiva dichas relaciones, sino que se restablezcan de la mejor manera posible o que incluso sea dicha relación un factor determinante para lograr el consenso entre las partes.

Folberg y Taylor citado en Vado señalan al referirse a la mediación: Es posible definirla como el proceso mediante el cual los participantes, junto con la asistencia de una persona o personas neutrales, aíslan sistemáticamente los problemas en disputa con el objeto de encontrar opciones, considerar alternativas y llegar a un acuerdo mutuo que se ajuste a sus necesidades." (Vado Grajales Luis Octavio. Medios alternativos de resolución de conflictos. Recuperado en: http://biblio.juridicas.unam.mx/libros/5/2264/19.pdf) Se hace alusión a persona o personas, ya que es posible que una sesión de mediación la lleve a cabo un mediador y comediador, así entre ambos pueden tener un mejor manejo de las partes y el conflicto.

Es interesante resaltar que la finalidad de la mediación no es el acuerdo, sino el desarrollo del potencial de cambio de las personas, quienes van descubriendo en el proceso sus propias habilidades (Diez, 1999) Habilidades entre las cuales se encuentra el habla, la escucha, la exposición de sentimiento e incluso hasta el perdón.

La mediación tiene como objetivos primordiales no sólo resolver el conflicto interpersonal existente y colaborar en la toma de decisiones que llevan a su solución, sino también tener en cuenta la relación futura de las partes tratando de restablecer o mantener el vinculo que los une procurando relaciones sanas o funcionales contribuyendo directamente a la creación de la sociedad pacífica posible. (Schiffrin, 1996) por ello resulta eficaz, por ejemplo en delitos cometidos entre familiares, que tienen conocimiento de que seguirá la convivencia, por ello la necesidad de sanear la relación.

En la mediación, se aíslan los problemas, siendo el trabajo del mediador, el tratar de "limpiar" el conflicto de intereses u opiniones personales, para una vez identificada cuál es la causa generadora, poder llegar a un convenio aceptado por ambas partes, libre de aspectos personales.

La mediación es una forma de ampliar el sistema de relaciones sociales, es una cultura de compromiso y del diálogo, un actuar ético, en la medida que es un ejercicio de respeto, de empatía, de confianza, de solidaridad. Tiene un alto potencial educativo, tiende a favorecer conductas autónomas, a actuar según parámetros acordados y construidos, invitándonos a hacernos responsables de nuestras disputas, tanto en lo que las motivó como en la manera de resolverlas. (Pérez Sauceda José Benito. Tesis: Métodos Alternos de Solución de Conflictos: Justicia Alternativa y Restaurativa para una Cultura de Paz".http://eprints.uanl.mx/2689/1/Tesis_Definitiva_R1.pdf) Pues incluso resulta sano para la persona, reconocer cuando se equivocó, o cuando ella misma propició el delito, ya que disminuye la tensión y el coraje hacia con la parte complementaria y la sociedad.

Tal como refiere la doctora María Elena Caram, nos encontraríamos frente a un método voluntario, confidencial, donde el mediador neutral asiste a las partes en un proceso interactivo, apuntando a la satisfacción de sus necesidades, con relación a un episodio que han vivido en común, que en la percepción de alguna de ellas, podría ser desplegado en el escenario del proceso penal, no sólo con las consecuencias propias de este procedimiento, sino con la posibilidad de que el mismo concluya con una sentencia condenatoria que implique la pérdida de la libertad para quien resulte culpable. (Dávalos José Ignacio. La Mediación Penal como método Alternativo de Resolución de Conflictos: Resultados Actuales en la República Argentina. Recuperado en http://www.derechoycambiosocial.com/revista022/mediacion_penal.pdf) Siendo entonces también trabajo del mediador, detectar hasta qué punto el deseo de la víctima es que en efecto se concluya con una sentencia o esté dispuesta a que la solución sea diversa a una sanción penal.

La mediación como añade Suárez, se trata de evitar que haya ganadores y perdedores. Esto supondrá, según el autor, beneficios en cuanto al mantenimiento de las relaciones futuras entre las partes. Durante este proceso no competitivo, las partes recuperan su autoestima, pues se sienten capaces de volver a tomar las riendas del rumbo de sus destinos, ya que no delegan la resolución del conflicto a un tercer individuo para que decida por ellos, sino que el poder lo recuperan las personas son ellas mismas las protagonistas y participantes de la Resolución alcanzada, por lo que asumen el control de la propia situación y se hacen *responsables* de la decisión y de cómo llevar adelante el acuerdo alcanzado. (Revista Entramado vol. 7 Enero- Junio 2011. Enrique Pastor Seller. La mediación intrajudicial como método de resolución de conflictos en el seno familiar. Recuperado en: http://www.unilibrecali.edu.co/entramado/images/stories/pdf_articulos/volumen7/Entramado_19003803_Enero_Junio_2011_72-87.pdf)
Por ello la importancia de los facilitadores o prestadores de servicio,

ya que es labor de ellos el que las sesiones se desarrollen de tal manera que las partes no perciban que ganan o pierden, sino que logran un convenio en el que ambos estuvieron de acuerdo, que ambos construyeron, logrando así en las partes el sentimiento de control sobre la situación y no la imposición como sucede en el proceso penal.

Por lo señalado con anterioridad es que se concibe a la mediación como un método idóneo para llevar a cabo la justicia restaurativa, pues con la mediación se logra recuperar la autoestima, en este caso, de ambas partes, tanto de la víctima como del imputado.

En la mediación el prestador de servicio, o mediador, no formula propuestas de arreglo, sino que facilita la comunicación, entre las partes, la mediación ha sido llamada negociación asistida. Siendo importante señalar en este punto, que en nuestra legislación sobre métodos alternos, no se considera a la negociación como un método en sí, sino sólo como una técnica para llegar a la solución del conflicto.

El mediador es el tercero neutral que facilita la comunicación en el procedimiento de mediación. Estructura el diálogo entre las partes para que lleguen a su propio acuerdo. Es quien conduce el procedimiento, reconoce y comprende las emociones de las personas. (Pacheco, 2004) Destacable resulta que se valoran las emociones, lo cual no se logra en el procedimiento penal, al dictar sentencia únicamente con lo escrito dentro del expediente.

De la definición anterior podemos destacar las siguientes características de dicho método alternativo: (Pérez Sauceda José

Benito. Tesis: Métodos Alternos de Solución de Conflictos: Justicia Alternativa y Restaurativa para una Cultura de Paz".http://eprints.uanl.mx/2689/1/Tesis_Definitiva_R1.pdf)

A) La mediación es un método de resolución de conflictos no adversaria en él no existe una "litis", la mediación es un procedimiento en el que las partes colaboran para tratar de encontrar un punto medio de armonía.

B) Las partes no se confrontan con el objetivo de lograr un vencedor y un vencido, sino que dicho método alterno buscará establecer las condiciones necesarias para lograr un acuerdo mediante la participación de todos los involucrados;

C) Intervienen uno o más mediadores: El mediador es el tercero neutral que se encarga de llevar en buena dirección la mediación, tratando de acercar a las partes, para que se escuchen y puedan empatizar la situación, los sentimientos y las necesidades que vive el otro.

D) Los mediadores cuentan con capacidades de independencia, neutralidad, imparcialidad, confidencialidad y capacidad.

E) El mediador no tiene facultad de decisión, ni de emitir juicio o sentencia: Debemos recordar que la mediación es un procedimiento auto compositivo, es decir, las partes terminan dicho procedimiento, por su propia voluntad y decisión, de ahí que las facultades del mediador sólo tengan que ver con facilitar la comunicación y no con emitir juicios que romperían con el espíritu del proceso.

F) El mediador sólo facilita la comunicación entre las partes, para que tomen el control del mismo y arriben voluntariamente a un acuerdo. La mediación representa una verdadera evolución del ser humano a partir de la idea de que es capaz de conducir su vida y sus relaciones, de tomar decisiones y responsabilizarse de sus consecuencias. El mediador trata de que las partes tomen conciencia de su actuar, de sus acciones pasadas y presentes pero sobre todo, que las futuras pueden arreglar los errores cometidos, en un alto margen podemos ser arquitectos de nuestro destino.

G) El acuerdo final puede solucionar total o parcialmente el conflicto: La mediación no fracasa si no pone fin total a la controversia, basta con lograr algún acuerdo y para el resto quedan a salvo los derechos para poder ejercitarlos en la vía que convenga.

Dentro de las características de la mediación antes citadas, para su aplicación en la justicia restaurativa, en primer término, es importante que no estamos dentro de una litis o juicio por lo que el sentimiento de tensión y confrontación entre las partes disminuye, ya que ambas están con la disposición de llegar a un acuerdo, tratando siempre de considerar los sentimientos de ambas partes, por lo que se escucha tanto a víctima como a imputado para que ambos manifiesten su percepción del delito y como ha afectado en el desarrollo de sus vidas, para con ello tratar de reparar las relaciones y el tejido social.

Como se señaló los mediadores deben contar con diversas capacidades para desarrollar su función, Juan Carlos Dupuis refiere que son dos las características básicas del mediador:

A) La imparcialidad: Esto es que el mediador no deberá externar opiniones tendenciosas o inclinarse por alguna de las partes o negociadores;
B) La neutralidad: Se refiere al comportamiento y a la relación entre el mediador y las partes. (Pérez Sauceda José Benito. Tesis: Métodos Alternos de Solución de Conflictos: Justicia Alternativa y Restaurativa para una Cultura de Paz". http://eprints.uanl.mx/2689/1/Tesis_Definitiva_R1.pdf)

Características básicas con las que debe contar el mediador puesto que éste debe mantenerse siempre en una actitud de imparcialidad ante las partes, ya que si bien es cierto, este no puede proponer soluciones, éste no debe inclinarse o mantener una actitud de favorecimiento a alguna de las partes, por lo que debe mantenerse neutral y no tendencioso hacia alguna de las partes, sobre todo considerando que en materia penal estamos ante la víctima y el imputado, por lo que el mediador debe dejar de lado sus conceptos, ideas, pensamientos o prejuicios, para centrarse en facilitar la comunicación entre las partes.

Las principales características de la Mediación son (Gorgón Gómez, 2006):

A) Voluntariedad: Son las partes las que deciden que se va a realizar en el proceso siendo ésta la característica primordial de todos los métodos alternos;
B) Flexibilidad: Es por el acuerdo de las partes como se puede modificar la forma como se llevará el procedimiento, el número de audiencias que tendrá, su duración, etc.;
C) Confidencialidad: Todo lo dicho y hecho durante la mediación no podrá ser divulgado por cualquier participante de la misma;

D) Rapidez y Economía: En comparación con el proceso judicial, el procedimiento de Mediación resulta mucho más barato y rápido.

Para (Gorjón Gómez, 2008) la confidencialidad es la principal característica de la mediación, y se refiere a que ninguna revelación efectuada durante el procedimiento podrá ser divulgada o utilizarse en algún otro proceso, ni generar consecuencias económico-sociales. Por lo mismo dentro de la misma legislación se ha establecido la clausula de confidencialidad entre las partes o el hecho de que lo manifestado en las audiencias de mediación o conciliación no podrá ser utilizado en juicio.

En este orden de ideas Bianchi (1996), señala que la confidencialidad se logra cuando todos los asistentes a las sesiones conjuntas o individuales guarden absoluta reserva sobre lo ocurrido, escrito, dicho u oído, y que su revelación está prohibida. Como se dijo ya está establecida la clausula de confidencialidad, y ha habido propuestas de aplicar una penalidad para quienes violen dicha clausula, sin embargo se considera que esto rompería con la armonía que se pretende exista en dichos mecanismos.

Según Juan Carlos Dupuis, la confidencialidad en el mediador determina que cuando éste actuó en un procedimiento determinado, no podrá conocer del asunto en ocasión subsiguiente en otra instancia, ya sea como juez o como abogado, porque podría violar la confidencialidad. (Pérez Sauceda José Benito. Tesis: Métodos Alternos de Solución de Conflictos: Justicia Alternativa y Restaurativa para una Cultura de Paz".http://eprints.uanl.mx/2689/1/Tesis_Definitiva_R1.pdf) Sin embargo, éstos supuestos, sería difícil que se dieran en nuestro estado, atendiendo a la forma en que está conformado el sistema, empero, se trata más de una cuestión de ética del prestador de servicio.

Importante y trascedente resulta esta característica de confidencialidad dentro de los métodos complementarios, puesto que, si como bien hemos señalado en líneas anteriores, al ser un complemento de la justicia, si las partes no arriban a un acuerdo, se puede continuar con la averiguación previa o con el proceso, por tanto lo señalado dentro de dichas sesiones de mediación o conciliación, es completamente confidencial y no podrá ser utilizado lo en ellas dicho como un medio de prueba dentro de la investigación, el proceso o incluso como una agravante para la sentencia, por lo que la asistencia de las partes al método de solución de conflictos no debe tomarse como signo de aceptación de culpabilidad ni como astucia legal para obtener algún dato indispensable para el proceso, ya que lo que en ellas dicho es confidencial, tanto para las partes como para el mediador o conciliador, por lo que la información ahí obtenida o dicha no podrá ser reproducida dentro de investigación, proceso o juicio alguno.

En cuanto a las características de la mediación anteriormente señaladas, debe resaltarse una aun no estudiada dentro del presente capitulo, que es la rapidez y economía, en cuanto a la rapidez, las estadísticas nos dicen que la integración de la averiguación y el proceso es tardado, además según lo señaló el investigador Guillermo Zepeda Lecuona, 3 de 4 delitos no se denuncian. Del 25 por ciento que sí son denunciados solamente se concluye la investigación ministerial en el 4.55 por ciento, pero se pone a alguna persona a disposición de los jueces solamente en el

1.6 por ciento del total de delitos cometidos. Es decir, de cada 100 delitos solamente 1.6 llega ante el conocimiento de un juez; las condenas judiciales alcanzan una cifra del 1.06 por ciento, lo que significa que la impunidad alcanza una horrorosa cifra del 99 por ciento, (Recuperado en: http://www.magis.iteso.mx/content/la-paradoja-de-la-impunidad-el-que-la-debe-esta-libre-el-inocente-la-paga) lo que obviamente no tiene comparación con la aplicación de un método alterno, puesto que la Ley de Justicia Alternativa del Estado de Jalisco, señala que se podrá suspender la averiguación o proceso sólo por 30 días, por lo que válidamente podemos inferir, que de llegar a un acuerdo las partes alcanzarían una pronta solución, pues en 30 días se podría llegar a un convenio y además se llegaría a un acuerdo o convenio en la mayoría de los delitos, pues es un amplio catálogo de delitos, en los que la Ley en la materia nos permite resolverlos por dichos métodos, por lo que la pretensión sería que sean menos casos que queden impunes.

Por lo que respecta a la economía, Zepeda Lecuona señaló: En Jalisco se 'sobre criminaliza' el robo, muchos detenidos por robos no violentos son llevados a proceso penal que tiene costos muy altos (para el Estado): ocho mil pesos de averiguación previa, 12 mil pesos de proceso penal, y a veces es una persona que se robó unas galletas en un súper" (Diario el Informador. 4 Abril 2011. Recuperado en: http://www.informador.com.mx/jalisco/2011/282612/6/urge-avanzar-en-reforma-judicial-zepeda-lecuona.htm) por lo que de igual forma si consideramos que en 30 días sería posible llegar a un acuerdo entre las partes, obviamente se reducirían considerablemente los costos, esto sin considerar el costo de la pena privativa de prisión, que finalmente es el Estado quien tiene que sufragar el gasto sin que esto implique una efectiva reparación del daño a la víctima, sin embargo eso será tema de estudio en capítulos posteriores.

Para el maestro Fernando Martín Diz la mediación es un concreto medio de solución alternativa de conflictos siendo un mecanismo alternativo al judicial, caracterizado por la intervención de una tercera persona (mediador) cuyo objetivo es facilitar la avenencia y solución dialogada entre las partes enfrentadas, tratando de lograr que éstas logren una solución satisfactoria y voluntaria al conflicto, pero nunca ofreciéndola o imponiéndola. (Cuadra Ramírez José Guillermo, Medios Alternativos de Resolución de Conflictos como Solución Complementaria de Administración de Justicia. Recuperado en http://www.scjn.gob.mx/Transparencia/Lists/Becarios/Attachments/134/Becarios_134.pdf)

Por lo que se pudiera concluir que la mediación tiene como objetivos primordiales no sólo resolver el conflicto interpersonal existente y colaborar en la toma de decisiones que llevan a su solución, sino también tener en cuenta la relación futura de las partes tratando de restablecer o mantener el vínculo que los une procurando relaciones sanas o funcionales contribuyendo directamente a la creación de la sociedad pacífica posible. (Pérez Sauceda José Benito. Tesis: Métodos Alternos de Solución de Conflictos: Justicia Alternativa y Restaurativa para una Cultura de Paz".http://eprints.uanl.mx/2689/1/Tesis_Definitiva_R1.pdf) Como ya se dijo en líneas anteriores, los mecanismos complementarios, pretenden abonar con la cultura de paz, a una mejor percepción social de la seguridad en el estado y el país.

De ahí la necesidad de su implementación, como método o medio para lograr la justicia restaurativa, puesto que el fin último es buscar la reconstrucción de la relación víctima-victimario y el fortalecimiento del tejido social.

1.4.1.1 El Mediador

Si bien es cierto se ha analizado doctrinalmente en qué consiste la mediación y sus características, debe considerarse que pieza fundamental en los resultados de dicho método es el facilitador o prestador de servicio que lleve a cabo las sesiones de mediación.

Para Pacheco Pulido (2004) el mediador es el tercero neutral que facilita la comunicación en el procedimiento de mediación. Estructura el diálogo entre las partes para que lleguen a su propio acuerdo. Es quien conduce el procedimiento, reconoce y comprende las emociones de las personas. Volvemos de nuevo con la importancia del reconocimiento de las emociones por las que atraviesan las partes que fueron víctima del delito, quienes dentro del procedimiento penal, generalmente, se sienten olvidadas pues no son tomadas en cuenta, y menos durante la etapa judicializada, ya que al ser representada por el Ministerio público, ésta se vuelve prácticamente invisible.

El mediador participa como un facilitador en la resolución de la controversia ya que es la persona que recoge inquietudes, traduce estados de ánimo y ayuda a las partes a confrontar sus pedidos con la realidad, es decir, el mediador calma los estados de ánimos exaltados, rebaja los pedidos exagerados, explica posiciones y recibe confidencias. (Cuadra Ramírez José Guillermo, Medios Alternativos de Resolución de Conflictos como Solución Complementaria de Administración de Justicia. Recuperado en http://www.scjn.gob.mx/Transparencia/Lists/Becarios/Attachments/134/Becarios_134.pdf)

El mediador, es el prestador de servicio que estará actuando con las partes para facilitar y promover la comunicación entre ellos.

El mediador es una personal neutral que no tiene interés personal en el resultado por lo que la suspicacia y la desconfianza se reducen al mínimo. (Peralta Quintanilla Tomas Rolando. "Tesis: La Mediación Comunitaria como Medio Alternativo de Solución de Conflictos en la Legislación Ecuatoriana" Recuperado en: http://www.sisman.utm.edu.ec/libros/FACULTAD%20DE%20CIENCIAS%20HUMAN%C3%8DSTICAS%20Y%20SOCIALES/CARRERA%20DE%20TRABAJO%20SOCIAL/07/NEGOCIACION%20MEDIACION%20Y%20RESOLUCION%20DE%20CONFLICTOS/LA%20MEDIACI%C3%93N%20COMUNITARIA%20COMO%20MEDIO.pdf) Lo cual resulta siempre trascendental para ambas partes, pues acuden con la certeza de que el prestador de servicio no tratará de favorecer a ninguno de los participantes, sino que su interés se centra en resolver el conflicto.

El resultado de la mediación depende del mediador mismo, de ahí la importancia de su figura. Su sentido humano, perspicacia e intuición son elementos indispensables para poder lograr que las partes lleguen a un acuerdo. (Gorjon Gómez, 2006) Por ello, en países como Argentina, en el que tienen un gran avance en los mecanismos alternos, se llevan estadísticas respecto de cada mediador, para conocer su efectividad.

Es así que ante la importancia que tiene el mediador en la aplicación del método y su resultado, diversos tratadistas han señalado cuáles son las características que debe reunir éste, así García García (2003) señala que las características fundamentales del mediador son:

A) Profesionalidad
B) Neutralidad
C) Calificación
D) Imparcialidad
E) Ausencia de poder de decisión
F) Aceptación por las dos partes en el conflicto
G) Capacidad y ubicación necesarias para garantizar la
H) confidencialidad
I) Creatividad
J) Facilidad para la comunicación y para poder estimularla entre las partes
K) Flexibilidad
L) Empatía
M) Capacidad parar generar confianza
N) Saber escuchar.

Dentro de las características señaladas por García García, resulta de especial estudio e interés el que el mediador debe tener tal empatía que resulte aceptado por ambas partes, pues como se señaló con anterioridad, en mediación penal, el mediador se enfrente ante víctima y victimario, por lo que debe dejar de lado cuestiones, percepciones o valoraciones personales para poder llevar a cabo las sesiones, por ejemplo que el mediador tuviera que llevar a cabo una sesión de mediación entre un imputado que cometió el delito de robo en un domicilio y la víctima y él haya sido víctima recientemente de dicho delito, por lo que debe ser neutral e imparcial y lo anterior debe ser captado por ambas partes, puesto que si el mediador muestra tendencia o favoritismo hacia uno de los participantes, la parte complementaria pudiera sentir un desequilibrio, provocando que no se logre un ambiente de confianza, lo que pudiera repercutir en que no se llegase a un convenio.

Por su parte Pacheco Pulido (2004), señala que el mediador debe ser:

A)Flexible: tener disposición al cambio
B)Tolerante ante el cambio y la adversidad
C) Responsable y comprometido con su función
D) Empático: debe de saber identificar con claridad los intereses de las partes
E)Creativo: debe favorecer la visión de futuro
F)Asertivo: para moderar la forma de expresarse
G) Neutral e imparcial.

En cuanto a lo señalado por Pacheco, es relevante la característica de creatividad, según como lo señala dicho autor, para favorecer la visión a futuro, esto si consideramos como se ha dicho que la intención de la mediación en la justicia restaurativa es lograr que las relaciones existentes se mantengan a futuro, para así favorecer tanto a víctima como imputado al reinsertarse a su vida en sociedad, como estaba hasta antes de la comisión del delito.

Sin embargo es Urquidi (1999) quien nos proporciona una larga lista de las habilidades de mayor relevancia con las que debe contar el mediador, que son las siguientes:

A) Habilidad para escuchar activamente
B) Habilidad para conducir el proceso de mediación
C) Habilidad para analizar, identificar y aislar conflictos
D) Habilidad para comunicarse efectivamente
E) Habilidad para usar el lenguaje claramente
F) Habilidad para preguntar; crear confianza y afinidad
G) Habilidad para evaluar intereses, valores y necesidades
H) Habilidad para negociar y establecer metas
I) Habilidad para permanecer neutral
J) Habilidad para desactivar estados emocionales extremos
K) Habilidad para apreciar y entender la diferencia en el equilibrio de poderes
L) Habilidad para interrumpir un estancamiento en las negociaciones
M) Habilidad para respetar los parámetros de ética profesional
N) Habilidad para identificar los asuntos que no son mediables
O) Habilidad para controlar a grupos en conflicto
P) Habilidad para ayudar a las partes en la creación de opciones
Q) Habilidad para evaluar alternativas reales de solución
R) Habilidad para establecer una agenda de asuntos y organizar datos
S) Habilidad para aceptar el fracaso
T) Habilidad para recomendar otros métodos de resolución de conflictos

U) Habilidad para redactar acuerdos.

Importante resulta de entre ellas, la habilidad para identificar los asuntos que no son mediables, puesto que el mediador, una vez que tiene conocimiento del conflicto y de la visión de cada una de las partes, éste puede identificar si por la antigüedad, circunstancias o visiones personales de las partes o la escalada, el conflicto podrá o no ser resuelto mediante dicho método, por lo que deberá también ser una característica del mediador la honestidad para consigo y con las partes, pues él deberá enfrentar el hecho de que no podrá solucionar la controversia y esto debe hacérselo del conocimiento a los participantes.

Según García García, a parte de las características que debe reunir el mediador, éste tiene unas funciones específicas que desempeñar dentro de las sesiones que son las siguientes:

A) Servir como catalizador, educador y comunicador que auxilie a las partes a identificar y clarificar los puntos objeto de la controversia, apoyándolas a que canalicen sus sentimientos en forma positiva y generen opciones que resuelvan el conflicto;

B) Atemperar la situación de enfrentamiento y favorecer la

interrelación entre las personas;

C) Constituirse como un agente de la realidad para ayudar a las partes a diferenciar lo que es posible y practicable de sus propuestas distinguiendo el deseo de la realidad;

D) Motivar a las partes para que negocien de buena fe y establecer las normas que han de regir el desarrollo del procedimiento;

E) Interpretar y aclarar el significado o la intención de los mensajes;

F) Trabajar para reconciliar los intereses de competidores de las partes;

G) Crear una atmósfera de empatía entre los mediados,

H) Actuar como moderador propiciando actitudes colaborativas, utilizando la dinámica del proceso, estableciendo las normas básicas para confrontar ideas, para ir al fondo de las cuestiones que van aflorando a través del proceso, etc.

Fundamental resulta en los métodos complementarios el reconciliar a las partes y procurar que dejen de verse como contrarios para verse como un conjunto que van en una misma dirección, buscando una solución viable y equitativa para ambos.

1.4.2 La Conciliación.

La conciliación por su parte, tiene sus antecedentes en las Ordenanzas de Burgos y Sevilla del siglo XVI, quienes la consagraban de manera voluntaria, posteriormente las Ordenanzas de Bilbao en 1737 establecieron dicho método alternativo con carácter obligatorio en controversias comerciales. La conciliación aparece nuevamente en la Novísima Recopilación pasando por regulaciones posteriores hasta el Real decreto de 1827 (Highton, 2003) Se hace notar, como a lo largo de la historia de la aplicación del mecanismo de conciliación, hubo una parte de la historia en la que se volvió obligatoria su observancia.

La conciliación, como se ha dicho hay tratadistas o legislaciones que las toman como sinónimos, en nuestro derecho y nuestra ley de la materia se señala como diferencia el hecho de que en tanto que en la mediación el prestador de servicio, mediador, no puede proponer soluciones, sino que solo facilita la comunicación entre las partes, en la conciliación, el tercero, conciliador, si puede proponer soluciones, aun cuando son las partes quienes finalmente decidirán si llegan a un acuerdo o convenio.

De Pina Vara (2005) define a la conciliación como un "acuerdo" o "convenio" celebrado por las partes con el fin de lograr un acuerdo y evitar un litigio. Sin embargo La conciliación resulta ser mucho más, es una forma de resolución pacífica de conflictos que tiene como principios básicos: la imparcialidad, la neutralidad, la confidencialidad, la legalidad, la honestidad y la equidad. (Pérez Fernández, 2003) Sin embargo como ya se dijo la importancia de dicho mecanismos se debe a la voluntariedad de las partes de someterse a ellos y cumplirlos.

Conciliar procede del término latino *conciliare* que significa "componer" "componer y ajustar los ánimos de quienes estaban opuestos entre sí." Por tanto, nos encontramos ante otro método auto compositivo de resolución de conflictos en el que las partes solucionan el conflicto existente entre ellas e interviene un tercero, que aproxima sus posturas. (Pelayo Lavín Martha. Tesis: La mediación como vía complementaria de resolución de conflictos. Recuperado en:http://gredos.usal.es/jspui/bitstream/10366/110555/1/DDAFP_Pelayo_Lavin_M_LaMediacion.pdf) Se resalta, como la etimología nos habla de componer, porque es precisamente lo que se busca, componer la relación rota, la desconfianza social, hasta el sentimiento de paz personal, todo ello se debe de componer después de hacer sido víctima de un delito.

La Conciliación es un medio alternativo y extrajudicial que evita que las partes tengan como única opción el proceso judicial, brindándoles la ventaja de encontrar una solución en forma rápida, eficaz y económica. (Peralta Quintanilla Tomas Rolando. "Tesis: La Mediación Comunitaria como Medio Alternativo de Solución de Conflictos en la Legislación Ecuatoriana" Recuperado en: http://www.sisman.utm.edu.ec/libros/FACULTAD%20DE%20CIENCIAS%20HUMAN%C3%8DSTICAS%20Y%20SOCIALES/CARRERA%20DE%20TRABAJO%20SOCIAL/07/NEGOCIACION%20MEDIACION%20Y%20RESOLUCION%20DE%20CONFLICTOS/LA%20MEDIACI%C3%93N%20COMUNITARIA%20COMO%20MEDIO.pdf) siendo la rapidez una de las ventajas que también se ha observado en los Mecanismos Alternativos, ya que en materia penal se resuelven en máximo 30 días, cuando el proceso penal, puede durar años.

La Corte Constitucional Colombiana ha señalado que se ha entendido por la doctrina la conciliación como un medio no judicial de resolución de conflictos mediante el cual las partes entre quienes existe una diferencia susceptible de transacción, con la presencia activa de un tercero conciliador, objetivo e imparcial, cuya función esencial consiste en impulsar las fórmulas de solución planteadas por las partes o por el mismo, buscan la forma de encontrar solución y superar el conflicto de intereses existente. (Vado Grajales Luis Octavio. Medios alternativos de resolución de conflictos. Recuperado en: http://biblio.juridicas.unam.mx/libros/5/2264/19.pdf

Se debe resaltar de éste concepto, el hecho de que señala que la diferencia es susceptible de transacción, siendo éste uno de los cuestionamientos más recurrentes en la materia, ¿cuáles bienes jurídicos tutelados pueden ser motivo de transacción? Pues no se busca una mercantilización del derecho penal, sino la satisfacción de ambas partes.

Como se señaló en un principio, para doctrinistas en otras latitudes, se tiene como sinónimo la mediación y la conciliación, ya que no se establece una diferencia entre ambas, sin embargo, la Ley de Justicia Alternativa del Estado de Jalisco, si señala una diferencia, consistente en que el conciliador puede proponer soluciones en tanto que al mediador le está prohibido.

En la Conciliación el tercero neutral tiene una participación más activa experta en la materia del litigio, teniendo más posibilidades de lograr una solución más rápida al hacer proposiciones. Es decir, mientras el papel más limitado del Mediador simplemente como facilitador del diálogo puede fomentar aptitudes y competencias transformativas del conflicto en las partes, así como para la resolución positiva de diputas, la Conciliación es más efectiva cuando lo que se quiere es lograr un acuerdo pronto y experto. (Pérez Sauceda José Benito. Tesis: Métodos Alternos de Solución de Conflictos: Justicia Alternativa y Restaurativa para una Cultura de Paz". Recuperado en: http://eprints.uanl.mx/2689/1/Tesis_Definitiva_R1.pdf) La participación del conciliador resulta ser como una luz para las partes, pues aparte de permitirles afrontar y superar el conflicto, les propone soluciones viables y adecuadas a cada caso, por ello se dijo en líneas anteriores que los convenios en los mecanismo alternos son ad hoc.

Jaime Guasp citado en Vado Grajales señala: Proceso de cognición (la conciliación) especial por razones jurídico-procesales, por el que se tiende a eliminar el nacimiento de un proceso principal o ulterior, también de cognición, mediante el intento de una avenencia o arreglo pacífico entre las partes. Por tal motivo la conciliación puede dividirse en:

A) Extraprocesal: cuando se realiza fuera de un proceso judicial, por lo que no constituye un presupuesto procesal. Tenemos de ella varios ejemplos en la legislación mexicana, como lo son la Profeco, la Procuraduría de la Defensa del Trabajador, las comisiones estatales y nacionales de arbitraje médico, la Condusef, etcétera.
B) Intraprocesal: se presenta el inicio o previa a un proceso y en todo caso su intento es un requisito procesal. Se realiza dentro de un proceso judicial y tiene la finalidad de evitar la continuación del mismo, por lo que Piero Calamandrei la llamó cuando es exitosa "infanticidio procesal". (Vado Grajales Luis Octavio. Medios alternativos de resolución de conflictos. Recuperado en: biblio.juridicas.unam.mx/libros/5/2264/19.pdf)

Aun cuando la doctrina nos señala diferentes etapas en las que se puede llevar a cabo la conciliación, nuestra legislación en la materia, prevé que se podrá utilizar la conciliación, ya sea intra o extraprocesal, puesto que permite que se llegue a un convenio mediante un método alterno hasta antes del dictado de sentencia, por lo que bien las partes pudieron acudir a tratar de arreglar el conflicto por éstos métodos antes de presentar la correspondiente denuncia o después de que incluso se haya ejercitado la acción penal hasta antes de que se dicte sentencia se podrá optar por cualquiera de éstos métodos. Y la propuesta que se hace es que incluso se puedan utilizar dichos métodos una vez dictada la sentencia, esto para llegar a un convenio entre las partes para la reparación del daño o lograr la justicia restaurativa.

1.4.2.1 El conciliador

De igual manera como se señalara con el mediador, también dependerá del conciliador el éxito del método y la obtención de un acuerdo o convenio entre las partes.

Según Junco Vargas (2007) las principales características o capacidades del conciliador son:

A) Escuchar con empatía: La conciliación es un instrumento de paz, por ello, se debe buscar la armonía entre las partes, nivelar las energías y lograr el trabajo en equipo de los involucrados;

B) Tener capacidad investigativa: El conciliador debe buscar, estudiar y analizar la controversia, tiene que investigar las causas, los motivos y las fuentes del conflicto, para poder entender sus posiciones y descubrir sus verdaderos intereses;

C) Tener paciencia: Este es uno de las mayores cualidades del conciliador, pues no debe actuar con apremio o con imprudencia, debe respetar y entender a las partes, dando tiempo para llegar a sus propias decisiones en condiciones adecuadas para fomentar el compromiso;

D) Generar confianza: El conciliador debe inspirar confianza, siendo atento con las partes, haciéndoles saber que se les escucha, dándoles la orientación y capacitación necesarias para lograr un acuerdo justo y equitativo;

E) Imparcialidad: Es el trato objetivo, argumentado y con razones que se le da a los involucrados en una controversia. La comunicación usada y el lenguaje adecuado son formas de establecerla;

F) Ser transparente: La pulcritud, honradez y responsabilidad usuales del conciliador en su desempeño familiar, laboral, social o académico, también son una señal para que las partes sepan de la transparencia que se requiere por parte de un prestador de servicios de medios alternativos, creando una autoridad moral fundamental y decisiva para que las partes actúen y coadyuven conjuntamente con él;

G) Distender al ambiente: El conciliador debe suavizar las posiciones, atemperar las emociones, equilibrar las partes y proteger al débil del dominante, para que el acuerdo no sea resultado del poder, arrogancia o prepotencia de alguna de las partes;

H) Utilizar la creatividad: Es indispensable que el conciliador pueda generar múltiples ideas y propuestas de solución, proporcionando alternativas de distintas índoles y mostrando caminos para una solución parcial o total;

I) Manejar adecuadamente el tema: El Conciliador es un experto en la materia del conflicto, debe recomendar y orientar a las partes sobre su situación;

J) Usar adecuada y eficazmente la comunicación: Los procesos comunicativos son la llave para poder lograr persuadir a las partes y alcanzar una resolución favorable para ambas. Para ello hace uso tanto de mensajes verbales como no verbales tomando en cuenta el grado cultural, económico, social o religioso de los involucrados;

K) Debe argumentar: El conciliador debe saber exponer sus propuestas claramente motivadas, así como entender los puntos de vista de las partes. Su capacidad para argumentar determinará el grado de persuasión y convencimiento que logre con los involucrados en el conflicto;

L) Debe ser un tercero: Como neutral experto, el prestador de métodos alternos debe mantenerse ajeno a los intereses y opiniones de las partes, no debe tener relación alguna con las mismas, no sólo en el aspecto jurídico, sino también en el sentimental;

M) Debe conocer el conflicto: El conciliador debe ser un experto en la situación motivo de la controversia, debe identificar los intereses de las partes, los fundamentos de las pretensiones, los elementos probatorios, las posibles fórmulas de arreglo, etc.

N) Debe ser orientador y dirigente: El facilitador de métodos alternos debe orientar, formar e informar a las partes sobre sus posturas legales y personales, sobre las posibles consecuencias de las decisiones que tomarán, para evitar que cometan posibles y costosos errores;

O) Debe ser atento y fomentar dicho comportamiento en las partes: El prestador de servicios de métodos alternos necesita tener una comunicación positiva, constructiva, tanto verbal como no verbal. Utilizando la escucha activa, la asertividad, el análisis, y la correcta interpretación de las posiciones y de los intereses de los involucrados;

P) Debe ser un experto: Es necesario que el conciliador conozca del manejo de las relaciones interpersonales y de conflictos, no sólo en la teoría sino también en la práctica. Es importante además que sea un especialista en la materia motivo de la controversia, para tener las condiciones y conocimientos suficientes para poder emitir sugerencias y opiniones que den luz a las partes en la búsqueda de una resolución a la diferencia;

Q) Debe conocer a las partes: Es indispensable tener conocimiento de la personalidad de las partes, del entorno social y económico en que se desenvuelven para poder llevar el proceso conciliatorio adecuadamente hasta que proponga las fórmulas que acerquen a las personas. No es necesario un estudio a fondo de la situación de cada uno de los implicados, solamente de que durante el desarrollo de las audiencias pueda identificar las personalidad de los individuos con los que se desarrolla el método alternativo. (Pérez Sauceda José Benito. Tesis: Métodos Alternos de Solución de Conflictos: Justicia Alternativa y Restaurativa para una Cultura de Paz".http://eprints.uanl.mx/2689/1/Tesis_Definitiva_R1.pdf)

Se destaca dentro de las anteriores características, el que se señale que el conciliador debe de conocer a las partes, lo cual denota la empatía que se busca en las audiencias de mediación y conciliación, pues el prestador de servicio trata de conocer a las personas para saber desde cómo abordar el tema, hasta cuáles son las propuestas de solución que puede hacer atendiendo a las partes. Cabe aclarar que esto no implica que éste se posicione a favor de una u otra, sino que trata de conocerlos en el desarrollo del método para lograr un convenio que resulte realmente efectivo.

Pensadores como Confucio (2006) hablaban de un equilibrio original que no debía ser entorpecido, ya que dicho estado nos servía para lograr la paz social. Y es precisamente ese equilibrio el que se pretende lograr entre las partes a partir del proceso restaurativo.

Lo más importante es que dichos métodos pretenden resolver el problema de fondo, los acuerdos resultantes de la aplicación de los métodos alternos deben poner fin, total o parcialmente al procedimiento referente a la controversia en cuestión. (Rodríguez, 2009) Contrario a lo que señala Rodríguez, se considera que el método alterno debe de poner fondo a dicha controversia, debe de resolver el asunto, pues de no ser así, se deja a ambas partes en la incertidumbre jurídica, sobre todo a el imputado, pues está siempre latente el que se continúe con la integración de la averiguación, por lo que por sanidad y tranquilidad de ambas partes deberá de resolverse el fondo y vigilar su cumplimiento.

1.4.3 El Abogado en los métodos complementarios

Como es natural siempre que existen cambios, la transición del sistema penal inquisitivo al acusatorio adversarial, también ha tenido sus detractores y los métodos de resolución de conflictos, como complemento a dicho nuevo sistema también han sido objeto de críticas en cuanto a su ineficacia y poca efectividad, sin embargo, debe señalarse que el convencimiento de los abogados será clave para el funcionamiento de los mismos,

Pues los abogados detractores se han convertido solo en la clase jurídica que se limita a observar, a desempeñarse como litigante o consultor jurídico, pensando mayormente en su beneficio económico y dejando de lado, el de la sociedad. (Christie, 1981). Éste tipo de abogados anteponen sus intereses personales sobre el de sus clientes y el de la comunidad, pues su razonamiento lógico es que no podrán cobrarle lo mismo al cliente en un asunto que dure un mes que si el asunto se alarga por años.

Sin embargo, el abogado con formación en mediación cuenta con diversas ventajas frente al especialista en derecho que sólo maneja los modelos tradicionales del litigio judicial, a continuación mencionamos algunas de ellas:

A) La habilidad de identificar los intereses y temores propios, dicho conocimiento es la llave para lograr el autocontrol y la superación personal;

B) La inteligencia emocional adquirida permite percibir las necesidades tanto de su cliente como los de la contra parte y así realizar un trabajo más completo y eficiente;

C) La prestación de servicios de mediación junto a los legales ayuda a los abogados, a los colegios de la profesión y a las Facultades de Derecho a dar cabal respuesta a las necesidades de justicia;

D) El jurista mediador tiene una preparación en las relaciones de los seres humanos, por ello, planeará más allá de los argumentos jurídicos y estará atento a las consecuencias que el litigio pudiera tener;

E) La preparación en los modelos de mediación puede hacerlo pensar en soluciones creativas e integrales para los problemas, transformando y curando las heridas que en las partes existieren;

F) Su formación en derecho y su experiencia en el conflicto le permiten al abogado conducirse de una mejor manera en la mediación.

G) El abogado mediante la aplicación de los MASC, además de su trabajo en el litigio judicial se convierte en un verdadero sanador de heridas sociales, promoviendo el desarrollo social, facilitando soluciones y dando respuesta de diversas maneras a la necesidad de justicia de la comunidad.

Como se explica, la buena comunicación y las habilidades emocionales son elementos esenciales que debe saber manejar el abogado-mediador. (Pérez Sauceda José Benito. Tesis: Métodos Alternos de Solución de Conflictos: Justicia Alternativa y Restaurativa para una Cultura de Paz". Recuperado en: http://eprints.uanl.mx/2689/1/Tesis_Definitiva_R1.pdf) Obviamente el que un abogado se interese por resolver el conflicto emocional entre las partes en conflicto, dependerá de su ética, de sus valores, incluso dependerá del motivo por el cual decidió estudiar leyes, si lo hizo con una finalidad monetaria, es sabido que no le llamará la atención incursionar en los mecanismos complementarios, sin embargo, si su motivación fue el contribuir a la paz social, esos son los abogados que tienen cabida en éstos métodos.

Por lo que se debe formar a los abogados con esta mentalidad innovadora, dicha formación, en muchos sentidos tiene que ver con las competencias del negociador/mediador de hoy, pero sobre todo, son bases indispensables del ciudadano de paz del nuevo siglo, es decir, se busca retomar aquellas reglas establecidas hace tiempo, específicamente en materia de resolución consensual y pacífica de controversias. (Pérez, 2008) Como ya se señaló estos mecanismos no son un descubrimiento del siglo XXI, sino que han existido desde hace siglos atrás, donde la mejor forma para solucionar los conflictos era hablando y negociando.

Después de todo lo expuesto se puede concluir que el beneficio principal que ofrecen estos medios, es la comunicación que se establece entre las partes para que ellas mismas propongan alternativas y tomen las decisiones de común acuerdo, lo que permite que las relaciones entre las partes se estrechen en lugar de fracturarse y las resoluciones se ajusten a sus necesidades, lo cual trae como consecuencia que se cumpla el convenio alcanzado.

Esto resulta trascendente puesto que teóricamente se considera al convenio como lo que resuelve de fondo el asunto, se considera cosa juzgada.

En Roma se le llamaba Cosa Juzgada a lo decidido en juicio, es decir, el bien juzgado, reconocido o desconocido por el Juez. La Cosa Juzgada nace de la necesidad de que lo establecido en una resolución sea irrevocable, de impedir la indefinida impugnación de las cuestiones ya sentenciadas. (Becerra, 2003) Por ello se señaló en líneas anteriores que el convenio debía de resolver de fondo la controversia, para que fuera considerado en efecto una cosa juzgada, en otras materias resulta mayormente aplicable dicho concepto, pues el convenio adquiere carácter de cosa juzgada, sin embargo en materia penal, siempre estará latente que se continúe con el procedimiento ante el incumplimiento, por lo que se deberán de buscar las formas jurídicas propicias para que ante el incumplimiento de un convenio, cuando se trate de cuestiones meramente económicas, pueda exigirse su cumplimiento por ejemplo a través del juez de ejecución.

De ésta manera, si bien es cierto, el convenio no puede ser considerado como una sentencia, si tiene los efectos de ésta, pues es causal para el no ejercicio de la acción penal y para el sobreseimiento del proceso.

1.4.4 Análisis de los métodos complementarios y su eficacia como medio para lograr la justicia restaurativa.

Los inicios de la mediación entre víctima y ofensor se establecen en 1974, en Kitchener, Ontario, Canadá; cuando dos adolescentes acuchillaron llantas automovilísticas, quebraron ventanas y causaron daños a diferentes propiedades en una noche de vandalismo y embriaguez, causando un daño de $2,200 dólares a los que se declararon culpables en Corte. Ahí un agente del departamento de libertad condicional y sus compañeros del Centro Menonita de Ontario comentaron con el juez la idea de que los jóvenes respondieran cara a cara a cada una de las personas afectadas, a lo que la autoridad accedió.

Después de escuchar a las víctimas, los jóvenes se comprometieron a restituir los daños y al cabo de seis meses, ya se había terminado de pagar lo acordado. (Olson, 2001) Lo anterior, es discutido por abogados detractores de la justicia restaurativa, pues refieren que podrá ser aplicable en menores de edad, primo delincuentes, que aún no tienen un perfil criminal, sin embargo, consideran que un delincuente consumado difícilmente se readapta.

La repetida citada reforma constitucional introduce un nuevo paradigma de justicia en México. La justicia restaurativa, la cual responde a "diferentes movimientos preocupados por la humanización del sistema penal y por aliviar el sufrimiento e introduce el delito y sus consecuencias. (Ríos Martín, "Métodos alternos de solución de conflictos de paz y modernización de la justicia", recuperado en: http://ezproxy.uag.mx:2052/lib/bibliouagsp/reader.action?docID=10559770) Movimientos humanizadores que se han gestado en otros continentes, que se han preocupado por resolver la criminalidad de raíz, por buscar nuevas formas de aplicar justicia, ante la realidad de que la prisión no es la solución.

Señala Martínez Escamilla (2011) que la justicia restaurativa es un movimiento social, una filosofía que recoge inquietudes muy diversas y que tiene que ver con la forma en que las sociedades reaccionan frente al delito, con cómo abordan la resolución de los conflictos, en concreto, por lo que aquí interesa, los conflictos de naturaleza penal, se trataría pues de una especie de programa político – criminal. Es un movimiento amplio y extendido y quizá por ello carente de una definición que señale con certeza las notas pertenecientes a su esencia. Se habla de reparación del daño, de "empoderamiento" de las partes, de participación de la comunidad en la resolución del conflicto, de evitación de los devastadores efectos de la prisión, de la integración del autor y de la atención a la víctima. Todas estas características se computan, muchas veces de forma asistemática, en el haber de la justicia restaurativa. (Martínez Escamilla, "Justicia restaurativa, mediación penal y penitenciaria; un renovado impulso". Recuperado en: http://ezproxy.uag.mx:2052/lib/bibliouagsp/reader.action?docID=11046469)

Es importante en éste punto hablar del empoderamiento ante el cual, el cual es ya incluso considerado como una filosofía, se dice que el empoderamiento es el proceso por el cual se aumenta la fortaleza espiritual, social de las personas, para impulsar cambios positivos de las situaciones en que viven, es generar confianza en sus capacidades, por ello debe de empoderarse a la víctima para que supere el suceso delictivo, como al victimario para que recobre la confianza en sí mismo y en su reinserción a la sociedad.

Domingo de la Fuente (2008) la define como la respuesta evolucionada al crimen, que respeta la dignidad y la equidad de cada persona, construyendo comprensión y promoviendo la armonía social, a través de un proceso de sanación de las víctimas, los ofensores y la comunidad. Dicha respuesta se basa en las siguientes virtudes: sensibilidad, apertura, confianza, esperanza y sanación. Se resalta el concepto de que es una respuesta evolucionada, pues va más allá, incluso de los Mecanismos Alternativos, porque en la restaurativa se buscar reparar desde el exterior al interior, los sentimientos, es realmente evolucionar principalmente como persona y ya en conjunto como sociedad.

Para Elías Neuman (2005), es precisamente la Mediación Penal el ejemplo más contundente de lo que persigue la justicia restaurativa, pues se basa en la creencia de la posibilidad de armonía entre los hombres, así como la esperanza de un verdadero saneamiento de las heridas producidas por el delito en el entramado social. Y es precisamente eso por lo que se debe iniciar, por la creencia, creer en la buena voluntad, en el perdón, en la restauración, creer en que verdaderamente se puede lograr el cambio.

Debemos tomar en cuenta que perdonar es una transformación motivacional que inclina a la persona a inhibir respuestas destructivas en sus relaciones y a convertirlas en constructivas respecto a quien lo ha ofendido (Barbosa, 2006), siendo en el perdón y la restructuración social en lo que trabaja la justicia restaurativa, de existir en una persona el perdón, la beneficia no sólo en el ámbito de la justicia restaurativa sino en su vida diaria, en la que abre todo un abanico de posibilidades para re estructurar y resolver los conflictos personales.

El Perdón constituye un rechazo al mal infringido con una actitud positiva, o por lo menos, no negativa a la persona que nos ha lastimado. (Crespo, 2004) Es de esperarse que en muchas ocasiones, no se pueda lograr el perdón de la víctima, dependiendo del delito, pero es una meta que siempre se debe buscar.

El perdón es una realidad que pueden vivir quienes son parte de un proceso restaurativo. (Leigh, 2007) Por ello el facilitador, debe ser imparcial y no prejuzgar, pues aun cuando no lo considere viable por creencia personales, puede ser que las partes estén realmente convencidas de éste avance en la justicia y estén dispuestas a llevar a cabo un proceso restaurativo integral.

Es así que la justicia restaurativa resulta novedosa, pues se deben tomar varios aspectos en consideración, como lo señala Batola, citada por Pérez, se deben tomar en consideración los siguientes enfoques:

A) El derecho penal de mínima intervención
B) El derecho constitucional
C) El plano jurisprudencial
D) Los documentos y convenios internacionales
E) La política criminal.

Estos enfoques enriquecen la reformulación de procesos penales que puedan ser utilizados como mecanismos que propicien una real resolución de conflictos, siempre en un marco de Derecho y que permitan construir el camino hacia la diversificación de la respuesta estatal en materia penal. Dicho planteamiento supone un desafío que imponen los tiempos actuales. En la persecución de este propósito, se precisa de una profunda reflexión que resalte la participación de los involucrados en una situación de controversia, en la búsqueda de una solución adecuada a los perjuicios que se hayan producido, en la comprensión de las consecuencias dañosas de la misma, como así también, en el compromiso que debe asumir la comunidad y el Estado, en favorecer y sostener espacios que faciliten la reparación del daño causado por la controversia de índole penal. ("Justicia Restaurativa: nuevos procesos penales". Recuperado en: http://ezproxy.uag.mx:2052/lib/bibliouagsp/reader.action?docID=10934407) Es en éste aspecto en el cual debe de intervenir el Estado, ya no le corresponde sólo el castigar, sino que debe creer y dejar en manos de sus ciudadanos la solución de la controversia, ahora su participación es facilitar la reparación del daño y la reinserción penal.

La Reparación del Daño es en realidad una acción emprendida por el delincuente a fin de hacer de la pérdida sufrida por la víctima algo bueno. Es un derecho subjetivo del ofendido, para ser resarcido de los perjuicios causados en sus bienes jurídicamente tutelados, como consecuencia del ilícito penal

Es por todo lo anteriormente expuesto que la eficacia que se obtendría al aplicar los métodos complementarios en la justicia restaurativa, se encuentra lo siguiente:

A) Es la utilización de un tercero para asistir a las partes en conflicto, para realizar cosas y alcanzar acuerdos que, si carecieran de esa asistencia, nunca podrían lograrlo, o lo lograrían más adelante, ya en el conflicto con un daño mayor para dichas partes.
B) La idea es asistir a las personas para que platiquen mutuamente en una forma racional y orientada a la solución del problema, mediante la aclaración de malos entendidos y de los hechos, dándole realismo y objetividad al problema.
C) Ante todo proceso buscar regresar a las manos de las partes el resultado que se obtenga.
D) La mediación se entiende, generalmente como un proceso de corto plazo, estructurado, orientado a resultados, y con la intervención de las partes. Las partes trabajan con una parte tercera neutral, el mediador, para lograr un acuerdo aceptable mutualmente.
E) La mediación es un procedimiento que proporciona la intervención de un neutral aceptable o tercero imparcial,

que asiste y persuade a las partes contendientes en lograr un arreglo mutuamente aceptable de sus diferencias, a través de medios apropiados de reconciliación, interpretación, clarificación, sugestión y consejo.

F) Este proceso es puramente voluntario. En cualquier momento en el proceso, cualquiera de las partes puede rechazar la actuación posterior del mediador, quien no tiene cargo formal y esta complemente sujeto a la voluntad de las partes.

G) El medidor no tiene poder de decisión, o para forzar a las partes para aceptar cualesquier sugerencia o recomendaciones que pudiera el mediador hacer para finiquitar la controversia.

H) La mediación es un proceso expedito, menos costoso y procesalmente más simple que los métodos de litigio y arbitraje para resolver una controversia.

I) Permite a las partes definir lo que es satisfactorio para ellas, trascendiendo de los aspectos limitados y cerrados en disputa, para enfocarse en las circunstancias subyacentes que contribuyeron al conflicto.

J) En la mediación las partes están en posibilidad de tratar aquellos aspectos hostiles y ventilar su enojo de formas que no podrían ser posibles en un proceso de adversarios.

K) El mediador puede asistir a las partes en revelar aquellos fines ocultos y el bagaje emocional, que no podría emerger mediante reglas de desahogo de pruebas y procesales.

L) La mediación ayuda a las partes a reajustar sus perspectivas del conflicto y visualizar sus preocupaciones, de una manera más amplia que los "simples aspectos legales" de un sistema jurídico.

M) Las partes en disputa tienen considerablemente mayor autonomía en la mediación, que la tendrían en un proceso adjudicatorio, en el que un juez o un árbitro impondrían una decisión, en la mediación, los disputantes controlan el resultado del proceso y éste generalmente resulta de un mayor grado de cumplimiento del convenio producto de la mediación.

El éxito de la mediación depende del deseo de las partes para acercarse, de buena fe, a la mesa de negociación. La buena fe es un requisito difícil de incluir en un proceso de resolución de una controversia, incluyendo el litigio. (José A. Rodríguez Márquez. Los métodos alternativos de solución de controversias. Recuperado en: http://www.juridicas.unam.mx/publica/librev/rev/anjuris/cont/247/pr/pr9.pdf).

Se debe tener claro. No se trata de una renuncia a la justicia o de una privatización de la misma, sino de la existencia de diversos mecanismos para conseguirla.

La justicia restaurativa está enfocada al futuro poniendo hincapié en la solución de los problemas y no en el castigo retributivo (Carranza, 2001) Pues en la justicia restaurativa, la víctima juega un papel fundamental y puede beneficiarse de una forma de restitución o reparación a cargo del probable responsable o autor del delito.

Según éste enfoque, las víctimas deben tener la oportunidad de expresar libremente y en un ambiente seguro y de respeto, el impacto que el delito ha tenido en sus vidas, reciben las respuestas a las preguntas fundamentales que surgen de la experiencia de victimización, y participar en la decisión acerca de cómo el ofensor deberá reparar el mal causado. (Zehr, citado por García López, "Mediación, perspectivas desde la psicología jurídica" Recuperado en: http://ezproxy.uag.mx:2052/lib/bibliouagsp/reader.action?docID=10995264)

En la justicia restaurativa se le permite a la víctima decidir, ella decide el futuro de su asunto, ella decide si opta o no por el método restaurativo, ella elige que quiere como reparación del daño, ella decide hasta qué punto pueden llegar las audiencias, esto le hace sentir a la víctima, que realmente se le reconoce como quien sufrió el delito y por lo tanto ella decide qué se debe de hacer para repararlo.

Pues obviamente dependiendo de cada persona y sus antecedentes, creencias, prejuicios, cuestiones personales, será la respuesta de si optaría o no por la justicia restaurativa, pues la justicia restaurativa va mas allá de salir del modelo convencional de obtener justicia o del costo de las prisiones, sino que como lo señalara Laplante (2011 "Después de la verdad: demandas para reparaciones en el Perú, postcomisión de la verdad y reconciliación". Recuperado en: http://ezproxy.uag.mx:2052/lib/bibliouagsp/reader.action?docID=10345280) en el caso peruano, las víctimas sobrevivientes, observando en retrospectiva más claramente los patrones de abuso, notaron, en muchos casos por primera vez, que el terror se trataba de un fenómeno sistemático y no cualquier falla suya.

Tal como se nos dijo, la gente encuentra solidaridad si tiene una historia común, aun cuando ésta sea horrible, por eso, en la justicia restaurativa tiene participación la sociedad, como red de apoyo a la víctima, como parte en el proceso restaurador, pues al salir avante en conjunto con la víctima, la comunidad aprende nuevas formas de reacción, en el caso de que ellas fueran víctimas también.

Tienen un rol primordial las partes involucradas que deben tener como objetivo principal la promoción de la armonía social y el logro de la vida pacífica de toda la población. (Fabiana, 2001) La percepción social sobre la efectividad de los medios de control es realmente baja, no se cree en la efectividad del sistema, se cree que la prisión es un fracaso, se desconfía de la autoridad, y eso se debe a que en efecto el crecimiento desmedido de delitos, así como de delincuentes que al egresar de la prisión, no encuentran una verdadera reinserción, la víctima que se siente olvidada por la autoridad, lo cual obviamente no satisface a la comunidad, que se abarrota de víctimas y victimarios resentidos, por eso se insiste en éstas nuevas formas de lograr la justicia para alcanzar una vida en armonía.

1.5 Conclusiones.

Se logró conocer cuáles son los antecedentes y los Mecanismos Alternativos por excelencia, considerando a la mediación, conciliación y la justicia restaurativa como los mecanismos más aptos para aplicarse en materia penal.

Una ventaja de los métodos alternativos aplicados en la Justicia Restaurativa es que independientemente del método que se siga se busca no sólo el acuerdo sino el mantenimiento o reparación de la relación en conflicto, fomentando una restauración de la misma, lo que incide en la reinserción social, evita la reincidencia y previene la comisión de nuevos delitos.

La "alternatividad" de los llamados Métodos alternos de solución de conflictos fue creada a partir de que el Estado Moderno consagra como la forma ordinaria de resolución de disputas a la vía judicial. Los Métodos como la Mediación, la Conciliación, la Justicia restaurativa son anteriores al litigio Jurisdiccional, por ello se menciona debieran de llamarse "Complementarios" más que alternativos, ya que la aplicación de éstos es determinante para lograr el éxito del Sistema Penal Acusatorio en el país.

Los Mecanismos Alternativos representan las formas originales de resolución de conflictos con ventajas terapéuticas y de educación, además de devolverle el protagonismo y la capacidad de solución a las partes.

CAPÍTULO SEGUNDO

2. TEORÍAS EMPLEADAS PARA EXPLICAR EL PROBLEMA DE LA IMPARTICIÓN DE JUSTICIA Y LOS MÉTODOS ALTERNOS DE SOLUCIÓN DE CONTROVERSIAS COMO POSIBLE SOLUCIÓN

"Es todavía más urgente proclamar, con voz decidida, que sólo la paz es el camino para construir una sociedad más justa y solidaria"

SS. Juan Pablo II

2.1 Introducción

En este capítulo se abordará el marco teórico de la investigación, permitiendo al lector adentrarse en los argumentos jurídicos y filosóficos que ayuden a sustentar los Mecanismos Alternos y los beneficios de su aplicación.

El presente estudio versa sobre el campo social, por ende se aplica una metodología adecuada para la realización del mismo, en el cual veremos las teorías que lo sustentan, que le dan fuerza argumentativa y filosófica.

Para este capítulo, se utilizaron diferentes técnicas y métodos, como técnicas de investigación en la fase heurística se recopilaron diversas teorías a través de la investigación jurídica, material electrónico, revistas y todo lo que pudiera ayudar a realizar el mismo. Entre los métodos se utilizó, el deductivo, ya que a partir de las teorías se fue progresando por el razonamiento a través de la deducción; el método sintético también fue utilizado al relacionar diversos hechos o información, para luego unificarse, como el caso de algunos argumentos o conceptos que emanan de diferentes teorías que aparentemente no están relacionadas entre sí.

Se reunió toda la información, para a través del método analítico, revisarla detenidamente, revisando las teorías por separado, por último se utilizó el método dialéctico, el cual nos permite estudiar el fenómeno en movimiento.

2.2 Teoría de la Constitución de Rudolf Smend

2.2.1 Noción

La teoría de la Constitución de Rudolf Smend, forma parte de las teorías modernas, ya que él analiza la Constitución como una totalidad en función de la cual se explican sus partes componentes a las que considera interconectadas en todo momento. Él propone además la Teoría de la Integración para exponer y comprender las funciones políticas de la Constitución.

Esta Teoría, como otras de su época, insiste en observar la realidad social tratando de superar la contradicción entre los hechos materiales y los puramente normativos, incluso como un modo de existencia política.

El replanteamiento de la Teoría de la Constitución en la segunda postguerra mundial se orienta, decididamente, por las vías demo liberales enriquecidas con las correcciones socializantes. A ello han contribuido las nuevas Constituciones europeas y, además, el consensus de las fuerzas democráticas en un mínimum constitucional (limitación del poder, derechos económico-sociales, libre competición democrática.(Camazano, 2005)

Con su teoría Smend introdujo la conexión entre la realidad y el Derecho, estableciendo que esa realidad había de ser integrada por la interpretación, lo que le llevaría a reconocer la existencia de un Derecho constitucional no escrito, sustentado especialmente sobre el principio de la lealtad federal, al que dotó de fuerza normativa, ya que tal y como lo refiere Brage Camazano (2005) hasta hoy el Tribunal Constitucional alemán así lo reconoce remitiéndose a la obra de Smend; también ha tenido esta doctrina su impacto, aunque sea a ciegas, sobre otras jurisdicciones constitucionales.

Para dicho teórico, el Estado no será más una persona jurídica dotada de derechos y obligaciones, sino una parte de una realidad espiritual "integrada". Es decir, una realidad espiritual que resulta de la interacción de procesos vitales individuales, sin haber definido a la fecha dichos procesos.

2.2.2 Postulados

La Teoría de la Constitución de Rudolf Smend brinda una nueva perspectiva sobre la conceptualización del Estado y la Constitución, dando origen a su Teoría de la Integración, en donde el Estado ya no es solamente una persona jurídica dotada de derechos y obligaciones, sino que forma parte de una realidad espiritual, producto de una renovación constante de la sociedad, donde se relacionan y agrupan los procesos vitales de sus miembros, que en su conjunto satisfacen sus realidades espirituales y dinámicas.

Esta integración rige la vida estatal, los cuales funcionan conjuntamente, integración que si bien es cierto la divide en tres tipos, puede darse la situación en la que una predomine sobre la otra. Estos tipos son:

A) La integración personal: Aquí se refiere a los dirigentes políticos, que, a través de sus funciones objetivas (bien o mal resueltas técnicamente), han de logar cohesionar al grupo político que les sostiene...

B) La integración funcional o procesal: Se trata de formas de vida que tienden a crear un sentido colectivo, a producir una síntesis social; que tienden, bien a que el contenido espiritual se haga comunitario, bien a reforzar la vivencia comunitaria de la vida social, dinamizando así tanto la vida de la comunidad como la del individuo. Esta integración puede encarnarse en procesos de orden sensible (marchas militares, manifestaciones masivas), al menos en parte (cohesionamiento de los trabajadores)...

C) La integración material y objetiva: Esta tercera forma de integración es la que nos interesa, pues se refiere a un conjunto de valores que son vividos como comunes por la Comunidad, se trata de una socialidad de las vivencias sustantivas. El Estado, para Smend, no es una suma de los elementos disgregados, sino una unidad individual, una totalidad que se halla determinada por la concreción de valores sustantivos en situaciones históricas determinadas.

Su eficacia integradora es particularmente eficaz en el Estado contemporáneo, hasta el punto de serle extraña al individuo su racionalidad, por lo que se hace preciso que esta integración se manifieste de modo institucional a través de la representación de los valores históricos que tienen vigencia actual en símbolos políticos...o a través de acontecimientos políticos...También serían factores de integración material el territorio, la historia, los preámbulos, la forma política, el pabellón nacional, las competencias del Estado federal y los derechos fundamentales. Estos integran a través de sus fórmulas como lo hacen a través de sus símbolos los colores de la bandera o la forma del Estado." (Brage Camazano, 2005) Al ser el estado un todo, es importante, el estado en que se encuentran cada una de sus partes, cuando todas han optado por un pensamiento reparador, integrador, donde existe el perdón, el estado logrará la paz.

Así, los derechos fundamentales son un medio de integración material del Estado y de sus ciudadanos, y una clasificación de los valores. Son la esencia de la comunidad, traduciéndose así en un factor cultural de integración que hasta la fecha conserva su viveza y actualidad. Debiendo tomar en consideración que la resolución del conflicto mediante métodos alternos ya se ha considerado un derecho fundamental tanto para la víctima como para el imputado.

Smend se aparta del positivismo y de la teoría normativista de Kelsen. Trata de comprender el Estado y la Constitución como realidades espirituales y dinámicas en un cambio incesante, rechazando cualquier reduccionismo metodológico que lleve de manera inevitable al "no saber" sobre el propio "hacer". Intenta conectar el Estado con la idea de valores o con exigencias éticas que la realidad material le impone, busca conectar al derecho con sus raíces a través de la sociología, lo que le acerca también al Derecho natural. La Constitución es para él la ordenación jurídica de la integración política de los ciudadanos en el Estado y, por ello, también el fruto de la eficacia integradora de sus normas, muy especialmente de sus valores y derechos fundamentales. (Brage Camazano, 2005) Es así, como nuestra constitución federal ha tenido reformar recientes tratando de establecer en el país, un respeto irrestricto de los derechos humanos, fijando con ello los valores que persigue el estado.

Al contar los derechos fundamentales con esas características, Smend rechaza completamente la concepción tradicional que se tenía de ellos al verlos como derechos que no tenían significado alguno más que meramente integradores del principio de la legalidad, pues los considera elementos del Derecho constitucional, los cuales no forman parte de una rama exclusiva del derecho, sino que interactúan con todas ellas de una o varias maneras. Es por ello que se ha previsto la aplicación de los métodos alternos en todas las materias. Prueba de ello es el argumento esgrimido por Joaquín Brage Camazano (2005) quien refirió que tiene, ciertamente, la exigencia de validez que es característica del Derecho especial técnico, pero su validez es de otra naturaleza, y la tienen todos y cada uno de ellos en la misma medida, son norma que rige la Constitución, la legislación y la Administración, son pues, verdadero Derecho constitucional, ese es su rango y no otro.

De esta manera, resulta indispensable que la interpretación de los derechos fundamentales sea sui generis, ya que éstos son la expresión de un sistema de valores y una manifestación cultural que resume la vida estatal en la Constitución, implicando a su vez una integración material, así como una legitimación del orden positivo estatal y jurídico. Por consiguiente, su interpretación no puede sólo consistir en su tenor literal y originario, sino en todo aquello que comprenden, es decir, en el conjunto del orden vital del presente y de la constelación jurídico-constitucional de valores (Brage Camazano, 2005) Debido a ello dentro de las características de los derechos humanos no está solo la inclusión en el papel, sino verdaderas acciones positivas, tendientes a materializar dichos derechos.

Ese conjunto debe cuidar la imagen antropológica del hombre, la cual, según Smend, no es la del burgués o individuo egoísta, calculador y cicatero que caracteriza a la era capitalista, sino de un individuo que se encuentre, moralmente, ligado al Estado.

Por ello hace énfasis a la importancia política de los preámbulos de las Constituciones y de sus declaraciones, considerándolos como los elementos fundamentales que configuran la esencia y la realidad del Estado, de tal manera que, todo aquello que se añada en las Constituciones aparece como una serie de normas para su realización. Es decir, dentro de estas Teorías existe una línea muy delgada entre lo que es su concepción sobre el Derecho constitucional y la Teoría del Estado. Por consiguiente, si se considera al Estado y al Derecho como aspectos de la vida espiritual, entonces hay que admitir: (i) que la realidad estatal se concibe en su existencia como integración, y (ii) que la realidad del Derecho radica en hacerlo positivo. Es así que emerge el Estado como un ente espiritual y dinámico, en constante cambio a partir de estas Teorías.

De ésta manera Smend crea la Teoría de la Integración como integrante de la Teoría Constitucional a los derechos fundamentales como medio de integración material y como orden de valores. Su interpretación específica es plasmada desde varias vertientes. Una de ellas pretende lograr la regulación normativa en forma objetiva y autónoma, a través de un "sistema de valores", de bienes, un sistema cultural o social. Se trata de un "sistema nacional", es decir, del sistema de todos, el cual afirma el carácter nacional de valores más generales y confiere con ello, a los miembros de ese Estado de distintas nacionalidades, un estatus material único, gracias al cual se convierten en un pueblo, con respecto a sí mismos y frente a otros pueblos.

Este sistema cultural y de valores que expresa los derechos fundamentales, al prescindir por completo de un fundamento jurídico, requiere que se le brinde significado a la vida del Estado por lo que debe ser instaurada por la Constitución. Es decir, a través de su contenido material, legitiman al Estado, aparte ya de su valor integrador, incluyen "los valores de las minorías y los compromisos (Brage Camazano, 2005) Y es precisamente uno de los compromisos del Estado, la justicia, por ello en las reformas realizadas al artículo 20 de la Carta Magna, se ha señalado como uno de los principios del sistema acusatorio, el esclarecimiento del hecho, que se repare el daño, la protección a la víctima, que el culpable no quede impune, todo ello para lograr la justicia, el compromiso social, que todos los gobiernos hacen hacia sus gobernados, pues es éste un parámetro de su efectividad. También se ha comprometido al establecer en el artículo 17 la obligatoriedad de la ley de prever la solución de los conflictos mediante los mecanismos alternos.

En consecuencia, el legislador y el intérprete están obligados a extraer la eficacia interpretativa y normativa de los derechos fundamentales plasmados en la constitución, teniendo como sustento lo establecido por Smend y concretizado por Joaquín Brage Camazano (2005) al señalar que la esencia era una unidad integradora espiritual donde el centro ya no era el Estado, sino la Constitución; y donde los derechos fundamentales y la imagen del hombre tenían que desempeñar un papel singularmente importante, tenían que ser un "muro de protección" frente a sus limitaciones, en particular las que pudieran llegar del fascismo o el comunismo.

Si consideramos a la Constitución como el documento que resume el sentido de la existencia del Estado, la interpretación de los derechos fundamentales en ella consagrados resulta ser una de las prioridades más importantes. Estimamos que tal interpretación solo será adecuadamente lograda al suponer la presencia de un sistema de valores concreto, conformador a su vez de un sistema cultural o social, cuya importancia legitima la existencia estatal de un ordenamiento jurídico positivo.

La postura de Smend es considerar al individuo ligado moralmente al Estado. Por ello, justifica la interpretación de la Constitución no sólo literal y con su significado originario, sino también desde el valor material de los derechos fundamentales, para que la integren también los valores. Smend aclara que el valor material de los derechos fundamentales no resulta una parte apolítica de la Constitución, sino que es la esencia misma del Estado de Derecho.

Los positivistas de su época como Hans Kelsen, opositores a estas Teorías, señalan que la parte válida del razonamiento de Smend es el carácter dinámico del ordenamiento jurídico ya que es objeto de auto integración. Al no determinar el contenido y alcance de lo que la integración significa, ni abordar su concepción como realidad vital, la Teoría de la Constitución expuesta por Smend es objeto de oposición, cuestionándosele rotundamente la presencia de una democracia formal, que busque incluir a todos. No obstante, Smend se limita a afirmar que a través de su Teoría Constitucional se evita positivar los derechos humanos, sus contenidos esenciales, sin que resulte indispensable abordar el tema de que se desvanezcan o evaporen en unas transcripciones que puedan no recoger toda su riqueza, pues enfatiza ante todo los contenidos culturales y estimativos de estos derechos.

Refiere que es importante diferenciar entre las funciones políticas y jurídicas de la Constitución. Resulta relevante la función legitimadora del proceso de toma de decisiones políticas que toda Constitución cumple. Ella puede ser mejor entendida y acometida por el poder constituyente y los órganos constitucionales, desde este Principio de la Integración. Resaltemos que el todo define a la parte.

Para Smend la Constitución es, desde un punto de vista estático, un compromiso de las fuerzas políticas representativas del pueblo en torno a un mínimo denominador común, a una idea compartida del Estado por encima del concreto Gobierno. (Brage Camazano, 2005) Por ello se señalan los derechos fundamentales dentro de la constitución, para que independientemente de los gobernantes, éstos sean derechos que enaltezcan y se procure su cumplimiento, sin importar quien se encuentre en el poder.

Tal compromiso debe ser esencialmente dinámico y constantemente perfeccionado, para que no se produzca un desajuste entre normativa y realidad. Desde esta óptica, el estudio y desarrollo de los distintos procesos de integración estatal parece no sólo aconsejable, sino imprescindible, para mantener una Constitución viva, que es el mejor presupuesto de su fuerza normativa. Por tanto, lo que bajo estos principios se busca es el perfeccionamiento continuo, ideal alcanzable mediante la instauración constitucional de los métodos alternos.

Podría localizarse en la postura de Smend la presencia de un positivismo flexible o un iusnaturalismo crítico, donde ya no son posibles los viejos dogmas de la negación de los valores o la reducción del derecho a la exclusiva forma de ley, menos aún tratándose de temas que estriben en cuestiones donde están de por medio la libertad, el pago de la reparación del daño, la posible pronta solución de los conflictos.

Bajo esas circunstancias, quizás no resulte tan descabellado pensar que deba ser primero el poder constituyente y luego el legislador ordinario quienes deban extraer el contenido de los valores antes que el intérprete normativo.

2.2.3 Utilidad de la Teoría de le Constitución en los Mecanismos Alternos de Solución de Conflictos

La aportación de Smend, deja el camino abierto a soluciones democráticas, en la medida que sus observaciones subrayan los aspectos sociopolíticos del ordenamiento constitucional. Proporciona un tratamiento de la Teoría de la Constitución que sin incurrir en formalismos superados, primacía de la ley y respeto de los derechos y libertades, no desacredita en ningún momento a lo que conocemos hoy en día como Estado de Derecho.

Smend pasa de los derechos fundamentales como meros preceptos administrativos a la concreción del principio de legalidad de la Administración de justicia, pues no debemos dejar de lado que la Ley es la principal fuente del Derecho, otorga como resultado la organización política de la sociedad, expresando su voluntad para construir sus propios fines, otorgándole lineamientos que le puedan garantizar seguridad y armonía social. Representa la base de las competencias de las instituciones públicas y da certeza para la protección de los derechos humanos y colectivos. (Faya, 1997) No deben quedar como letras muertas, sino en acciones que se concreten a favor del ciudadano, que logren favorecer a la comunidad.

Considera a los derechos fundamentales como factor fundamental de integración constitucional sustancial a nivel global, más allá de la significación particular para cada parte del Derecho. Afirma que los valores materiales que unen a la nación, requieren de una interpretación específica que tome eso en cuenta y que tienen carácter institucional, los que además son verdadero Derecho constitucional y, por ello, vinculan también al legislador mismo, configurándose un sistema cultural que ha de considerarse en la interpretación de todo el Derecho ordinario, como si el Estado viviera de un plebiscito que se renueva cada día. No se basa ya en ningún contrato social consensuado, sino por virtud de un proceso de constante cambio.

La Constitución era para Smend, el resultado del ordenamiento jurídico del multicitado proceso de integración, donde a través de aquella se canalizaba, estimulaba y mantenía abierta la voluntad ciudadana, al mismo tiempo que se elaboraban normas con los valores, que contenían especialmente los derechos fundamentales, sobre los que existía acuerdo entre los ciudadanos.

Señala claramente Smend cuál es el tipo de interpretación que exigen sus teorías y cómo se concreta esa interpretación científico-espiritual al amparo de un sistema cultural de valores. Además, pone en relación a unos derechos con respecto de otros. No se trata de un sistema cerrado, por ejemplo la libertad de expresión se analiza poniéndola en relación con las de conciencia y de pensamiento, con las de asociación y reunión, y estimando el valor de cada derecho en el conjunto, todo interconectado. A pesar de su tiempo, Smend ya vislumbraba la idea de considerar que todo repercute en todos.

Smend realiza un examen con relevancia jurídica respecto de los vínculos de unos derechos fundamentales con otros, en cuanto sistema unitario. Concluye irremediablemente en la elaboración de una ponderación, con la toma en consideración de variados "puntos de vista", siendo consciente de que el punto de partida y la significación de los derechos fundamentales recogidos por la Constitución del Reich es el de dotar a los diferentes grupos sociales de libertades y de seguridades que, con condiciones indispensables para el ejercicio real, y no sólo formal, de las libertades ciudadanas, dentro de una democracia formal (Brage Camazano, 2005) En éste sentido, para lograr una verdadera justicia, es que se deben de ponderar los derechos, ¿que deberá de ser mayormente protegido? ¿El debido proceso o el derecho de la víctima a la reparación del daño? ¿El derecho de todo ciudadano a la seguridad o los derechos de todo imputado? Para evitar dichas ponderaciones, la justicia alternativa y restaurativa, coloca a ambas partes en un plano de igualdad, previo empoderamiento de la víctima, otorgándole la seguridad y libertad de elegir la solución de su proceso.

Como señala Nuñez Torres (2006), la ley es un acto de voluntad, es una expresión de la voluntad mayoritaria, pero también es un acto de razón, al comprender el principio de los derechos humanos y el de la división de poderes. Y al ser un acto de voluntad, se trabaja para que voluntariamente las partes en conflicto decidan como actuar y de qué manera solucionarlo.

Por todo lo anteriormente expuesto es que se consideran de utilidad sus aportaciones, principalmente por el establecimiento de la interconexión entre individuo y su comunidad con el Estado, integrando elementos valorativos en las normas, en la vida comunitaria, pero sobre todo, entendiendo la función integradora de la Constitución como una actividad permanente para asegurar dignamente la convivencia política, económica, social y cultural.

Considerando los postulados relevantes de la Teoría de la Constitución de Rudolf Smend, estamos en el entendido que, al interpretar las reformas a las que ha sido sujeta nuestra Carta Magna, debemos buscar, respetar y aplicar los derechos fundamentales del pueblo mexicano, por lo que al encontrarse la obligación de que en todas las materias se previa la existencia de métodos alternos, obliga al Estado a constituir legal y operacionalmente los procedimientos necesarios para que antes de que un conflicto se resuelva por la vía jurisdiccional primero se trate de resolver mediante dichos métodos.

De esta manera que, al adicionar dicha obligación a nuestra Constitución Política de los Estados Unidos Mexicanos, estamos positivando los derechos fundamentales, los cuales han ido evolucionando, pues la propuesta de que en los asuntos que sea procedente, se busque en primer término la solución de los conflictos, mediante los métodos alternos ha sido legislado y acordado ya en tratados internacionales.

Sin embargo, la población mexicana ha caído en el problema al que Rudolf Smend quiso darle solución con su teoría, pues al momento de positivar los mecanismos alternos en nuestra Carta Magna, y emitir su respectiva ley, se ha perdido en la aplicación su riqueza como derechos fundamentales, y se ha cerrado los delitos en los cuales penalmente es procedente culminarlos mediante la aplicación de un método alterno.

El problema de esto radica en que no basta con que se prevean los métodos alternos en el derecho positivo al estar contemplado en la Constitución, sino que en las leyes reglamentarias, en materia penal, deben de ser armónicas con la disposición constitucional y si los tratados internacionales y la constitución prevén que se solucionen mediante dichos métodos, no sea el legislador quien evite la trascendencia y aplicación que dichos métodos pueden tener.

2.3 Teoría Económica del Derecho de Ronald Coase

2.3.1 Noción

Esta teoría señala la convergencia del derecho y la economía. De esa forma, se establecerán las consecuencias que tiene dicha teoría no solo para la economía y para las ciencias jurídicas, sino para las ciencias contiguas como son las ciencias políticas y para la sociología.

El análisis económico del derecho es una metodología de análisis que apareció en los Estados Unidos, y que lo único que persigue es aplicar los métodos de la Ciencia Económica al Derecho

De hecho, el surgimiento del análisis económico del derecho se sitúa en el cuadro denominado "imperialismo de la ciencia económica", cuyo representante más conspicuo es Gary Becker. El Imperialismo que acaba de aludirse se apoya siguiendo a José Ramón Cossío Día (Sistemas y modelos de control constitucional en México. Recuperado en: http://biblio.juridicas.unam.mx/libros/libro.htm?l=3012) en las siguientes causas:

A) Un Punto de partida común a las ciencias sociales, en cuanto a la necesidad de fragmentar al individuo en ámbitos, a fin de hacerlo comprensible;

B) La común pretensión de esas ciencias, de explicar al individuo mediante la asignación de un sentido a sus conductas;

C) La progresiva formalización de los supuestos y de los medios para comprender las conductas, y

D) La fortaleza de esas disciplinas para la predicción de posibles conductas de los efectos de estas.

Esta teoría se origina en los años sesenta, con los trabajos de Ronald Coase contenidos en su obra titulada "The problem of social cost" publicada en el "Journal of low and economics, 3 October, 1960 y de Guido Calabresi en su obra "Some thougths on Risk, Distributión and the Law of Torts publicada en el Yale Law Journal, Volúmen 68, 1961, citados por Torres Manrique (Análisis económico del derecho Recuperado en: http://www.articuloz.com/leyes-articulos/analisis-economico-del-derecho-405912.html), quienes son considerados por todos los practicantes del análisis económico del derecho como pilares básicos de la emergencia de la disciplina.

Ronald Coase señala, la cuestión del tratamiento del costo social o, en otros términos, los efectos producidos por las actividades económicas. Dichos efectos, denominados externalidades, en el lenguaje de los economistas, son premisas fundamentales del acercamiento de la economía al derecho, poniendo de relieve por un lado, el concepto de externalidad, para una teoría económica de las instituciones, y del otro lado el lugar central que ha de tener el costo del derecho en el análisis de la realidad Jurídica.

Por otro lado la introducción del análisis costo-beneficio en el proceso de tomas de decisiones legales significa, para la teoría Jurídica, la posibilidad de hablar en un lenguaje compatible con los economistas y de recurrir al aparato analítico de estos para examinar y cuantificar los efectos del derecho.

Coase llevó a cabo una serie de estudios en los años 30 y 60´s que le permitieron conceptuar y dar sentido práctico a lo que denominó costos de transacción, concepto fundamental en el análisis económico del derecho, y que explica cómo funciona el derecho en relación a los mercados, y cuando la decisión legal puede solucionar un problema y cuando no.

Se inicia con el convencimiento que hay que tener en cuenta que no es posible entender las instituciones jurídicas únicamente con argumentos legales, es esencial considerar los efectos (económicos) que tales instituciones tienen sobre la sociedad y que resultados generan para los ciudadanos.

Es fundamentalmente social, el principio básico consiste en que el costo de diluir los daños económicos del accidente debe pasar a formar parte del costo de determinado bien o servicio que pudiera ser ofrecido con menos riesgo.

Guido Calabresi, emplea la teoría económica para examinar el alcance que pueden tener los diversos significados implícitos en la noción de distribución del riesgo. Para Calabresi esta última noción es el criterio de imputación de responsabilidad que permite informar a todo el derecho de posibles daños.

2.3.2 Postulados

Las relaciones entre el derecho y la economía pueden plantearse como aproximaciones alternativas, según se considere una conducta jurídica susceptible de explicarse desde un punto de vista económico o según se considere una conducta económica para la cual las normas jurídica sean solo el ámbito o contexto donde la maximización del objetivo de aquella conducta se lleve a cabo. De lo cual se obtienen las siguientes características principales:

A) Se basa en el enfoque de costo-beneficio social;
B) Busca maximizar los recursos en un mundo de bienes y servicios escasos;
C) Para entender las instituciones jurídicas debemos considerar los efectos económicos y no únicamente los argumentos legales;
D) Elemento central entre el derecho y la economía: la eficiencia, buscando siempre una solución eficaz socialmente;
E) Aplicación del análisis económico al estudio del funcionamiento del sistema jurídico

Lo primero induce al examen de los incentivos para el seguimiento y acatamiento de las conductas jurídicas, y lo segundo implica el examen de la Ley como contexto limitante en el examen de las decisiones económicas.

De modo más preciso, en el primer caso tendríamos como objeto de estudio una conducta calificada como jurídica, es decir, como realizada por un sujeto que actúa por razones derivadas de una norma; en la segunda se partiría del presupuesto de que el sujeto de la acción tuvo la pretensión de maximizar su utilidad, para posteriormente determinar el contexto especifico en que tal maximización de llevo a cabo, contexto que puede tener un carácter jurídico.

La utilización de la teoría económica radica, en que la economía ofrece una teoría científica para pronosticar, los efectos de las normas legales sobre el comportamiento. Para los economistas las sanciones son como los precios, y se supone que los individuos responden a estas sanciones de una manera muy similar a como responden a los precios, es decir consumiendo menos del bien más caro, de modo que en teoría, los individuos responden a las sanciones legales más severas realizando menos actividad sancionada. Así, la Ley funciona más que en el marco de la sanción, en el de los incentivos para el cumplimiento de las normas.

La economía ofrece entonces una teoría del comportamiento para pronosticar como responderán los individuos con los cambios en las leyes.

En tal sentido la economía ofrece un criterio normativo útil para la aplicación del derecho a las políticas públicas. En efecto, los instrumentos de la economía permiten pronosticar los efectos de las políticas sobre la eficiencia. Este criterio de eficiencia es relevante para la elaboración de leyes, ya que es siempre preferible el logro de cualquier política a un costo menor.

Solo se contempla al derecho en su papel de proveedor de justicia, sin embargo por lo antes expuesto el análisis económico del derecho permite considerar a las leyes como incentivos para el cambio de comportamiento de los individuos y como instrumento para el logro de objetivos de las políticas públicas.

La renovación de la ciencia Jurídica a través de la adopción de una perspectiva interdisciplinaria, mediante la utilización de técnicas como el costo-beneficio, en la elaboración de las políticas jurídicas y en la justificación de las decisiones judiciales, la apertura del discurso jurídico a las cuestiones económico-sociales del derecho o la consideración de la eficiencia económica como valor jurídico, son signos de innovación que el análisis económico ha aportado al derecho. (Cossío, 2002) Por ejemplo, en el costo beneficio, tratándose de materia penal, el mejor ejemplo lo es la prisión preventiva, puesto que no genera beneficio alguno ni a la víctima, ni a la comunidad ni al privado de la libertad, ya que éste no se reinserta, no le asegura a la víctima la reparación del daño y la sociedad no ve materializados los beneficios, únicamente tiene claro que debe de pagar diariamente por la manutención del privado de la libertad, tal vez sin ningún resultado favorable.

2.3.3 Principales exponentes

A) Ronald Coase (1910 -), economista británico, conocido por sus investigaciones sobre los derechos de propiedad, premio nobel de economía en 1991. En 1937 publicó el artículo "Los costes de la firma" en el que expuso su teoría en la que expone que las grandes compañías existen porque realizan sus actividades a un menor costo que si las contrataran en el exterior.

B) Guido Calabresi (1932 -); abogado italiano, juez de la Corte de Apelaciones de Estados Unidos de Norte América. Destacan entre sus estudios, la aplicación del razonamiento económico a la ley civil y la interpretación legal del teorema de Coase, en sus trabajos hace consideraciones mas legales en términos de justicia y equidad.

C) Richard Posner (1939 -) abogado norteamericano, juez en la Corte de Apelaciones en Chicago, profesor de Stanford y la Universidad de Chicago. Suss estudios se basan en la aplicación de la teoría económica en las areas jurídicas Como la legislación anti monopolista, regulación de contratos mercantiles y procedimiento judicial. Entre sus propuestas está la idea de que la ley puede ser explicada major bajo el supuesto de que los jueces tratan de promover la eficiencia económica. Ha aplicado el ánalisis económico al derecho de familia, la discriminación racial, la jurisprudencia y la privacidad.

D) José Ramón Cossío Díaz (1960 -) abogado mexicano, ministro de la Suprema corte de Justicia de la Nación, ha trabajado filosóficamente con problemas relacionados con la autonomía del derecho y la interdisciplinariedad en las ciencias sociales, escribió el libro "Derecho y análisis económico"

2.3.4 Utilidad de la Teoría Económica del Derecho en la aplicación de los Mecanismos Alternos de Solución de Conflictos

Los beneficios obtenidos con el conocimiento, análisis y adaptación de la presente teoría al objeto de estudio de este trabajo, se concretizan en los cuatro puntos que se indican a continuación:

A) La instauración o modificación de las políticas públicas por medio de instrumentos económicos y la ponderación del costo-beneficio del análisis y adecuación de la realidad jurídica a partir del conocimiento del costo de los juicios;
B) Conocimiento de cómo debe ser re direccionada la noción de justicia retributiva por una justicia restaurativa, en la que la víctima perciba el beneficio del pago de la reparación del daño
C) Impacto que se logra en el imputado al tener que pagar el costo económico por el delito cometido.
D) Beneficios económicos para el Estado al disminuir las personas recluidas en la prisión.

Una vez establecido que el análisis económico del derecho se basa en un análisis costo-beneficio, se tiende mucho a pensar que es un análisis deshumanizante: es convertir en números el Derecho, que tiene que ver con la Justicia, con la conducta humana y con los valores. Sin embargo, no es lo que persigue el análisis económico del derecho. Lo que persigue es evitar que los sistemas jurídicos, a la hora de legislar generen desperdicios. Y desperdiciar en una sociedad donde los recursos son escasos, es injusto.

Lo que se busca es por tanto, un derecho que, sin olvidar otros aspectos o valores a los cuales se deba, sea un Derecho eficiente, es decir, un Derecho que ante el uso inadecuado de los recursos, cree incentivos de conducta correctas para lograr su fin.(Anglas, 2002) En respuesta a esto, se han legislado los Mecanismos Alternativos, pues ellos son el uso eficiente del derecho, en el que el estado legisla para permitir a las partes resolver sus conflictos.

Por tanto al aplicar dicha teoría en los Mecanismos Complementarios de Solución de Conflictos, debemos considerar que la idea central, es el costo beneficio que generan los juicios al estado, costo que podría dejar de sufragar si las partes integrantes del conflicto, decidieran optar por éstos mecanismos complementarios y llegar a un acuerdo entre ellos y no valerse del estado, de su acción punitiva y persecutora de los delitos, para solucionar controversias que serían fácilmente resueltas entre los particulares. Debido a lo anterior se deben establecer políticas públicas tendientes a generar entre la sociedad un cambio de conciencia de resolución de conflictos.

Como se estableció en el capítulo anterior, es realmente elevado el costo diario de manutención de las personas que están en prisión, gasto que eroga el Estado y en ocasiones por personas que cometieron delitos que no son de alto impacto social, sino que por cuestiones económicas no tienen la posibilidad de obtener su libertad provisional bajo caución, y tratándose de éstos casos, generan mayor coste al Estado que el beneficio real, puesto que ha sido analizado durante varios años el que las personas que se encuentran en prisión no son reinsertados, muchos reinciden en la conducta, pues hasta la fecha no se cuenta con políticas públicas integrales dentro de las prisiones que nos lleven a conseguir tal fin, por lo que es mayor el gasto que el beneficio obtenido.

Resulta también aplicable dicha teoría en relación al ofendido o víctima del delito, pues en la mayoría de las ocasiones a la víctima no se le repara el daño, lo cual se advierte del hecho de que si solo el 10% de denuncias en las que se ejercitó acción penal llegan a sentencia, implica que el 90% restante no obtuvo una sentencia condenatoria en la que se le obligue al imputado a reparar el daño, por lo que la víctima, sigue siendo victimizada por el sistema, ya que ésta no palpa el beneficio de una detención o el hecho de que el imputado se encuentre en prisión, puesto que a ella nunca se le reparó el daño sufrido, ni económica ni moralmente, por tanto al economizar en la prisión, se pueden aplicar los recursos en la reparación del daño a la víctima, tal y como lo establece la Ley General de Víctimas.

2.4 Teoría Jurídica Crítica de Luigi Ferrajoli

2.4.1 Noción

Uno de los temas más discutidos en el ámbito del Derecho es la distinción entre justicia y validez, siendo uno de los temas a tratar por el jurista italiano Luigi Ferrajoli en su Teoría Jurídica Crítica.

Al estudiar dicha distinción, el jurista italiano hace referencia a la legitimación externa y legitimación interna. En este sentido, nos señala que la primera, también conocida como justificación, es lo que tradicionalmente entendemos por justicia, es decir, una norma tendrá el carácter de legítima si se ajusta a criterios políticos y morales; mientras que la segunda, también conocida como legitimación en sentido estricto, es la que generalmente entendemos por validez, es decir, que para conocer si una norma corresponde a un ordenamiento, aquélla debe cumplir con los requerimientos de este último.

Muchos estudiosos del derecho prefieren este enfoque porque Ferrajoli utiliza expresiones más genéricas, evitando así entrar en cuestiones relacionadas con teorías iuspositivistas así como iusnaturalistas. De igual manera, amplía la perspectiva de la legitimación externa, pues además de los motivos éticos o políticos, comprende criterios de oportunidad, prácticos o funcionales.

2.4.2 Postulados

Antes de continuar con el análisis de la presente teoría, es necesario tener en mente la Tesis de la Separación entre Derecho y Moral para poder comprender el enfoque que el jurista italiano quiso dar a la tesis en estudio.

Ferrajoli establece que la separación entre derecho y moral puede ser entendida desde un sentido asertivo y otro prescriptivo. El primero se refiere a la legitimación interna o de validez de las normas, en donde explica la autonomía de los juicios jurídicos respecto de los morales o políticos. El segundo, a la legitimación externa o de la justicia, el cual establece la autonomía de las normas morales de las jurídicas.

Los sentidos mencionados en el párrafo anterior están fundamentados en seis tesis. Éstas se dividen en partes iguales para cada sentido. Las tres concernientes al sentido asertivo son denominadas tesis teóricas y las otras tres, al sentido prescriptivo, recibiendo la denominación de axiológicas.

Las tesis teóricas precisan que no debemos aplicar la falacia naturalista en las cuestiones jurídicas, es decir, no confundir el derecho válido con el deber ser y viceversa, pues al hacerlo, esto causaría una mayor confusión en la aplicación de los ordenamientos legales, teniendo, a su vez, repercusiones en la validez de las normas, pues se buscaría empatarlas con los parámetros de justicia, lo cual no sería posible en todo momento, ya que no puede deslindarse de las normas jurídicas la realidad social, por lo que la eficacia y validez de las normas jurídicas debe atenderse a dicha realidad, así como a criterios cuyo contenido sea preponderantemente jurídicos y que puedan deducirse del ordenamiento. Asimismo, estas teorías buscan separar la validez de la norma del moralismo jurídico, pues buscan evitar un estatalismo ético.

Las tesis axiológicas parten de la justificación de que el Derecho y el Estado deben garantizar los derechos y seguridades de los ciudadanos, siendo su obligación evitar que se dañen unos a otros, no buscando satisfacer parámetros de justicia y morales, sino velar por el bienestar de la población.

Ahora bien, explicada la teoría mencionada, podemos volver a la teoría de Ferrajoli. Este jurista hace referencia a la legitimación interna y externa porque la sociedad, incluidos en determinadas ocasiones los propios juristas, tiende a confundir el Derecho Positivo como hecho y el Derecho Natural como valor, generando interpretaciones erradas de las normas, considerando la legitimidad externa como juicios de valor o de deber ser, mientras que la interna con juicios de hecho, por lo que se refiere a la existencia de las normas, derecho positivo.

Esta concepción proviene del positivismo jurídico tradicional, el cual considera a una norma como válida, siempre que el órgano competente haya cumplido con el procedimiento correspondiente, dando esto como resultado que la validez de una norma responda a parámetros relacionados con su creación y no a parámetros de contenido. Dichos parámetros fueron sujetos a cambio con motivo de la incorporación de catálogos de derechos fundamentales en la parte material, causando esto que las Constituciones establezcan límites a los poderes públicos, pues éstos no pueden violar dichos derechos en el ejercicio de sus funciones, por lo que ahora las normas deben superar el test de sustancialidad.

Es así que Ferrajoli manifiesta la necesidad de establecer una noción diferente a las de validez y efectividad, siendo la vigencia porque aquella norma que tiene esta característica es una norma existente, ya que ha sido creada y aprobada por el órgano competente, por medio del respectivo procedimiento, asimismo, estamos hablando de una norma válida, pues no se encuentra en contra de normas jerárquicas superiores.

Una norma efectiva es aquella que es cumplida en la sociedad, entonces, podemos dividir la legitimación interna en legitimidad jurídica formal, en lo concerniente a la vigencia y en legitimidad jurídica sustancia, en lo que se refiere a la validez. Por lo tanto, una norma vigente, puede ser eficaz o ineficaz, válida o inválida.

Con base en lo anterior, Ferrajoli defiende una teoría jurídica crítica. Sin embargo, antes de poder proceder a su análisis completo, es indispensable tener en claro qué se entiende por antinomias y lagunas. Al efecto, Ferrajoli nos establece que una antinomia:

"es el vicio sustancial producido por la decisión indebida de una norma contradictoria con una norma sustancia sobre la producción, cuya aplicación supone la anulación de la norma en contraste" (8 Pietro)

Mientras que nos señala que una laguna:

"es el vicio producido por la omisión indebida de la decisión de una norma, requerida por una norma sobre la producción, cuya aplicación supone la introducción de la norma que falta" (8, Pietro)

En otras palabras, la antinomia se presenta cuando existe una norma que va en contra de lo establecido por una norma superior constitucional, cuyo contenido dispone una prohibición sustancial a los poderes públicos, entretanto, una laguna implica la violación de una norma constitucional, traduciéndose en una omisión generada por la ausencia de una norma cualquiera.

Ferrajoli señala que las antinomias y las lagunas intervienen en la aplicación de un ordenamiento jurídico, problema que solamente puede solucionarse mediante su modificación por la autoridad competente.

Analizados los términos anteriores, podemos proceder al análisis de la teoría jurídica crítica de Ferrajoli, quien busca construir un positivismo jurídico, cuya finalidad sea la identificación de las antinomias y lagunas, pues señala que el operador tiene como deber fundamental de no aplicar una ley que es inválida, especialmente ahora que contamos con un sistema neo constitucionalista.

Además, menciona que solamente por medio del enfoque crítico es que se puede llevar a cabo la reforma de los ordenamientos, pues así nos podemos percatar de las incoherencias o falta de plenitud de aquéllos; en el entendido, de que a pesar de tratarse de ideales utópicos de la validez del derechos, no lo son del derecho vigente.

De esta manera, Ferrajoli critica la actitud de contemplación que tienen muchos filósofos del Derecho, a los cuales les reprocha su postura contemplativa, junto con su inmersión en teoremas abstractos que pierden toda comunicación con la realidad con el mundo circundante, por lo cual su teoría busca eliminar esa contemplación y busca la adecuación de la norma jurídica con la realidad, con la finalidad de asegurar la protección de los derechos y el establecimiento de garantías para que sean tutelados.

2.4.3 Utilidad de la Teoría Jurídica Crítica en los Mecanismos Alternos

Esta teoría es de vital importancia, pues nos brinda el enfoque crítico que se debe tener el derecho respecto de la aplicación que se está dando de la ley, la justicia que se está aplicando al ciudadano, la efectividad de la ley.

Como ya se señaló en el estado de Jalisco desde el año 2007 se promulgó la Ley de Justicia Alternativa, sin embargo, ¿cuál ha sido la utilidad si no se aplica? ¿De qué sirve que la ley imponga a la autoridad la obligación de informar al ofendido e imputado la opción de optar por un método alterno si realmente no se les informa?

La aplicación de la teoría del jurista italiano nos permite percatarnos de las lagunas que existen en la materia, donde el Código Nacional de Procedimientos Penales nos remite a la ley especial y la Ley Nacional de Mecanismos Alternativos de solución de controversias en materia penal, nos remite al código sin que ninguno de los dos nos especifique los delitos en los que serán aplicables.

O que aun pudiendo ser aplicables como justicia restaurativa a todos los delitos, lo limite a ciertas conductas punitivas, disminuyendo así su efectividad.

Se debe de criticar el derecho existente como una manera de mejorarlo y evolucionar.

2.5 Teoría Pensamiento Jurídico Crítico de Antonio Carlos Wolkmer

2.5.1 Noción

La teoría jurídica crítica o pensamiento crítico de Wolkmer consiste en el análisis reflexivo de lo normatizado y lo oficialmente consagrado, considerando tres planos importantes: el del conocimiento, el del discurso y el del comportamiento.

La estructura normativa del moderno derecho positivo formal a comienzos del siglo XXI es poco eficaz, sobre todo para solucionar y atender los problemas relacionados con las necesidades de las sociedades periféricas.

Desde la óptica de Antonio Carlos Wolkmer esta teoría "debe ser comprendida como el instrumento operante que permite no solo esclarecer, estimular y emancipar un sujeto histórico inmerso en determinada normatividad, sino también discutir y redefinir el proceso de constitución del discurso legal mitificado y dominante". Más específicamente, la teoría jurídica crítica es concebible por Wolkmer desde un doble aspecto:

A) "como la formulación teórico-práctica que se revela bajo la forma del ejercicio reflexivo capaz de cuestionar y de romper con aquello que se encuentra disciplinariamente ordenado y oficialmente consagrado (en el conocimiento, en el discurso y en el comportamiento) en determinada formación social", y
B) "como la posibilidad de concebir y revivir otras formas diferenciadas, no representativas y emancipadoras, de práctica jurídica".(Rojas, 2002)

Prueba de ello es el argumento del propio autor al señalar:

El "pensamiento crítico jurídico" busca reconsiderar, desacralizar y romper con la dogmática lógico-formal imperante en una época o en un determinado momento de la cultura jurídica de un país propiciando las condiciones y los presupuestos necesarios para el amplio proceso estratégico/pedagógico de "esclarecimiento", "autoconciencia", "emancipación" y "transformación" de la realidad social. (Wolkmer, 2006, P. 21) Es la necesidad de construir y preparar los horizontes de un nuevo paradigma de legalidad basado en supuestos que parten de las condiciones históricas actuales y de las prácticas y luchas sociales.

La Teoría Jurídica Crítica se refiere a un movimiento en el pensamiento jurídico que aplica métodos propios de la Teoría Crítica (la Escuela de Frankfurt) al derecho. En términos generales, este pensamiento postula nociones tales como: El derecho es simplemente política. El lenguaje jurídico es un falso discurso que ayuda a perpetuar las jerarquías: Hombres sobre mujeres, ricos sobre pobres, mayorías sobre minorías.

Según Geuss, para que una teoría crítica resulte formalmente adecuada y aceptable es necesario que cumpla cuatro requisitos:

A) Demostrar que la "transición del estado inicial al estado final propuesto es 'objetivamente' (teóricamente) posible";
B) Dejar en claro que la "transición del estado inicial al estado final propuesto es 'prácticamente necesaria' (...pues) el estado inicial es un estado de dependencia, ilusión y frustración que satisface las condiciones de aplicación de una teoría crítica";
C) Evidenciar que el paso de la condición inicial "al estado final propuesto puede ocurrir solamente si los agentes destinatarios adoptan la teoría crítica como su 'autoconciencia' y así mismo actuar de acuerdo con ella";
D) Comprobar "de qué manera la sociedad satisface las condiciones para la aplicación de una teoría crítica, esto es, mostrar que el estado presente de una determinada sociedad hace de ella una instancia del 'estado inicial' que la teoría crítica describe" (Wolkmer, 2003)

Para corregir el estado, es necesario establecer que en efecto la transición es necesaria y probable, en nuestro país ya se ha iniciado la transición en el estado de Chihuahua, en la que la aplicación de los mecanismos alternos ha sido favorablemente aceptado en la sociedad, pues miles de asuntos penales se han resuelto por dichos métodos.

2.5.2 Postulados

El pensamiento jurídico crítico desarrolla una instrumentalización metodológica, donde se suman el método inductivo de aproximación con los procedimientos críticos comparativos, los cuales tienen un enfoque procesal e histórico-social.

Esto se deriva de la crisis de fundamento por la que está pasando la sociedad, actualmente. Los modelos culturales, normativos e instrumentales que constituían la base de la sociedad, en todos sus aspectos, se han vuelto insatisfactorios y limitados.

La cultura liberal burguesa moderna y la expansión del capitalismo trajeron como resultado una racionalización del mundo que se traduce en una represión, alienación y cosificación del hombre. Con el tiempo esto ha generado un agotamiento y crisis del actual paradigma de la ciencia jurídica, haciendo indispensable la revisión y cambio de los presupuestos metodológicos y temáticos.

De esta manera, nace la nueva racionalidad emancipatoria que busca reconciliar las normas que regulan a la sociedad con el mundo de la vida, originándose así un nuevo paradigma teórico-crítico del derecho.

Ahora bien, Wolkmer nos propone una teoría crítica que solucionará la crisis de fundamento relacionada. Sin embargo, para poder comprender su teoría, es indispensable conocer la función "verdadera" de la crítica.

Wolkmer nos menciona que la función de la crítica es la de abrir un nuevo panorama, es decir, alternativas de acción para las continuidades históricas que se presentan en la sociedad, llevándonos a la creación de una nueva existencia.

En consecuencia, debemos concebir la teoría crítica como el instrumental pedagógico operante (teórico-práctico) que permite a los sujetos inertes y mitificados una toma de conciencia histórica, desencadenando procesos que conducen a la formación de agentes sociales poseedores de una concepción del mundo racionalizada, anti dogmática, participativa y transformadora. (Wolkmer, 2006)

Esta teoría sirve de apoyo para la proposición de Wolkmer, la cual no parte de a priori, sino toma en cuenta los antecedentes históricos: la costumbre, los conflictos, las interacciones sociales y las necesidades humanas esenciales.

La teoría crítica de Wolkmer es una teoría más dinámica que supera los límites naturales de las teorías tradicionales, pues combina la teoría con la praxis. Su intención es lograr un cambio que permita el cambio de la sociedad, por medio de la emancipación de todo estado de cosificación, buscándose así la liberación del hombre de los determinismos naturales e históricos-sociales. Tomando en consideración que las posturas críticas del derecho tienen las siguientes características:

A) También llamado pensamiento insurgente, crítico e interdisciplinario en el ámbito del derecho;

B) Procura contribuir a una toma de conciencia;

C) Se basa en la discusión teórico-práctica;

D) Búsqueda de una visión jurídica más pluralista, democrática y anti dogmática;

E) Las expresiones "teoría jurídica crítica" o "pensamiento crítico" en el derecho deben ser entendidas como el profundo ejercicio reflexivo de cuestionar lo que se encuentra normatizado y oficialmente consagrado en una determinada formación social;

F) "Pensamiento crítico".- formulación "teórico-práctica" consistente en buscar pedagógicamente otra dirección u otro referencial epistemológico que responda a las contradicciones estructurales de la presente modernidad;

G) Según Antoine Jeammaud se trata de un movimiento de crítica jurídica, "resultante de la coexistencia y de la colaboración naciente de corrientes cuya diversidad está ampliamente ligada a las diferencias de las condiciones políticas que prevalecen en sus países de origen o a las diferentes inserciones profesionales de sus miembros";

H) Significación del pensamiento crítico como la expresión más auténtica de la insatisfacción de grandes grupos de juristas sobre la predominante formulación "científica" del derecho y sus formas de legitimación dogmática.

I) La importancia de la discusión sobre este pensamiento se justifica toda vez que el modelo de cientificidad que sustenta el discurso jurídico liberal individualista y la cultura normativista técnico-formal muestra un profundo agotamiento.

J) Trata de responder a la urgencia de construir un proyecto de superación de las desiguales e injustas relaciones ético-jurídicas tradicionales.

K) En lo teórico busca denunciar los mitos y las falacias que sustentan y reproducen la ciencia jurídica tradicional y la reordenación del derecho "en el conjunto de prácticas sociales que lo determinan".

L) En lo práctico busca constituir el derecho como instrumento estratégico de efectiva alteración de las prácticas sociales vigentes, capaz de impulsar la construcción de una organización social más justa y democrática.

M) El pensamiento crítico jurídico busca reconsiderar, desacralizar y romper con la dogmática lógico-formal imperante en una época o en un determinado momento de la cultura jurídica de un país, propiciando las condiciones y los presupuestos necesarios para el amplio proceso estratégico/pedagógico de "esclarecimiento", "autoconciencia", "emancipación" y "transformación" de la realidad social.

N) Punto de partida para la formulación de una crítica consistente de las formas alienantes del fenómeno jurídico actual y para la recreación de un espacio diferenciado de cambios.

O) Finalidad: despertar la conciencia y el compromiso con el proyecto del "nuevo" derecho, transformándolo en instancia al servicio de la justicia, de la emancipación y de la dignificación de los seres humanos.

Es cierto que esta teoría tiene un lenguaje progresista con una aspiración utópica y revolucionaria, pero su punto más esencial es el rescate y protección de la dignidad humana, lo cual puede lograr por medio de un espacio alternativo de cambios, incorporado por conciencia-emancipación.

Dicha teoría la podemos resumir en los siguientes postulados:

A) Una clara toma de conciencia del proceso que se está dando en la sociedad y, por ello, la necesidad de una crítica bajo el análisis de la racionalidad de la sociedad. Horkheimer señala que los objetivos de este nuevo paradigma son "bosquejar un cuadro del proceso social con ayuda de las diversas ciencias, que lleve a un conocimiento más profundo del estado crítico del mundo y de los posibles puntos de partida para su ordenación más racional".

B) Una constante referencia a la totalidad e historicidad. El mismo Horkheimer (1968) Recuperado en: http://cadeiras.iscte-iul.pt/TS3/horkheimer-teoria-trad-critica-1937.pdf dirá que no todas las teorías son verdaderas, sino sólo las que saben captar el hecho histórico de forma profunda y la teoría crítica no es la excepción. Dos características más, encerradas en ésta, son:

    a. La de no admitir un concepto universal y objetivo de verdad, y

    b. La de sentirse siempre una teoría emancipadora, donde el criterio de verdad es la praxis.

Una crítica del positivismo y sus concepciones semejantes, como, por ejemplo, el empirismo metodológico del quehacer científico. El principal argumento se resume en que el "pensamiento crítico jurídico" busca reconsiderar, desacralizar y romper con la dogmática lógico-formal imperante en una época o en un determinado momento de la cultura jurídica de un país, propiciando las condiciones y los presupuestos necesarios para el amplio proceso estratégico/pedagógico de "esclarecimiento", "autoconciencia", "emancipación" y "transformación" de la realidad social.

Una teoría crítica del derecho debe pretender efectuar un cambio radical de perspectiva respecto de las teorías tradicionales en la observación del fenómeno jurídico. Debe vincular al derecho con los procesos histórico-sociales en permanente transformación. Debe no sólo describir al objeto del derecho, sino que, al hacerlo, lo debe afectar. Desafortunadamente, las más conocidas de las teorías críticas del derecho han pecado de lo mismo que las teorías tradicionales. Es decir, han excluido los anhelos de quienes luchan por una verdadera igualdad entre todos los seres humanos, y no solo una igualdad entre los hombres de distintas razas, etnias, clases sociales, etcétera.

2.5.3 Principales Exponentes

Los orígenes filosóficos de esta Teoría la encontramos en la Escuela de Frankfurt

A) Max Horkheimer, (4 febrero 1895 – 7 julio 1973) filósofo y sociólogo alemán, Estudió entre 1919 y 1922 psicología y filosofía primero en la Universidad de München y luego en Frankfurt, donde se habilitó de profesor a partir de su trabajo "La crítica del juicio de Kant como mediación entre la filosofía práctica y teórica", junto con el joven Theodor Adorno con quien escribiría la reconocida obra "Dialéctica de la Ilustración".

B) Theodor Adorno, (11 septiembre 1903 – 6 Agosto 1969) nace en Fráncfort del Main, estudió filosofía, psicología y música. Trató el tema de la división de clases en el libro titulado Mínima Moralia (1951), explicación del colapso de la civilización europea durante la II Guerra Mundial. Con influencias de Hegel, Marx y Freud.

C) Herber Marcuse, (1898 – 1979) Filósofo y sociólogo alemán. Constituye una crítica a la sociedad industrial, basado en su pensamiento con fundamentos del marxismo y freudismo. Era el ideólogo de las revueltas estudiantiles de los años setenta. También con influencia marxista, sobre todo crítico.

D) Jürgen Habermas. Nace en 1929 sociólogo y filósofo alemán, representante de la segunda generación de la Escuela de Frankfurt, obtuvo la cátedra de Filosofía y Sociología en dicha universidad. Su ideología seguía la "dialéctica de la ilustración" en su ´proyecto sociológico y filosófico de una reflexión moral sobre el desarrollo del capitalismo avanzado.

2.5.4 Relación de la Teoría Crítica del Derecho con los Mecanismos Alternativos.

Cuál es la razón social del derecho.- regular la relación entre autoridad-particular. El derecho debe regular los métodos alternos de solución de conflictos, en aras de preservar un Estado de Derecho.

Los ordenamientos que rigen al federalismo fiscal mexicano, no escapan a los problemas de la efectividad del derecho a que se refiere Leonel Péreznieto Castro citado por Cabrero Mendoza (1993) , los cuales pueden presentarse por las dos causas siguientes: (i) la falta de conocimiento, derivada a su vez por defectos del sistema (ausencia de solución o laguna, así como por soluciones incompatibles resultantes de incoherencia) o por problemas de subsunción (derivados de la falta de información táctica llamada también laguna de conocimiento o de indeterminación semántica igualmente denominada laguna de reconocimiento), y (ii) el incumplimiento o transgresión.

La teoría en análisis coadyuva en la fundamentación del presente en virtud de que pone de manifiesto la situación, real y legal tanto histórica como actual, que padece el sistema penal mexicano, intentando tomar una clara conciencia de la problemática aquí evidenciada y dimensionada, para concluir determinando cuáles serían las posibles soluciones.

Para lograr lo anterior, los elementos conformadores de la teoría en estudio han facilitado el diseño de un bosquejo del contexto social y de la problemática del país en las dificultades aquí planteadas en torno al problema del sistema penal y la falta de reparación del daño a la víctima, lo que además, ha permitido efectuar una crítica coherente del tipo de problemática existente y abierto la puerta al planteamiento de sus posibles soluciones a partir del buen uso del lenguaje; del adecuado empleo de la técnica legislativa, y de la aplicación de las normas jurídicas coherentemente elaboradas para la solución de problemas reales como los aquí descubiertos.

2.6 Teoría del Funcionalismo Estructural de Robert King Merton.

2.6.1 Noción

También conocida como "Teoría Sistémica" en aquella en la que Merton considera, que la sociedad es un sistema que está constituido por una estructura que permanece en el tiempo, siendo este un conjunto de elementos interdependientes, los cuales en equilibrio tienen la posibilidad de crecer. Centra su atención en el análisis microscópico de la misma.

Concibe a la sociedad como una estructura, resultado de un sistema de relaciones relativamente estables entre las partes de un conjunto, y la estabilidad deriva precisamente de la permanencia de los actos sociales más allá de las personas, como actualmente se concibe a las instituciones o dependencias públicas. La misión y visión de dicho sistema trasciende a los funcionarios que las integran y al partido en turno en el poder, sin embargo, el ideal sería que las demandas ciudadanas determinaran la actualización en sus procesos o bien, la modernización de su estructura.

Los elementos que integran tal sistema son subsistemas interdependientes, que cumplen funciones sociales necesarias para el funcionamiento, regularidad y estabilidad de todo el sistema en su conjunto. Cada subsistema cumple una función. El concepto "función" se le da al satisfactor de una necesidad. Si cumple con sus objetivos le denomina "funcional" y, en caso contrario, "disfuncional" o "a funcional". Ello para explicar los procesos que transforman o para el caso de no aceptar las funciones explícitas que existen dentro de la sociedad.

Para facilitar su análisis, el sociológico de referencia divide las funciones en varios tipos:

A) Como son las manifiestas, que define como aquellas que presentan consecuencias objetivas para la sociedad (o cualquiera de sus partes), reconocibles y deseadas por las personas o grupos implicados. Son aquellas funciones o efectos que se producen en la sociedad, funciones positivas, en la que se reconoce que la norma es útil para dicho fin.
B) Otro tipo de funciones son las latentes, señala que son las que contribuyen a la adaptación social o a otros objetivos pero, simultáneamente, no son deseadas o reconocidas por la sociedad o el grupo (Merton, 1987)

Merton claramente señala que el análisis funcional no trata de explicar la razón por la que la acción ocurrió en un primer momento, sino el motivo por el que continúa o se reproduce. Las "funciones latentes" ayudan mucho a explicar la continuidad del patrón. Por lo tanto se puede afirmar que el funcionalismo no explica la causa original de un fenómeno en relación con su efecto, y por lo tanto, no es su interpretación teleológica, pugnando así por analizar la interdependencia de los subsistemas, a través de la disección de las funciones de cada uno de ellos. El sistema general contiene en su estructura cuatro subsistemas: el "biológico" u "orgánico conductual", el "cultural", el "social" y el "de personalidad", que permanecen abiertos a la percepción de variables que pueden modificarlos.

2.6.2 Postulados

El autor indica que las sociedades disponen de mecanismos propios, capaces de regular los conflictos y las irregularidades del sistema que denomina "sociedad funcional"; por lo que las normas que determinan el código de conducta de los individuos varían en función de los medios existentes y esto es lo que rige el equilibrio social.

A manera de advertencia, Merton señala que por la interdependencia entre los subsistemas nunca habría de existir un perfecto "ajuste" entre las conductas y normas, así como una relación nunca es completa o "perfecta". Aclara también que lo que para unos es disfuncional, puede no serlo para otros. A sí llega a la Teoría del Conflicto (conflicto de intereses), aunque cree que las instituciones y los valores pueden coincidir y ser funcionales para la sociedad como un todo.

Resulta relevante el enfoque de esta teoría debido a que, en primera instancia corresponde la aplicación de la Mejora Regulatoria a la Administración Pública, estructura netamente interdependiente entre si, en cuya aplicación intervienen subsistemas y conductas de los individuos que repercuten entre sí, con una marcada tendencia cada vez mayor de participar y evaluar su desempeño a través de resultados, cuyos logros serán positivos siempre y cuando se considere esta interdependencia.

Al alejarse la Administración Pública de su objetivo fundamental (misión), como es la satisfacción de determinadas necesidades, prefiriendo no actualizase o responder sólo a las necesidades de un sector privilegiado, su nivel de eficacia se deteriora. Eso provoca que la ciudadanía, al no sentirse incluida, evite participar. Por tanto, los resultados comienzan a no ser los deseados, se rompen los patrones de conducta en forma negativa, poniendo el riesgo el equilibrio y el cumplimiento de sus disposiciones. En consecuencia, el Estado tendrá que utilizar mecanismos de control con los que ejerce su poder impositivo, que al repercutir en la conducta de los individuos, no puede por tanto ejercerse de una forma armónica, teniendo que echar a andar los mecanismos capaces de regular los conflictos y las irregularidades del propio sistema. De esa forma, el efecto negativo de un subsistema repercute en otros, más aún tratándose de la intervención del Estado.

El autor prefiere apostar por un conocimiento acumulativo que tarde o temprano revele como sencillo lo que antes estaba complicado para las grandes inteligencias. Merton va evolucionando a través de las experiencias de cada subsistema con lo que se introduce implícitamente en el conocimiento del propio sistema en su conjunto. Vislumbra como posible lo que años a antes no.

Aplicando esa mecánica reflexiva a nuestro tema objeto de estudio, la "mejora continua" sería una parte de la "Mejora Regulatoria", ya que la primera permite que la segunda se actualice, al revisar continuamente los procesos operativos de trámites y servicios, como una de las obligaciones de la propia Administración, cuyas metas son principalmente la reducción de tiempos de respuesta y la disminución de requisitos, como respuesta a las exigencias de las organizaciones empresariales nacionales o por recomendaciones de organismos internacionales.

Una de las aportaciones más valiosas que como sociólogo legó Merton, fue la elaboración de teorías de alcance medio (teorías de rango medio), ya que al analizar las relaciones de interdependencia sociocultural (su objeto de estudio), detectó la gran dificultad que implica encontrar aquellas teorías que pudieran aplicarse de forma general, para la explicación de la interdependencia. Adicionalmente, como especialista en la persuasión de masas a través de los medios de comunicación, analizó las partes que integran la sociedad y la relación entre ellas.

Sin embargo, en los estudios de Merton logramos identificar tres limitaciones principales contenidas en las nociones siguientes:

A) unidad funcional;
B) funcionalismo universal, y
C) carácter indispensable.

En efecto, toda vez que Merton no analizó a profundidad aquellas partes del sistema que podría contener la tendencia a la mala integración, condiciona todo a elementos indispensables para que funcione a través de las partes. Además, establece de manera muy somera que los elementos del sistema deben contar con la resolución inmediata de los problemas de desequilibrio que eventualmente pudiese confrontar.

Finalmente, determina limitadamente los esquemas de estandarización o modelos de que debe desprenderse la positividad de los actos que se realicen y omite establecer las causas por las que los individuos deciden sujetarse o depender preferentemente de los actos dictados por la sociedad mediante la adaptación plena de los integrantes del grupo.

La autogestión implica que, de todo tipo de trámite o servicio principalmente ante la Administración Pública, detone un eficaz desempeño de un control bien entendido por parte de la autoridad, donde el ciudadano tiene conocimiento de que cuenta con mayores libertades, pero al mismo tiempo con mayores responsabilidades. Ello requiere que el ciudadano se encuentre consciente de que todas sus acciones repercuten en otros subsistemas, porque finalmente todos se complementan. Como los comportamientos se repiten en más interacciones, y estas generan a su vez expectativas que son arraigadas o institucionalizadas, se gestaría con ello una función, porque la autogestión respondería a una necesidad real y demandante de satisfacción, con lo que habría entonces una madurez de interacción entre quien gobierna y los gobernados.

A pesar de que todo individuo, según la teoría en análisis, puede cumplir cualquier rol, aquél espera para ajustarse a las normas que rigen la naturaleza de la función que cumple. Por eso, la experiencia va creando precedentes que le permiten tarde o temprano detonar un cambio en su comportamiento y dar el paso a nuevas funciones, sean adecuadas o no. Por ello, a través de esta óptica el individuo puede ser resultado de la *"composición de las funciones que habita y se define de acuerdo a sus funciones sociales*" (Giddes, 1990).

Los individuos, en interacción con las situaciones cambiantes de adaptación a través de un proceso de negociación, una vez que han establecido las funciones, crean normas que la futura actuación guía y por lo tanto las institucionalizan tal y como se crea la estabilidad en las interacciones sociales.

Cuando el proceso de adaptación no se puede ajustar, debido a las crisis agudas o cambios radicales inmediatos, se produce la disolución estructural, o bien la muerte de unas da lugar al nacimiento de nuevas estructuras. Merton escribe a este modelo de cambio social como un movimiento de equilibrio, haciendo hincapié en un deseo de orden social.

Sin embargo, no todas las estructuras son funcionales para la sociedad en su conjunto, pese a que fueron concebidas para satisfacer determinada necesidad. Algunas prácticas sólo son funcionales para un individuo o un grupo dominante.

El autor de la teoría en estudio, introduce los conceptos de poder y de coerción en el funcionalismo e identifica los sitios de tensión que puede conducir a la lucha o conflicto, consideración relevante tratándose del sector económico (subsistema), el cual es un detonador de todos los subsistemas en especial del social y cultural. Consecuentemente, esta teoría admite la existencia de alternativas funcionales que en la actualidad las instituciones y estructuras pueden adoptar para el cumplimiento de las funciones sociales.

Ello significa que las instituciones vigentes solo serán indispensables para la sociedad si evolucionan y capitalizan la experiencia vivida, lo que reduce la tendencia del funcionalismo ya que implica la aprobación de la permanencia, no tiene ningún concepto del cambio, por lo que este puede producirse internamente en la sociedad a través de una innovación o de rebelión. Así, el sistema en su conjunto intenta controlar a estos individuos y negar los cambios, pero como la innovación o la rebelión gana impulso, la sociedad finalmente se adaptará o enfrentará la disolución.

El estructuralismo aplicado desde una tendencia metodológica con algunas relaciones tanto científicas como filosóficas, no es concebido como una doctrina científica o filosófica, ya que descansa fundamentalmente en la teoría de la información, la lingüística y la cibernética. Pretende una ordenación. De allí el concepto de estructura, tanto del saber como de su aplicación concreta. En complemento de las nociones funcionales se habla de las estructurales, que tienen múltiples connotaciones, y que comprenden inclusive los ámbitos de la antropología y prioritariamente de la lingüística, mediante la aplicación de los Medios de Comunicación y la ponderación de sus efectos.

De esta teoría se desprende la comprensión de los modelos o paradigmas utilizados en la conformación conductual genérica de cualquier conglomerado. Sin embargo, viene a ser la teoría puramente funcionalista la que trata en esencia sobre la conformación organizativa de cualquier cambio posible, al afirmar que toda estructura contiene una lógica inmanente a su conformación, aun cuando se exprese como método o como fórmula, de tal manera que siempre es su expresión.

Lo anterior, determina su configuración como sistema, de ahí que ese haya considerado también al estructuralismo como una vertiente aún más especializada del funcionalismo, sin embargo, sus temas han sido esencialmente científicos y escasamente filosóficos, por lo que su utilidad es puramente sociológica y por ende ligada a lo socio-económico.

Uno de los subsistemas en los que Merton concentró una gran parte de sus estudios fueron las funciones de los Medios de Comunicación, considerándolos determinantes de la estructura social (dependientes y condicionantes de cambios sociales), sus investigaciones se concentran en la capacidad de los Medios de Comunicación para realizar sus funciones. Busca determinar cómo repercuten éstos en la conducta de los receptores, cuáles son los intereses de la audiencia, cuál es el poder que ejercen y en general cuál es el efecto de los medios. Al respecto añade que:

"...los Medios establecen la norma social, son un agente de socialización (que obvia los comportamientos desviados), plantean una racionalidad normalizada, repetitiva e institucionalizada que trae consecuencias (ajuste o adaptación tecno funcional de individuos, grupos y sistemas socioculturales)".

Respecto de la función de los medios de comunicación, Merton advierte la presencia de los tres factores siguientes:

A) Tendencia al equilibrio del sistema social. La tendencia natural es al equilibrio, los Medios de Comunicación son instrumentos de control social que contribuyen al equilibrio necesario.
B) Organización institucional de las funciones sociales. Los Medios de Comunicación como institución contribuyen a satisfacer las necesidades de la sociedad. Función es aquí

una condición, el estado de las cosas, el resultado de una operación con una estructura que tiene una pauta observable y regular, y que cumple una finalidad de acuerdo a una o más variables. La función puede ser manifiesta o latente (racionalizada, resultado instrumental), y disfuncional (no racionalizada, resultado disfuncional).

C) Interdependencia institucional de las funciones sociales. La sociedad es una estructura interdependiente, el cambio en un elemento que repercute en el resto. Dentro de la estructura social encontramos instituciones sociales como los Medios de Comunicación. Éstos son vistos como instituciones estabilizadoras que contribuyen a mantener el status quo, dentro de la lógica reproductora de la Sociedad. El funcionalismo analizará los elementos que no funcionan para aislarlos y corregirlos, de este modo la sociedad podrá seguir evolucionando…"(Karl, 2001)

Sin embargo, advierte que los medios de comunicación en sentido negativo pueden contribuir a disfunciones, tales como distanciar al ciudadano de lo público y narcotizar, generar apatía o inactividad, debido a que la sociedad, como tal, escasamente reflexionará en un sentido autoevaluatorio sobre sus propias estructuras para intentar alguna clase de corrección a su pensamiento común, sino que, antes bien, pretenderá imponerle la marca de sus concepciones al sujeto que se aparte como si éste fuese el único culpable posible.

2.6.3 Relación de la Teoría del Funcionalismo Estructural con los Mecanismos Alternativos.

Para la mayoría de las acciones de la Administración Pública, resulta indispensable mantener bien enterado al ciudadano, no sólo para hacer incluyente su labor, sino para revertir una arraigada costumbre de solo llevar la información de gobernantes hacía gobernados, ya que también es necesario que los ciudadanos la conduzcan a las autoridades, lo que le permite evaluar de forma más certera su labor y retroalimentar sus procesos. Es precisamente con ello que evolucionan las instituciones, dándose una sana permanencia de las mismas.

Los hechos sociales deben entenderse, pues, como fenómenos esencialmente colectivos y, por ende, no pueden ser individualizados sino en la medida en la que influyen, como efecto propio de la colectividad en la que se dan, en cada uno de los integrantes del grupo, por ello resultan tan importantes los medios masivos de comunicación.

El hecho social, pues, queda sujeto a la coacción del grupo sobre el individuo, y no al revés. Los intentos particularistas por modificar las instituciones, las creencias, los usos o las costumbres cuando se está individualmente en desacuerdo con ellos, no son efectivos en forma alguna sino cuando permean a la masa y le hacen actuar como tal para alcanzar el cambio. Por contrapartida, resulta hasta como desadaptación al medio, la actitud del individuo cuya inconformidad no prospera en términos de permeabilidad ideológica en el grupo como para provocar la fuerza efectiva que permita el cambio de tales instituciones.

Dentro de las funciones que tiene el gobierno, es educar, entendiendo que educar para la paz es más que la trasmisión de conocimientos, es un cambio de actitudes, hábitos y valores, considerando a éstos, como proyectos globales de existencia, que generan predisposiciones que el individuo va interiorizando y asumiendo progresivamente (Aguilera, 2009) Se considera que ese es el trabajo pendiente del estado, la educación de los ciudadanos, y es lo que está en proceso, pues para adoptar una cultura de la paz deben de estar convencidos del funcionamiento de los mecanismos alternos, de la necesidad de un cambio de actitud, de disponibilidad para adoptar otras vías para solucionar los conflictos.

Vicenc Fisas (2001) menciona que la educación es un instrumento crucial de la transformación social y política. Si entendemos a la paz como la transformación creativa de los conflictos, teniendo como elementos clave, el conocimiento, la imaginación, la comprensión, el diálogo, la solidaridad, la integración, la participación y la empatía podemos estar de acuerdo en que su propósito no es otro que formar una cultura de paz, opuesta a la cultura de la violencia que se padece en la actualidad, donde se puedan desarrollar valores, competencias y potencialidades

Por tanto una de las funciones que se debe de cumplir entre gobierno, sociedad, medios de comunicación, es colaborar conjuntamente para el mejoramiento social y propiciar una cultura de resolución de conflictos pacífica.

2.7 Teoría del Funcionalismo Estructural de Talcot Parsons

2.7.1 Noción

Las sociedades estudian las sociedades tal y como las encuentran, tratando de entender la forma en que cada elemento de la sociedad se articula con los demás, sin tener en cuenta su historia; formando un todo, ejerciendo una función dentro de las sociedades, por lo cual el funcionalismo estructural.

La función de las estructuras de Parsons, en esta teoría, el concepto de clases, el poder, economía y política, se tratará de explicar el fenómeno estudiado desde este punto de vista.

Los conceptos antes mencionados se convierten en partes indispensables de un universo social equilibrado en la medida que los participantes cumplan su rol, independientemente de su calidad de minoría o estatus socioeconómico bajo.

Los Mecanismos Alternativos ser un tema que incide en lo económico, social, cultural, legal y político es por demás complejo, ya que esta inherentemente relacionado con otros tantos sistemas, en el esquema AGIL de la teoría sociológica de Parsons, considerando un subsistema del sistema social general, dichos subsistema son:

A) Subsistema económico ("*Adapta tión*")
B) Subsistema político ("*Goal attainment*")
C) Subsistema legal ("*Integration*")
D) Subsistema cultural ("*Latent pattern maintenence*")

(abarca realidades pre, intra y transestatales) (Giner, 2003)

Esto es, esta primero la economía, la que valiéndose de la presión económica, interviene en la política, a través de las cuales se cambian las leyes, para finalmente ser adoptadas por el pueblo, K. Deutsch (1989) propuso agregar al esquema AGIL "la función del cambio político y social".

Dichos roles pueden involucrar directamente la volición del sujeto o bien ser el resultado de un común acuerdo explicitado a través del sistema normativo, que junto con la opinión pública constituyen los controles externos de orden social y cuya función es mantener el equilibrio del sistema. Bajo esta misma luz, algunas empresas transnacionales, invierten en otros países, practica por demás regular, dentro del comercio nacional e internacional, pero cuando aplican además dentro de las actividades restringidas, luego con la permisión de la Inversión Neutra, luego mal regulada, parece un camino abierto para la inversión de capitales poco seguros.

2.7.2 Postulados

Para Luhmann (1996) los sistemas son cerrados sobre sí mismos, en tanto son capaces de crear sus propias estructuras y componentes, a diferencia de Parsons, para éste la jerarquía entre sistemas en función de las relaciones de control de uno sobre otro, el concepto de sistema es para estructurar, definir y explicar las acciones humanas, en el caso de Luhmann explica la supervivencia.

Esta fue unas de las primeras teorías en evidenciar la importancia de las interacciones sociales, por nimias que estas pudieran parecer. El cambio que propone Parsons es un cambio que sigue el curso de la evolución, en otras palabras el cambio de todos los elementos involucrados con la subsiguiente modificación de las relaciones entre las partes. Cualquier forma de conflicto en el seno de la sociedad es observada como una amenaza y potencial desbalance.

La teoría de Luhmann son las sociedades contemporáneas, donde incorpora los últimos avances de las teorías de los sistemas para explicar la complejidad creciente de las sociedades modernas, en la cual existen tres sistemas que se diferencian por su propio tipo de operación y el modo en que reducen la complejidad.

El fenómeno es la diferenciación progresiva de las sociedades a lo largo de su evolución temporal en diferentes subsistemas sociales como el derecho, política, economía, educación o religión. Estos subsistemas son eficaces para reducir la complejidad y se caracterizan por ser todos ámbitos de comunicación. La sociedad engloba al conjunto de las comunicaciones. Los seres humanos son un sistema más y son el entorno del sistema social.

Esta teoría a pesar de tener varios expositores de la corriente, nos formula que Todas las sociedades, son cambiantes por lo que se requiere que cada vez estudiar, analizar y renovar teorías y corrientes del pensamiento humano, las cuales deben encauzar sus acciones en favor del fin común, se requiere sustentar en doctrinas que sean acordes a el tiempo y el espacio que se originan. Siendo las principales características de ésta teoría las siguientes:

A) Las clases sociales como tal hoy día ya no existen, pero desde el punto de vista práctico hay estratos sociales, en

México por ejemplo tenemos un clase baja enorme, una clase media debilitada en su poder adquisitivo, y una clase alta que concentra gran parte de la riqueza;

B) El funcionalismo es la escuela antropológica que pretende analizar las instituciones sociales en términos de satisfacción colectiva de necesidades individuales.

C) El objeto del funcionalismo y su base fundamental es considerar que todas las partes sociales de un grupo humano están relacionadas entre sí y cumplen una función dentro de un sistema.

Parsons concibe al actor social como un individuo atrapado por su herencia y entorno, condicionado por su entorno físico y cultural.

2.7.3 Principales autores o exponentes:

A) Bronislaw Kasper Malinowski, (1884 – 1942) Antropólgo y etnólogo, nacido en Polonia. Estudió física en Cracovia y economía en Leipzig, estudios que prosiguió en la London School of Economics. Sin embargo, se inclinó por la antropología cultural, dedicándose a la docencia de dicha disciplina durante 25 años. Fundador del funcionalismo, escuela antropológica que hacia el análisis de las instituciones sociales a través de la satisfacción colectiva de sus necesidades.

B) Talcott Parsons (1902 – 1979) Sociólogo estadounidense, quien después de graduarse en Estados Unidos se traslado a Europa, doctorándose con una tesis sobre el origen del capitalismo en la obra de Marx Weber, se considera su pensamiento más sobresaliente, la difusión del concepto de "Acción social" en la que desarrolla una teoría del comportamiento humano basado en el principio de voluntariedad.

2.7.4 Relación de la Teoría del Funcionalismo Estructural con los Mecanismos Alternos de Solución de Conflictos.

Al analizar el funcionalismo estructural, sabemos que cada una de las partes intervinientes ante un conflicto en materia penal tendrán que adoptar una función para que éste funcione. El imputado en primer término tendrá que reparar el daño, la víctima decidir optar por éste tipo de mecanismos y la autoridad estar enfocada en informar en qué consisten dichos mecanismos, realizar políticas públicas donde se fomente la cultura de la paz, promover el cambio social para que la ciudadanía esté dispuesta a mediar.

Pues lamentablemente nos encontramos, con la existencia de víctimas que debido a cuestiones culturales o ideas preconcebidas no están dispuestas a solucionar de ésta manera los conflictos y prefieren ver a su agresor en la cárcel, aun cuando esto no les conlleve beneficio alguno.

Los imputados le apuestan a la ineficacia del sistema y prefieren un proceso largo donde finalmente resultan absueltos y nunca reparan el daño a la víctima, esto alentado a su vez por los abogados quienes aconsejan esto a sus clientes y prefieren procesos largos que les representan mayores ganancias, que cortos aun cuando sea en beneficio de la sociedad general.

La autoridad que procura y administra justicia no promueve el uso de los métodos alternos, no informa a las partes de la opción por optar por éste tipo de mecanismos. La autoridad debe apostar por la creación de políticas públicas que generen una cultura de paz.

Si consideramos las políticas públicas como acciones que son determinadas para atender demandas específicas o resolver problemas que afectan a una parte o a la totalidad de la población, contribuyen a la solución de materias sectoriales relacionadas con la educación, justicia, salud, seguridad, etc., o geográficamente delimitadas, es decir, nacionales, regionales, entre otras. (Tagle 2004) Se debe procurar el generar políticas públicas que sean tendientes a solucionar los asuntos pendientes del gobierno, como lo es la seguridad y la justicia, si bien es cierto se han realizado reformas constitucionales, ello no constituye políticas públicas para lograr el fin, puesto que una política de ésta magnitud no es sólo el establecerlo en la ley, sino que debe de ir acompañado de trabajo con la sociedad.

Si son secuencia de acciones estructuradas de modo intencional orientadas a la realización de objetivos considerados de valor por la sociedad o que pueden resolver problemáticas cuya solución es considerada de interés o de beneficio público, son acciones cuya intencionalidad ha sido definida por la interlocución existente entre el gobierno y sectores de la ciudadanía, decididas por autoridades legítimas, ejecutadas por actores gubernamentales o en asociación con actores sociales y que dan origen a un patrón de comportamiento del gobierno y de la sociedad. (Aguilar, 2006) La labor del gobierno debe ser realizar dichas acciones para generar un patrón de comportamiento social tendiente a solucionar los conflictos de manera pacífica.

Los medios de comunicación no cumplen con su labor de informar y generar un cambio social, pues no promueven la existencia y beneficios de dichos mecanismos.

Existe una inconsistencia entre lo que se dice y lo que se hace, pues aun cuando se prevé un sistema penal en el que el Estado intervenga de manera mínima y ante la posibilidad de optar por métodos alternos lo cierra a determinados delitos, lo que deja a la vista que los engranes de ésta maquinaria, no actúan en sintonía, lo cual nos impide avanzar.

2.8 Teoría de la Justicia de Jhon Rawls

2.8.1 Noción

La teoría de la justicia de Rawls (2000) se propone jugar un papel esclarecedor, crítico y orientador de nuestro sentido de justicia. El sentido de justicia es definido por Rawls como la capacidad moral que tenemos para juzgar cosas como justas, apoyar esos juicios en razones, actuar de acuerdo con ellos y desear que otros actúen de igual modo. Sin embargo este proceso se da a nivel de los individuos en el marco de la sociedad y su estructura básica.

Para Rawls, la sociedad es una asociación más o menos autosuficiente de personas que en sus relaciones reconocen ciertas reglas de conducta como obligatorias y que en su mayoría actúan de acuerdo con ellas. Estas reglas especifican un sistema de cooperación planeado para promover el bien de aquellos que toman parte de él.

Se trata de una empresa cooperativa para obtener ventajas mutuas, caracterizada por el conflicto y la identidad de intereses. El conflicto surge de la diversidad de los intereses enfrentados de individuos que desean los mayores beneficios posibles en tanto éstos son medios para alcanzar sus propias metas, y la identidad tiene que ver con el reconocimiento de que la cooperación posibilita un mejor modo de vida que el que tendríamos si tuviéramos que valernos solamente de nuestros propios esfuerzos.

El objeto primario de la justicia es la estructura básica de la sociedad, o sea, el modo en que las grandes instituciones sociales distribuyen los derechos y deberes fundamentales y determinan la división de las ventajas provenientes de la cooperación social. Por grandes instituciones, Rawls entiende la constitución política y las principales instituciones económicas y sociales (protección jurídica, competencia mercantil, propiedad privada, familia monógama).

Las grandes instituciones definen los derechos y deberes del hombre e influyen sobre sus perspectivas de vida. El concepto intuitivo de esta estructura básica de la sociedad es que contiene varias posiciones sociales y que los hombres nacidos en posiciones sociales diferentes tienen diferentes expectativas de vida. Determinadas tanto por el sistema político como por las circunstancias económicas y sociales.

Rawls reconoce que el concepto de estructura básica es algo vago. No está siempre claro qué instituciones o cuáles de sus rasgos deberán ser incluidos. Sin embargo, basta que se apliquen a los casos más importantes de justicia social.

2.8.2 Postulados

Como hemos visto, para Rawls es posible la existencia perdurable, durante un tiempo prolongado, de una sociedad justa y estable de ciudadanos libres e iguales, los cuales permanecen profundamente divididos por doctrinas razonables, religiosas, filosóficas y morales, debido a que existe un procedimiento de naturaleza contractualista en el cual conviven una serie de individuos sobre los cuales ha caído un grueso velo de ignorancia situándolos en una posición original donde nadie sabe quién es, y lo único que conservan, además de la capacidad de razonar, son las nociones económicas (bienes escasos) y sociológicas (clases sociales) más elementales. Así, mediante un contrato social hipotético, establecerán la estructura básica de la sociedad en que vivirán. Así pues, por medio de este hipotético contrato se establecerán los principios de justicia que regirán la vida social, a través de un método que es justo por sí mismo.

Es decir, Rawls establece a partir de su lógica contractual, dos principios que deben caracterizar a una sociedad justa. Estos dos principios están basados en la posición original según la cual los individuos bajo un velo de la ignorancia elegirían los principios de la justicia.

Así pues, los dos principios de la teoría de la justicia de Rawls son:

A) Principio de libertades o de distribución de igual número de esquemas de libertades para todos. Cada persona debe tener un derecho igual al esquema más extenso de libertades básicas que sea compatible con un esquema semejante de libertades para los demás.

B) Principio de diferencia. Las desigualdades económicas y sociales habrán de ser conformadas de modo tal que a la vez que: (i) se espere razonablemente que sean ventajosas para todos, y (ii) se vinculen a empleos y cargos asequibles para todos.

En el marco de la estructura básica de la sociedad concebida por Rawls, las reglas que los asociados comparten están dictadas por instituciones como la constitución política o las principales disposiciones económicas y sociales. Tales instituciones definen cargos y posiciones, cargas y beneficios, poderes e inmunidades, para todos aquellos que se rigen por ellas. Una teoría de justicia social como la de Rawls se ocupa, pues, de la adecuada distribución de derechos y deberes por parte de las instituciones que conforman la estructura básica de la sociedad.

2.8.3 Relación de la Teoría de la Justicia con los Mecanismos Alternos

Si la teoría de Rawls se centra en la adecuada distribución de derechos y deberes entre las partes que constituyen la sociedad, es evidente que para lograr una justicia para todas las partes inmersas en el conflicto, deben de asumir y aportar.

Para Sergio García Ramírez (2008) el acceso a la justicia es la llave para el ejercicio de todos los demás derechos, sin el cual no puede afirmarse la existencia de un estado de derecho. Ya que un estado en el que se carece de seguridad y justicia, la sociedad no lo respalda, no reconoce su efectividad y por tanto no está dispuesta a firmar el contrato social, pues no va a ceder parte de sus libertades a un estado fallido que ni siquiera les puede asegurar seguridad.

El derecho al acceso a la justicia es un derecho humano fundamental, requisito básico en un sistema legal igualitario, moderno, que pretende garantizar dichos derechos y no solo proclamarlos en el discurso político. (Capelletti, 1996) Pues no basta que políticamente se diga que se está en un estado de derecho, si el ciudadano día a día se percata de los delitos, de la inseguridad y las injusticias.

Por tanto para asegurar dicho acceso a la justicia debe de ocuparse el estado, pues si bien es cierto la víctima tiene como ventaja que se le asegura la reparación del daño, parte importante para que considere que se le ha administrado justicia, en aras de ese equilibrio puede aportar al beneficio social aceptando los mecanismos alternos para reestructurar el tejido social dañado, aportar a la reinserción del imputado, evitar que se congestione el sistema penal, es el Estado a quien le corresponde crear esta cultura de justicia y paz

El imputado por su parte obtiene como beneficio, el que se evita un proceso largo y engorroso, sin embargo se le aplica la justicia pues al ser el responsable del delito, es su obligación penal y deber moral repararlo, siendo ésta la manera en la que se obtiene una solución justa para ambas partes y para la sociedad en general.

2.9 Teoría del Conflicto de Ralf Dahrendorf

2.9.1 Noción

Un desacuerdo se torna en conflicto, solamente cuando las partes no son capaces o no están dispuestas a solucionar sus diferencias ni a ceder ante las demandas de la otra parte (Urquidi, 2007) Ante tal situación es que se debe de educar a los ciudadanos para adoptar una cultura de paz.

Los tipos de conflicto son múltiples y difíciles de clasificar, debido a la variedad de actividad conflictiva que puede dar en cualquier situación humana que requiera unificación y resolución de antagonismos. Los más frecuentes son de origen familiar, lucha de clases, guerra entre estados, lucha de poder político, ideologías, intereses procesionales, marginación lingüística, racial, religiosa, sexual.

El hombre muestra ciertas características de agresividad para conseguir sus deseos, pero dicha agresividad está definida también de modo socio- cultural. La estructura social y el peculiar modo de organización de la vida comunitaria pueden neutralizar o estimular la agresividad; por lo que no puede hablarse sólo de agresividad en el individuo sino de agresividad estructural y cultural de la sociedad, que determina los conflictos de integración social. El conflicto social se caracteriza por la agresividad no canalizada por ningún sistema de convenciones que sea capaz de excluir las conductas hostiles. (Giner, Jesús "Teorías del Conflicto Social" Recuperado en: http://pendientedemigracion.ucm.es/info/eurotheo/diccionario/C/conflicto_social_teorias.pdf) Si una persona es agresiva, es porque dicha agresividad la ha vivido en su entorno, o aun en el caso que se tomara una postura en el sentido de que en efecto el hombre es agresivo por naturaleza, dependerá mucho del entorno el que éste continué o no con su agresividad, pues ante respuestas de paz en todo el entorno social difícilmente se continúa con respuestas negativas.

2.9.2 Postulados

Dahrendorf ("Teoría del Conflicto" 1996, Recuperado en: http://es.scribd.com/doc/158961097/Ralf-Dahrendorf-Teoria-del-conflicto-pdf) señala que el conflicto es el motor de la historia, es lo que mantiene el desarrollo de la sociedad. Este conflicto, para ser socialmente relevante se manifiesta más allá de las relaciones individuales. Encuentra su ámbito de desarrollo entre los roles sociales, entre grupos sociales, entre sectores de la sociedad, entre sociedades y entre organizaciones supranacionales.

Reprocha a Marx el haber considerado tan solo un caso de conflicto social, el de la lucha de clases y se propone formular una teoría capaz de analizar todos los conflictos sociales; pero aunque sea válido considerar la dicotomía de la autoridad como origen estructural de conflicto social, cae en un reduccionismo al considerar todos los conflictos como conflictos de autoridad.

Señala que allí donde existe propiedad existe siempre dominación, pero no toda dominación implica forzosamente propiedad. Dominación es una relación de mayor amplitud, así como la propiedad representa formalmente un caso especial dentro de aquellas relaciones generales de dominio, que según nuestra definición constituyen el fondo del conflicto de clases, así el control de los medios de producción constituyen también empíricamente un caso particular. (Dahrendorf, 1996) Así pues puede darse dominación, sin que ello genere conflicto entre las partes.

Al revisar la obra de Marx, Dahrendorf centra su preocupación en el estudio de las fuentes estructurales de los conflictos y, en contra de lo que afirmaba Marx, descubre que la fuente estructural primera de los mismos no se halla en la desigual distribución de la propiedad, sino en la desigual distribución del poder entre personas y entre grupos. A ello lo denomina *"distribución dicotómica de la autoridad"*. En esta dicotomía el conflicto es inevitable entre quienes pretenden mantener el orden (dominadores) y quienes desean subvertirlo (dominados), consecuentemente, la afirmación de que la autoridad es el elemento estructural, esencial de la organización social, permite al sociólogo alemán asegurar que ésta es la que provoca el conflicto persistente que, a su vez, reestructura la misma sociedad de la que surgen nuevos conflictos.

Atendiendo a todo lo anterior Dahrendorf elaboró un modelo teórico que explica la formación de grupos de conflicto y su acción social para la integración mediante los necesarios cambios de estructura en la sociedad. Difiere con Marx en que los conflictos sociales no siempre son producto de un conflicto de clases y que no todo conflicto desemboca en una revolución social.

Acota que Marx olvida las formas de evolución social con transformaciones constantes del propio sistema que le permiten perpetuarse y evitar la revolución, siendo el caso más frecuente de solución a un conflicto social el que la clase dominante adopta las nuevas ideas y se auto transforma de manera adecuada para desactivar los posibles factores de una revolución.

En cuanto a la propiedad de los medios de producción, que son considerados por Marx como el origen de las clases sociales y de los conflictos de clase, por lo que se plantea la desaparición del principio de propiedad para tener una la sociedad sin clases, Dahrendorf señala que la evolución del capitalismo ha mostrado que la propiedad de los medios de producción y clase social pueden ir disociados y que lo que determina el conflicto de clases no es la propiedad sino el control de los medios de producción en manos de tecnócratas y burócratas sin propiedad alguna.

Como se constata, el paradigma del conflicto social de Dahrendorf ha contribuido al desarrollo y reformulación de conceptos claves, tales como clase social y poder, pero aquello no ha sido suficiente para lograr un mundo de armonía y paz espiritual para los hombres, razón por la cual se hace necesario continuar esbozando nuevas formas que nos permitan ir superando los nuevos conflictos que devienen de la propia sociedad humana.

De ésta manera el conflicto para Dahrendorf es toda relación de oposición entre grupos producida de manera sistemática, que generan una alteración de la estructura social, normativa (valores e intereses) o fáctica (institucional). Esta doble faz de la estructura social, es la combinación de la teoría inspirada en el estructural-funcionalismo de Parsons y la teoría del conflicto de clases de Marx. Aborda el mismo fenómeno, comportamiento de cambio, desde dos teorías. Desde las funciones sociales definidas por ciertas actitudes de conducta derivadas de los valores vigentes en un sistema social y orientado hacia su funcionamiento, manteniendo así, el sistema integrado, y a partir del abordaje a los cometidos sociales por medio de las líneas de inter-eses que rebasan la integración de la estructura existente.

Dahrendorf plantea la existencia de gradaciones en el conflicto, de diferentes momentos de este. Existen "conflictos potenciales o latentes" que se mantienen así porque: i) son conflictos aún no madurados, pero inician su existencia y formación o ii) dado que, las clases en pugna por periodos más o menos prolongados pueden coexistir en una especie de "armisticio" sin llegar a "conflictos manifiestos"

Para comprender los niveles de "intensidad" del conflicto manifiesto, vale decir sus gradaciones entre la negociación y la violencia, Dahrendorf entrega dos elementos explicativos de este caso:

A) el nivel de institucionalización del conflicto de clases y

B) el grado de hermetismo entre las clases

La primera explica que, la "intensidad" del conflicto se va reduciendo a medida que aumenta el grado de normativización del mismo, así, se reduce cuando existe una reglamentación sobre el acceso a los medios y las posibilidad de los fines. La segunda explica que, los "intereses manifiestos" se agudizan en la medida que disminuye el grado de apertura de las clases, cuanto más difícil resulta al individuo abandonar su clase tanto más compromete su personalidad en un conflicto de clases y tanto más importante es para él su situación en la misma. (Henry Renna Gallano. Recuperado en: http://www.academia.edu/2375639/Con_Marx_y_con_Dahrendorf_Leyendo_los_conflictos_urbanos_en_la_ciudad_de_Santiago_de_Ch ile) Y la reglamentación debida son los mecanismos alternos para que así disminuyan los conflictos, si las partes consideran que ambas ganaran al optar por éstos, comparecen ambos a la audiencia en una actitud de mayor apertura y relajación, no se presentan con el conflicto a flor de piel, sino con la intención de solucionarlo.

Para Dahrendorf (1996) la desigualdad siempre ha existido y seguirá y permanecerá en las sociedades. Manifiesta que las diferencias importan al menos en la medida en que los distintos intereses de cada uno se interfieren con los demás, no porque algunos logran imponer su voluntad sobre otros. Por ello, si él considera que las desigualdades son permanentes e inherentes al humano, entonces debe el estado regular los conflictos que vayan surgiendo para evitar el caos y el fracaso social en el futuro, sino es que hemos fracasado ya como sociedad.

Refiere que el regreso al contrato social en la actualidad está motivado por la dominación de un gobierno mínimo suficiente para garantizar la ley y el orden, que finalmente es lo que se pretende al firmar dicho "contrato". Este redescubrimiento del contrato social surge de la búsqueda de estructuras fundamentales en una jungla de superestructuras de muchas clases, clases de desigualdad de poder en las que se ven inmersas las partes en un proceso penal. Sin embargo la pregunta fundamental no está en si debemos volver o no a las cláusulas perpetuas del contrato social, sino cómo podemos redactar de nuevo dichas cláusulas con el fin de hacer que la libertad progrese bajo distintas condiciones, que ya no existe la desigualdad de poder que es finalmente lo que origina los conflictos.

Es difícil pensar, en la práctica, en la asociación humana sin que exista un elemento de dominación, pues donde está el hombre, donde existe la sociedad existe el poder. La sociedad tal vez no es agradable, pero es necesaria, por ello, el hombre desde la prehistoria prefirió unirse en clanes, prefirió crear su sociedad. En tal virtud lo importante es establecer de qué forma el poder y las desigualdades que genera se pueden convertir en ventajas, en términos de libertad. La desigual distribución de las oportunidades vitales es resultado de las estructuras de poder, en conflictos penales, siempre una de las partes ejerció el dominio sobre la otra, ante esto, ante el dominio, la diferencia de clases, el poder no sólo genera desigualdades sino, por la misma razón conflicto.

El origen del conflicto de clases se sitúa en las estructuras de poder que ya no tienen la cualidad absoluta de jerarquía, pues el conflicto de clases son las oportunidades vitales o, más precisamente, la desigual distribución de las oportunidades vitales, es lo que origina la desigualdad y el conflicto puesto que quienes están en el extremo menos ventajoso demandan más derechos y prerrogativas a quienes están en una mejor situación que ellos.

Para Darenhdorf (1996) el principio de la ciudadanía comenzó con la creación de unidades políticas en cuya constitución los derechos civiles y la participación ciudadana se convierte en elementos necesarios. La ciudadanía describe los derechos y obligaciones asociados a la capacidad de ser miembro de una unidad social y, de manera especial a la nacionalidad. Pero aun cuando exista identificación, no existirá cohesión social, si el ciudadano percibe que las desigualdades existentes son permitidas y perpetuadas por el Estado.

La sociedad civil no es juego privado de discurso inteligente separado de las instituciones de gobierno, y mucho menos contra ellas. Es más bien, el concepto inclusivo para las unidades sociales en el que la ciudadanía es el principio guía. Todos los miembros poseen ciertas titularidades iguales que poseen la cualidad de normas sociales. Están obligados por las sanciones y protegidos por las instituciones. Sólo resulta efectivo cuando hay estructuras de poder que las respalden. La búsqueda de una sociedad civil, y en último término, de una sociedad civil mundial, es la búsqueda de derechos iguales en un marco constitucional que domestique al poder, de manera que todos puedan disfrutar de la ciudadanía como fundamento de sus oportunidades vitales.

La ciudadanía es la fuerza conductora del conflicto social moderno. El conflicto social moderno no se ocupa ya de suprimir diferencias que tiene el carácter vinculante esencial de la ley. El principio de ciudadanía ha destruido tales diferencias. El único estatus legalmente vinculante que ha permanecido es, de hecho, el de la ciudadanía. El conflicto social moderno se centra en el ataque de las desigualdades que restringen la plena participación ciudadana por medios sociales, políticos o económicos, y en el establecimiento de las titularidades que constituyen un estatus de ciudadanía rico y pleno.

Establece que nadie está por encima de la ley, todos se encuentran sujetos a ella. El derecho obliga al poder y a quienes lo detentan, al mismo tiempo, que proporciona un refugio, que es garantía de integridad, a quienes están en posición minoritaria, bien sea esta temporal o permanente. El imperio del derecho permite serías desigualdades desde el punto de vista de la titularidad, a menos que todos los ciudadanos puedan disfrutar de la oportunidad de ir incorporando sus intereses al derecho.

2.9.3 Principales exponentes

A) Ralf Dahrendorf (1929 - 2009) sociólogo, politólogo y economista alemán, considerado el principal exponente de la teoría del conflicto social, representante del pensamiento liberal europeo. Profesor de sociología en varias universidades alemanas, diputado liberal en el Parlamento Alemán, ministro de Asuntos Exteriores de dicho país. Autor de "Clases y conflictos de clases en la sociedad industrial" en el que analiza la sociedad pos capitalista, en la que promueve la universalidad de los derechos humanos y civiles para toda la humanidad.

B) Lewis A. Coser (1913 – 2003) sociólogo alemán, realizó estudios sobre el funcionalismo estructural y la teoría del conflicto intentando combinarlos, buscando encontrar las funciones y solución al conflicto social. Según sus studios, el conflict puede contribuir a que un grupo que no esté bien estructurado se solidifique, pues los conflictos al interior de una sociedad pueden generar que los individuos aislados adopten un rol activo.

C) Mancur Olson (1932 - 1998) economista y sociólogo estadounidense, realizó importantes contribuciones a estudios de economía política, con sus estudios intenta adoptar un Nuevo programa de investigación, en el que a través de distintos enfoques metodológicos trata de avanzar en la explicación análitica del comportamiento de grupos de acción colectiva, entendiendo ésta como una conducta de grupo voluntaria.

2.9.4 Relación de la Teoría del Conflicto con los Mecanismos Alternativos y la Justicia Restaurativa

Los beneficios obtenidos con el conocimiento, análisis y adaptación de la presente teoría, se concretizan en tener en claro, el porqué surgen los conflictos, conocer cuáles son las causas generadoras de ellos pues una vez teniendo en claro cuáles son sus probables causas se podrán crear las políticas públicas necesarias para tratar de evitarlos lo más posible y si ya ha surgido algún conflicto saber cómo abordarlo y superarlo.

Además se debe de considerar que tratándose de conflictos surgidos en materia penal, en el cual obviamente hubo un abuso de poder del victimario sobre la víctima, se pone de manifiesto la desigualdad existente, por lo que es a través de los métodos complementarios y la justicia restaurativa que se pretende lograr un equilibrio entre las partes, para que una vez que se solucione el conflicto lograr la restructuración del tejido social, siendo ésta incluso una manera de prevención puesto que permite identificar las causas, las resuelve y evita la repetición.

2.10 Teoría Estado Mínimo de Nozick

2.10.1 Noción

Nozick (1975) pretende mostrar que la asociación de protección dominante en un territorio satisface dos condiciones necesarias fundamentales para ser un Estado: *1)* que posee el tipo requerido de monopolio del uso de la fuerza en el territorio, y *2)* que protege los derechos de cualquiera en el territorio, aun si esta protección universal pudiera proporcionarse únicamente a través de una forma "redistributiva". Estos aspectos realmente fundamentales del Estado constituyen el blanco de los anarquistas individualistas, los cuales condenan al Estado como inmoral.

También refiere que se impuso la tarea de mostrar que este monopolio y estos elementos redistributivos eran, en sí mismos, legítimamente morales, esto es, la transición del estado de naturaleza al Estado ultra mínimo (el elemento monopólico) es moralmente legítimo y no viola derechos de nadie y la transición de un Estado ultra mínimo al Estado mínimo (el elemento "redistributivo") también es moralmente legítima y no viola los derechos de nadie.

Pues es posible que en conflictos que las partes deciden solucionar en conjunto, el Estado no intervenga o intervenga sólo para garantizar el cumplimiento del acuerdo convenido entre las partes, y no por ello se podrá decir que el estado está faltando a su deber de garantizar el debido proceso, ya que al contrario está permitiendo y fomentando otras maneras de llegar al fin último que es la justicia.

2.10.2 Postulados

Los individuos tienen derechos, y hay cosas que ningún grupo o persona puede hacer sin violar esos derechos (Nozick, 1975) Sin embargo dependerá del bien jurídico tutelado transgredido, cuando deba de intervenir el estado.

En la actualidad las personas llevan, algunas veces, sus disputas para ser resueltas fuera del orden jurídico del Estado, a otros jueces o tribunales que ellas escogen; por ejemplo, Tribunales religiosos. Si todas las partes de una disputa encuentran que algunas actividades del Estado o de su orden jurídico son tan repelentes que no quieren saber nada de ellas, pueden acordar formas de arbitraje o de decisión fuera del aparato del Estado.

Nozick (1975) señala que el estado de naturaleza tiene una ley natural que lo gobierna, y obliga a todos; y la razón, que es esa ley, enseña a toda la humanidad que quiera consultarla que, siendo todos los hombres iguales e independientes, ninguno debe dañar a otro en lo que atañe a su vida, salud, libertad o posesiones, sin embargo, aun cuando exista como ley natural, es una realidad, que aun cuando ha sido positivizada aun así continúan las violaciones a dicho principio.

A) Principales características de la teoría
B) Críticas a la Teoría de la Justicia (enfoque sociológico del derecho).
C) Considera que en el Estado de naturaleza descrito por Locke los individuos disfrutan de una plena autonomía de la voluntad, con los únicos límites impuestos por el Derecho Natural, que exige que nadie puede dañar al otro en su vida, salud, libertad y propiedad. En donde para evitar el predominio del más fuerte, los individuos tenderían a agruparse en "asociaciones de protección mutua", evitando reclamos injustos.

D) Señala en resumidas cuentas que el Estado no puede emplear los derechos de los individuos en favor de un bien social, como puede ser dar protección a todos.
E) Posición de los anarquistas individualistas que ven al Estado como intrínsecamente inmoral.

2.10.3 Relación de la Teoría del Estado Mínimo con los Mecanismos Alternos y la Justicia Restaurativa.

Nadie tiene el derecho de usar un procedimiento relativamente desconfiable para decidir si se castiga a otro. Al usar tal sistema, no está en posición de saber que el otro merece un castigo; por tanto, no tiene ningún derecho a castigarlo (Nozick 1975) Y si tomamos en consideración, que el sistema de justicia está en transición debido a su ineficacia, es claro que no se puede juzgar con esas condiciones, pues ningún ciudadano confía en el resultado que de ella se obtenga.

La participación del Estado debe ser el fomento de la Cultura de Mediación y de la Resolución Pacífica de Conflictos significa sentar los cimientos para que el ser humano vaya aprendido y apreciando formas de vidas pacíficas, pero al mismo tiempo, críticas no pasivas, armónicas pero no conformistas, comprometidas con la defensa de los derechos humanos. (Zaragoza, 2008)

Pensamiento del teórico que resulta relevante considerando que en la actualidad se considera que el sistema penal de justicia en el país ha fracasado y por ello fue necesario migrar a un sistema predominantemente acusatorio, pues la postura anterior, conllevaría a que el Estado no tiene el derecho de juzgar con un sistema falible, corrupto, lento, ineficaz, pues eso sólo tiene como resultado injusticias, por ello la postura de Nozick de que la intervención del estado sea mínima, sobre todo cuando se trata de sistemas fallidos.

Lo importante es que toma interés para el Estado Mexicano, porque no debe anteponer el bien común, perjudicando el derecho de los individuos.

El Estado debe ser mínimo, no imponer, sino que según lo que los particulares acuerdan, el Estado se limitará a hacer cumplir los acuerdos, siendo solo un mediador.

2.11 Conclusiones

Se identificaron las teorías que sustentan el surgimiento, necesidad y aplicabilidad de los Mecanismos Alternos y la Justicia Restaurativa.

Pudiendo concluir brevemente que los Mecanismos Alternos ayudan a que los particulares puedan alcanzar Justicia, reduciendo al mínimo la intervención del Estado, respetando las costumbres, ideas y maneras de los grupos sociales a las que pertenecen las partes en disputas. Por su flexibilidad, informalidad y voluntariedad, sin duda, dichos mecanismos deben ser tomados en cuenta por las políticas de acceso a la Justicia del país.

Dentro de las funciones del Estado deben de estar educar a la sociedad, crear una cultura de paz, para lograr el éxito de los Mecanismos Alternativos en Jalisco y en todo México, de lo contrario serán una de las medidas que funcionaron en otros países pero no aquí, como suele suceder, entonces querría decir que el problema no está en las medidas que se implementan sino en quienes las implementan, es decir, en los mexicanos.

Se deben establecer políticas de justicia alternativa que lleguen a todos los mexicanos, creando regulaciones para sentar las bases jurídicas que generen la confianza en la ciudadanía en la aplicación de los Mecanismos Alternativos, para promover la existencia de los métodos, las ventajas de su aplicación, el cambio social a una cultura de paz que privilegie la aplicación de los métodos alternos en beneficio de todos, por ello la importancia de que estén previstos en la Constitución Federal.

CAPÍTULO TERCERO

3. CONCEPTOS FUNDAMENTALES INHERENTES AL PROBLEMA OBJETO DE ESTUDIO

"El conflicto es una forma distinta en que cada uno perciba el interés del otro; es decir, es la forma diferente de ver lo que está en el tema en disputa, porque todo se basa en la percepción"

Yonaydee Méndez Leal

En este capítulo abordaremos los conceptos sobre los términos técnicos, que sirven de apoyo para el entendimiento sobre el tema en estudio. Ya que si bien es cierto dentro de nuestro marco teórico, afrontamos de igual manera algunos conceptos y la mención de la aplicación de algunos de ellos, también lo es, que es necesario brindar un espacio a la determinación y conceptualización individual de los términos más utilizados en el ámbito de los Mecanismos Alternativos, situación que sirve de apoyo para la realización de un estudio abundante.

3.1 Arbitraje

Es el procedimiento adversarial mediante el cual las partes someten a la decisión de uno o varios árbitros la solución de una controversia presente o futura; (Ley de Justicia Alternativa del Estado de Jalisco. Recuperado en:

http://www.jalisco.gob.mx/sites/default/files/Ley%2520de%2520Justicia%2520Alternativa%2520del%2520Estado%2520de%2520Jalisco%2520%252820-NOV-2012%2529.pdf)

Es un mecanismo de solución de controversias en virtud del cual las partes acuerdan mediante la celebración de un convenio arbitral, someter la solución de determinados conflictos que hayan surgido o puedan surgir entre ellas respecto a una determinada relación jurídica a la decisión un laudo arbitral, de uno o varios terceros –árbitros-. La forma de nombramiento de los terceros también es acordada por las partes. (Medios alternativos de resolución de conflictos como solución complementaria de Administración de Justicia. José Guillermo Cuadra Ramírez. Recuperado en: http://www.scjn.gob.mx/Transparencia/Lists/Becarios/Attachments/134/Becarios_134.pdf)

Como se señala en estas definiciones, el arbitraje se diferencia de otros métodos alternos, ya que en este ambas partes están de acuerdo en la resolución que dicte el árbitro, llamado laudo, el cual dicho sea de paso, puede ser, en algunos casos, directamente designado por las partes, por lo que desde que aceptan someterse al arbitraje, los participantes están dispuestos a aceptar el laudo que dicte dicho arbitro, sin que puedan realizar propuestas de solución, sino que se someten llanamente a lo que éste decida.

3.2 Arbitro

Persona que conduce el procedimiento de arbitraje para la solución de un conflicto mediante la emisión de un laudo; (Ley de

Justicia Alternativa del Estado de Jalisco. Recuperado en: http://www.jalisco.gob.mx/sites/default/files/Ley%2520de%2520Justicia%2520Alternativa%2520del%2520Estado%2520de%2520Jalisco%2520%252820-NOV-2012%2529.pdf)

Se llaman árbitros los jueces nombrados por las partes, o por la autoridad judicial en subsidio, para la resolución de un asunto litigioso. El árbitro puede ser nombrado, o con la calidad de árbitro de derecho, o con la de árbitro arbitrador o amigable componedor. (Recuperado en: http://www.juicios.cl/dic300/ARBITRO.htm)

Por lo que el árbitro es la persona, que siendo designada por la autoridad o incluso por las partes, cuando existe un conflicto o litigio que ha sido puesto a su consideración, debe resolverlo a favor o en contra de alguna de las partes y éstas deben someterse a su decisión.

3.3 Conciliación

Método alternativo mediante el cual uno o varios conciliadores intervienen facilitando la comunicación entre los participantes en el conflicto, proponiendo recomendaciones o sugerencias que ayuden a lograr un convenio que ponga fin al conflicto total o parcialmente; (Ley de Justicia Alternativa del Estado de Jalisco. Recuperado en: http://www.jalisco.gob.mx/sites/default/files/Ley%2520de%2520Justicia%2520Alternativa%2520del%2520Estado%2520de%2520Jalisco%2520%252820-NOV-2012%2529.pdf)

Para Manuel Alonso García, la conciliación es una forma de solución de los conflictos, en virtud de la cual las partes del mismo, ante un tercero que no propone ni decide, contrastan sus respectivas pretensiones tratando de llegar a un acuerdo que elimine la posible contienda judicial. Agrega el autor que los conciliadores no interpretan el derecho ni las normas, sino que le corresponde ponderar y equilibrar los intereses contrapuestos de las partes, lo que hace que sus resultados no tengan el carácter decisivo de una sentencia. (Medios alternativos de resolución de conflictos como solución complementaria de Administración de Justicia. José Guillermo Cuadra Ramírez. Recuperado en: http://www.scjn.gob.mx/Transparencia/Lists/Becarios/Attachments/134/Becarios_134.pdf)

La conciliación es el método en el cual las partes serán auxiliadas por una tercera persona, llamada conciliador, quien será el encargado de abrir canales de comunicación, propiciar el diálogo y la negociación entre los participantes, diferenciándose de los demás métodos, porque tiene la facultad de proponer soluciones a las partes, las cuales si bien es cierto al convenio que decidan finalmente será voluntario, si pueden ser auxiliadas por el conciliador para llegar a dicho acuerdo, pudiendo este emitir opiniones, propuestas, sugerencias a las partes para que éstas logren poner fin al conflicto.

3.4 Conciliador

Persona que interviene en el procedimiento alterno para la solución de conflictos con el fin de orientar y ayudar a que las partes resuelvan sus controversias proponiéndoles soluciones a las mismas y asesorándolas en la implementación del convenio respectivo; (Ley de Justicia Alternativa del Estado de Jalisco. Recuperado en: http://www.jalisco.gob.mx/sites/default/files/Ley%2520de%2520Justicia%2520Alternativa%2520del%2520Estado%2520de%2520Jalisco%2520%252820-NOV-2012%2529.pdf)

El conciliador es un tercero neutral distinto a las partes en controversia, que conoce sobre la materia del conflicto, con la facultad para proponer fórmulas de acuerdo, punto esencial en la diferencia doctrinal entre la mediación y la conciliación. (Junco, 2007)

El conciliador es la persona que interviene dentro de los métodos alternos para auxiliar a las partes en la resolución del conflicto, construye para los participantes un puente de comunicación e incluso les hace sugerencias para lograr un mejor entendiendo y solución del conflicto.

3.5 Conflicto

Desavenencia entre dos o más personas que defienden intereses jurídicos contradictorios; (Ley de Justicia Alternativa del Estado de Jalisco. Recuperado en: http://www.jalisco.gob.mx/sites/default/files/Ley%2520de%2520Justicia%2520Alternativa%2520del%2520Estado%2520de%2520Jalisco%2520%252820-NOV-2012%2529.pdf)

Los conflictos son situaciones en las que dos o más personas entran en oposición o desacuerdo porque sus posiciones, intereses, necesidades, deseos o valores son incompatibles, o son percibidos como incompatibles, donde juegan un papel muy importante las emociones y sentimientos y donde la relación entre las partes en conflicto puede salir robustecida o deteriorada en función de cómo sea el proceso de resolución del conflicto. (La mediación intrajudicial como método de resolución de conflictos en el Seno Familiar. Revista entramado. **Vol.7 No. 1, 2011 (Enero - Junio)** Recuperado en:http://www.unilibrecali.edu.co/entramado/images/stories/pdf_articulos/volumen7/Entramado_19003803_Enero_Junio_2011_72-87.pdf)

En el conflicto, los participantes tienen una visión opuesta, o intereses diferentes, en ellos los participantes no quieren ceder ante el otro y se mantienen enfrentados, siendo precisamente estas posturas las que los prestadores de servicio buscan aminorar en las partes.

3.6 Convenio Final del Método Alternativo

Es el Convenio suscrito por las partes que previene o dirime en forma parcial o total un conflicto; (Ley de Justicia Alternativa del Estado de Jalisco. Recuperado en: http://www.jalisco.gob.mx/sites/default/files/Ley%2520de%2520Justicia%2520Alternativa%2520del%2520Estado%2520de%2520Jalisco%2520%252820-NOV-2012%2529.pdf)

Es el resultado después de las audiencias de mediación, en el cual deben de estar de acuerdo ambas partes y resolver el fondo del conflicto. Ahora sólo está pendiente el resolver como lograr su cumplimiento efectivo.

3.7 Justicia Restaurativa

John Rawls sostiene que la justicia es la primera virtud de las instituciones sociales, misma virtud que debe ser volcada hacia su detonación restaurativa para que, fraternal, solidaria y cooperativamente, interactúe cada protagonista en búsqueda de la cobertura de sus necesidades. (Justicia Alternativa y el Sistema Acusatorio. Secretaría Técnica del Consejo de Coordinación para la Implementación del Sistema de Justicia Penal. Recuperado de http://setec.gob.mx/work/models/SETEC/PDF/DGEPN6JusticiaAlternativaySistemaAcusatorio.pdf)

Así en la justicia restaurativa se deja de lado el concepto de justicia de dar a cada quien lo que le corresponde y pretende que la justicia se convierta en el centro desde el cual fluyen los demás valores, para que la persona tenga el pleno convencimiento de respetarse así mismo y a los demás.

La justicia restaurativa también se concibe como una teoría y, a la vez, un movimiento social de carácter internacional de reforma a la justicia penal, que plantea que el crimen o delito es, fundamentalmente, un daño en contra de una persona concreta y de las relaciones interpersonales, a diferencia de la justicia penal convencional de carácter retributiva, que plantea que el delito es una lesión de una norma jurídica en la que la victima principal es el Estado. (Howard Zehr citado en Justicia Alternativa y el Sistema Acusatorio. Secretaría Técnica del Consejo de Coordinación para la Implementación del Sistema de Justicia Penal. Recuperado de http://setec.gob.mx/work/models/SETEC/PDF/DGEPN6JusticiaAlternativaySistemaAcusatorio.pdf)

Como se puede analizar, en el concepto que nos ocupa, la justicia restaurativa es una nueva concepción de justicia, de aplicación del derecho, de reparación del daño y de reinserción social, ya que con dicha justicia se pretende sanear de fondo los efectos que tuvo el delito, tanto en victimas u ofendidos como en el propio imputado y en la sociedad. En la justicia restaurativa en materia penal, el Estado, deja de lado su función investigadora y persecutora del delito y delincuente para ocuparse en brindar nuevos métodos o modelos de solucionar el conflicto que no sea la denuncia, la averiguación previa, el juicio, la pena, sino que abre un abanico de posibilidades para que las personas inmersas en el conflicto busquen nuevas soluciones y en la medida de lo posible continúen con una relación armónica, o por lo menos la victima u ofendido tenga el apoyo social y psicológico necesario para poder continuar desarrollándose socialmente como lo venía haciendo antes de la comisión del ilícito, por otra parte permite al imputado hacerse conocedor de manera directa, de los efectos que causó con el delito cometido y asumir la responsabilidad de ello, ante la víctima y ante la sociedad.

3.8 Mediación

Método alternativo para la solución de conflictos no adversarial, mediante el cual uno o más mediadores, quienes no tienen facultad de proponer soluciones, intervienen únicamente facilitando la comunicación entre los mediados en conflicto, con el propósito de que ellos acuerden voluntariamente una solución que ponga fin al mismo total o parcialmente; (Ley de Justicia Alternativa del Estado de Jalisco. Recuperado en: http://www.jalisco.gob.mx/sites/default/files/Ley%2520de%2520Justicia%2520Alternativa%2520del%2520Estado%2520de%2520Jalisco%2520%252820-NOV-2012%2529.pdf)

La mediación es un proceso que activa la participación de las personas para solución de sus propios conflictos; invita a la búsqueda de soluciones (Fisas, 2001)

Para el maestro Fernando Martín Diz (Retos de la Mediación como complemento al Proceso judicial en una sociedad globalizada. Recuperado en: http://ruc.udc.es/bitstream/2183/9198/1/ponencias_08_Martin_Diz_131-146.pdf) mediación es un concreto medio de solución alternativa de conflictos siendo un mecanismo alternativo al judicial, caracterizado por la intervención de una tercera persona (mediador) cuyo objetivo es facilitar la avenencia y solución dialogada entre las partes enfrentadas, tratando de lograr que éstas logren una solución satisfactoria y voluntaria al conflicto, pero nunca ofreciéndola o imponiéndola

La mediación por tanto es el método alterno en el que ambas partes de manera voluntaria acuden ante un tercero llamado, mediador, quien durante el desarrollo del método, únicamente facilitará la comunicación entre los participantes, sin que pueda hacer sugerencias o propuestas de solución.

3.9 Mediador

Persona imparcial frente a las partes y al conflicto que interviene en la mediación facilitando la comunicación entre los mediados a través de la aplicación de las técnicas adecuadas; (Ley de Justicia Alternativa del Estado de Jalisco. Recuperado en: http://www.jalisco.gob.mx/sites/default/files/Ley%2520de%2520Justicia%2520Alternativa%2520del%2520Estado%2520de%2520Jalisco%2520%252820-NOV-2012%2529.pdf)

Es la persona, profesional, ajena e independiente a las partes, que coordina y organiza el procedimiento el mediador, establece sus reglas y actuaciones, y colabora con las partes en la consecución del acuerdo. (Resolución Alternativa de Conflictos penales. Prof. Dr. Fernando Martín Diz. Recuperado en http://www.criminologia.org.es/aportaciones/primero/conflictos.pdf)

El mediador, únicamente funge como canal de comunicación entre las partes, ya que no puede hacer propuestas de solución, su participación se limita a fomentar un buen dialogo, que las partes tengan una escucha activa y fomentar que lleguen a un convenio.

3.10 Método Alternativo

El Trámite Convencional y Voluntario, que permite prevenir conflictos o en su caso, lograr la solución de los mismos, sin necesidad de Intervención de los órganos jurisdiccionales, salvo para su cumplimiento forzoso; (Ley de Justicia Alternativa del Estado de Jalisco. Recuperado en: http://www.jalisco.gob.mx/sites/default/files/Ley%2520de%2520Justi

cia%2520Alternativa%2520del%2520Estado%2520de%2520Jalisco %2520%252820-NOV-2012%2529.pdf)

Los métodos alternativos de solución de conflictos, la mayoría de los tratadistas coinciden en exponer que se pueden analizar desde dos ópticas, la primera en modo amplio que comprenden las alternativas paralelas al sistema de administración de justicia que permite a los particulares resolver las controversias de manera privada y en sentido restringido, se trata de aquellos mecanismos encaminados a solucionar las controversias entre las partes, ya sea de manera directa entre ellas, o bien, a través del nombramiento de mediadores, conciliadores o árbitros que coadyuven en la solución alterna a los conflictos.(Medios alternativos de resolución de conflictos como solución complementaria de Administración de Justicia. José Guillermo Cuadra Ramírez. Recuperado en: http://www.scjn.gob.mx/Transparencia/Lists/Becarios/Attachments/134/Becarios_134.pdf)

Por lo que se considera dichos métodos alternos como el surgimiento de la necesidad de evolucionar en la aplicación de la procuración y administración de justicia, tratando de involucrar más a las partes en conflicto en la resolución de su problema, puesto que se prevé que el Estado tenga mínima intervención permitiendo que los juzgados y la pena sea lo ultimo a lo que se acuda para resolver las desavenencias entre las partes, logrando así que sean ellas quien auxiliadas por un tercero, que les facilite la comunicación o les pueda dar propuestas de solución, dependiendo del método elegido por las partes, logren un convenio para resolver el conflicto en el que se encuentran inmersos.

Siendo importante destacar que los métodos alternativos son efectivos para el sistema en diversas vertientes: el primero desde el punto de vista preventivo, puesto que si estamos ante un conflicto que ya ha derivado en una conducta señalada por la ley como delito, se interviene y se logra el convenio entre las partes, se está previniendo que el conflicto siga en escalada, y por tanto también en gravedad del delito cometido o que se pueda cometer.

En un segundo punto, auxilian a despresurizar el sistema penal, porque las averiguaciones previas o juicios que ya se hubieren iniciado por la comisión del hecho señalado como delito, dejando de lado la función represiva y punitiva del estado, pueden llegar las partes a un convenio con lo que se da fin al proceso.

Y un tercer punto es el convencimiento de las partes, puesto que si ambas partes, de común acuerdo, de manera voluntaria y convencidos del acuerdo al que están llegando, deciden poner fin al conflicto, esto genera en los participantes un compromiso para cumplir el convenio y esto en relación con la justicia restaurativa, permite al imputado hacerse consciente y responsable de sus actos, lo que tendría repercusión para que éste no volviera a delinquir.

3.11 Negociación

Negociar se refiere a que debemos tener la capacidad para cerrar negociaciones de compromiso en donde tanto el resultado como la relación son importantes pudiendo sacrificar (dependiendo el caso) un poco de ambas para lograr llegar al acuerdo. Se requiere precisión, rapidez y tacto para conseguirlo y dichas situaciones son:

A) Cuando la colaboración es difícil o demasiado compleja;
B) Cuando el tiempo apremia y no hay ocasión para desarrollar procesos de colaboración;
C) Cuando las partes pueden estar conformes con una repartición justa.

3.12 Proceso restaurativo

Se entiende todo proceso en que la víctima, el delincuente y cuando proceda cualquiera otra personas o miembros de la comunidad afectado por el delito, participen conjuntamente de forma activa en la resolución de cuestiones derivadas por el delito, por lo general con ayuda de un facilitador, estableciendo que, entre los procesos restaurativos, se pueden incluir la mediación, la conciliación, la celebración de conversaciones y las reuniones para decidir sentencias.(Consejo Económico y Social, *Informe de la Reunión del Grupo de Expertos sobre Justicia Restaurativa*. Apartado IV. Recuperado en: *http://www.unodc.org/pdf/crime/commissions/11comm/5add1s.pdf*

Como se puede diferenciar el proceso restaurativo, es opuesto a un proceso jurisdiccional, que es la manera en la que se han venido resolviendo los conflictos surgidos entre la ciudadanía que encuadran con las conductas tipificadas en los códigos como delitos, sin embargo en el proceso restaurativo, el Estado no busca penar al imputado, sino que es una aplicación de justicia centrada en una dimensión social, puesto que en los procesos de justicia restaurativa se da un papel fundamental y central a la víctima, la cual se ha sentido desplazada durante los procesos ordinarios, pues nunca forma parte de ellos, sin embargo en el proceso de justicia restaurativa, la víctima es la principal protagonista. EL proceso restaurativo tiene como finalidad la reparación del tejido social dañado por el delito cometido, así como una reconciliación entre victima e imputado y una mejora en la sociedad, ya que se le brinda la oportunidad al imputado de reparar el daño, hacerse responsable de su conducta y reconciliarse con la sociedad.

3.13 Reparación del daño

Es una pena pecuniaria que consiste en la obligación impuesta al delincuente de restablecer el statu quo ante y resarcir los perjuicios derivados de su delito. (Diccionario Jurídico Mexicano. Instituto de Investigaciones Jurídicas página 2791 Recuperado en: http://www.bibliojuridica.org/libros/libro.htm?l=1171)

La reparación del daño tiene como fin revertir, en la medida de lo posible, los efectos de una violación a un derecho y/o, en su defecto, asegurar que se tomen las medidas necesarias para aminorar los resultados de dicha violación. En ciertos casos, la reparación del daño también tiene como fin evitar que se repitan los hechos o situaciones que generaron la violación de derechos. Según los estándares internacionales en materia de derechos humanos, la reparación debe ser: adecuada, efectiva, rápida y proporcional a la gravedad de la violación y del daño sufrido. (¿Qué se entiende por reparación del daño con perspectiva de género? Recuperado en: http://www.equidad.scjn.gob.mx/spip.php?article813)

Interesante resulta para el tema en estudio percatarnos de la evolución del concepto de reparación del daño. Puesto que dejamos detrás la referencia inmediata de que reparación del daño es sólo la pena pecuniaria que debe cubrir el responsable de un delito cuando se le ha dictado sentencia condenatoria, para abordar ahora un concepto de reparación del daño integral, en la cual, aparte de señalar que se debe de revertir en la medida de lo posible los efectos del delito, también se define ahora como lo necesario para evitar que los hechos delictivos se sigan cometiendo. Novedoso concepto de reparación del daño que tiene relación directa con el objeto de estudio, pues como se ha venido señalando, es con la justicia restaurativa, a través de los métodos alternativos, que se puede lograr dicha finalidad, ya que se reconstituye el tejido social y se trata de que la victima recupere en lo posible su vida y estado pico social y emocional, hasta antes de haber sufrido el delito.

3.14 Resultado restaurativo

Se entiende como el acuerdo alcanzado como consecuencia de un proceso restaurativo. Entre los resultados restaurativos se pueden incluir respuestas y programas como la reparación, la restitución y el servicio a la comunidad encaminados a atender a las necesidades y responsabilidades tanto individuales como colectivas de las partes, y a lograr la reintegración de la víctima y del delincuente. (Consejo Económico y Social, *Informe de la Reunión del Grupo de Expertos sobre Justicia*

Restaurativa. Apartado IV. Recuperado en: *http://www.unodc.org/pdf/crime/commissions/11comm/5add1s.pdf)*

Siendo el resultado restaurativo, un acuerdo al que llegan las partes, después de todo el proceso, acuerdo en el que se toman en cuenta y se deben atender las necesidades de cada una de las partes, aunado a que está encaminado a que cada uno de los participantes se haga responsable de sus actos, teniendo como objetivo el lograr la integración tanto de la víctima como del imputado a la sociedad, a la víctima para que pueda desarrollarse como lo venía haciendo hasta antes de haber sufrido el delito y el imputado haciéndolo consciente de sus actos y lograr que se reinserte a la sociedad con el convencimiento de no volver a delinquir.

3.15 Tejido social

Se refiere a las relaciones significativas que determinan formas particulares de ser, producir, interactuar y proyectarse en los ámbitos familiar, comunitario, laboral y ciudadano; funciona como una intrincada serie de relaciones y de acciones entre los individuos, las familias, las comunidades y entre éstos y sus instituciones, de manera que se retroalimentan mutuamente a través de una compleja estructura de vasos comunicantes. (El tejido Social y su Fortalecimiento. Secretaría de Seguridad Pública. Recuperado en http://www.ssp.gob.mx/portalWebApp/ShowBinary?nodeId=/BEA%20Repository/1214181//archivo)

Por lo que el tejido social está constituido por todos los ciudadanos y las relaciones existentes entre ellos, tiene trascendencia puesto que afirma en las personas la importancia de la ayuda mutua, los valores, la democracia, la organización, la cultura, la identidad, lo que resulta relevante para lograr una cohesión social, la solidaridad y reciprocidad entre todos los habitantes. El tejido social se puede ser reconstruido o por lo menos fortalecido con la justicia restaurativo y los métodos alternos, pues al lograr una interacción entre víctima y victimario, hasta incluso llegar a un convenio o resultado restaurativo, se está reforzando la ayuda y comprensión mutua, la responsabilidad personal y social, y el compromiso con la sociedad, logrando así un mejoramiento personal de los participantes y de la comunidad.

3.16 Victima

En el séptimo Congreso de las Naciones Unidas sobre prevención del delito, y tratamiento de delincuentes, se hace referencia a las víctimas como "las personas que individual o colectivamente hayan sufrido daños, incluso lesiones físicas o mentales, sufrimiento emocional, pérdida financiera o menoscabo sustancial de sus derechos fundamentales, a consecuencia de acciones u omisiones que violen la legislación penal vigente de los Estados Miembros, incluida la que proscribe el abuso de poder". (Justicia Alternativa y el Sistema Acusatorio. Secretaría Técnica del Consejo de Coordinación para la Implementación del Sistema de Justicia Penal. Recuperado de http://setec.gob.mx/work/models/SETEC/PDF/DGEPN6JusticiaAlternativaySistemaAcusatorio.pdf)

Podrá considerarse "víctima" a una persona, con arreglo a la presente Declaración, independientemente de que se identifique, aprehenda, enjuicie o condene al perpetrador e independientemente de la relación familiar entre el perpetrador y la víctima. En la expresión "víctima" se incluye además, en su caso, a los familiares o personas a cargo que tengan relación inmediata con la víctima directa y a las personas que hayan sufrido daños al intervenir para asistir a la víctima en peligro o para prevenir la victimización. (Oficina del Alto Comisionado de las Naciones Unidas para los Derechos Humanos Declaración sobre los Principios Fundamentales de Justicia para las Víctimas de Delitos y del Abuso de Poder. Recuperado en *http://www2.ohchr.org/spanish/law/delitos.htm)*

Por otra parte el numeral 4 de la Ley General de Victimas denomina como víctima:

Se denominarán víctimas directas aquellas personas que directamente hayan sufrido algún daño o menoscabo económico, físico, mental, emocional, o en general cualquiera puesta en peligro o lesión a sus bienes jurídicos o derechos como consecuencia de la comisión de un delito o violaciones a sus derechos humanos reconocidos en la Constitución y en los Tratados Internacionales de los que el Estado mexicano sea parte.

Los familiares o personas a cargo que tengan relación inmediata con la víctima directa y toda persona que de alguna forma sufra daño o peligre en su esfera de derechos por auxiliar a una víctima son víctimas indirectas.

La calidad de víctimas se adquiere con la acreditación del daño o menoscabo de los derechos en los términos establecidos en la presente Ley, e independientemente de que se identifique, aprehenda, o condene al responsable del daño, o de su participación en algún procedimiento judicial o administrativo. (Ley General de Victimas. Recuperado en: http://dof.gob.mx/nota_detalle.php?codigo=5284359&fecha=09/01/2013)

Interesante resulta el concepto de víctima que se generó en el Congreso de las Naciones Unidas y que ahora se plasma en la ley, puesto que se estipula que tiene dicha calidad toda persona que sufra un menoscabo incluso psicológico, lo que resulta interesante considerando que la justicia restaurativa se basa justamente en eso, en lograr que la víctima se recupere del delito sufrido, en todos sus aspectos, incluyendo el psicológico y emocional.

3.17 Conclusiones del Capítulo

Una vez que se han señalado y desarrollado los conceptos más importantes relacionados con los Métodos Alternos y la Justicia Restaurativa es importante señalar la diversidad de conceptos con los que se han identificado a los mecanismos alternos, ya que han sido denominados como Métodos Alternos de solución de conflictos, Métodos Alternativos de solución de conflictos, Mecanismos Alternativos de solución de controversias, o incluso como se propone llamarlos Mecanismos Complementarios, derivado de su naturaleza y necesidad en el Sistema Penal, sin embargo independientemente de la denominación que se les dé lo importante es que se apliquen.

CAPÍTULO CUARTO

4. TRATAMIENTO JURÍDICO DE LOS MÉTODOS ALTERNOS DE SOLUCIÓN DE CONTROVERSIAS

> "Algunas veces pienso que hay algún tipo de neurosis masiva que lleva a la gente a creer que los Tribunales son los lugares ideales para resolver cierto tipo de controversias. Es hora de que el espíritu innovador e ingenioso de ciudadanos y abogados forjen nuevas herramientas para cubrir nuevas necesidades".
>
> Warren E. Burger

En este capítulo, se reunió toda la legislación federal y reglamentaria, incluyendo por supuesto la Constitución Política, tratados internacionales, Constituciones de los Estados de la República Mexicana, Códigos y leyes del Estado de Jalisco, jurisprudencia y toda la información necesaria para realizar el marco legal de los Mecanismos Alternos y la Justicia Restaurativa.

Entre los métodos se utilizaron, el deductivo, ya que a partir de la información recabada se progresa por el razonamiento a través de la deducción; el método sintético fue utilizado al relacionar toda la información legal, para luego unificarse, aunque aparentemente no estén relacionadas entre sí. A través del método analítico, se analizó toda la información legislativa por separado, por último se utilizó el método dialéctico, el cual nos permite estudiar el problema jurídico desde una perspectiva activa.

4.1 Los métodos alternos y la reparación del daño en la Constitución política de los Estados Unidos Mexicanos

En el presente capítulo se plasman los fundamentos jurídicos que sirven de soporte a los Medios alternativos de solución de controversias y la Reparación del daño, así como la vinculación que surge entre ellos, debiendo ser el primero de los señalados el medio para que se logre el segundo.

En este sentido y como fundamento primordial, se debe señalar que anterior a la reforma de la Constitución Política de los Estados Unidos Mexicanos, realizada en junio del 2008, el principal sustento de los Métodos Alternativos de Solución de Conflictos era el artículo 133 de dicho ordenamiento legal, ya que en el mismo se eleva a rango constitucional los tratados internacionales suscritos por el ejecutivo federal y ratificados por el Senado de la República, y la obligatoriedad para todos los estados de que sus legislaciones dieran cumplimiento y se elaboraran conforme lo pactado en dichos tratados internacionales. Numeral que a la letra dice:

> *"...Articulo 133. Esta Constitución, las leyes del Congreso de la Unión que emanen de ella y todos los Tratados que estén de acuerdo con la misma, celebrados y que se celebren por el Presidente de la República, con aprobación del Senado, serán la Ley Suprema de toda la Unión. Los jueces de cada Estado se arreglarán a dicha*

Constitución, leyes y tratados, a pesar de las disposiciones en contrario que pueda haber en las Constituciones o leyes de los Estados..."

Hablando de tratados internacionales suscritos por México, en los que se prevén los Métodos Alternos de Solución de Controversias, se encuentra el Tratado de Libre Comercio de América del Norte, mismo que fuera suscrito por México en el año de 1993 y es desde la firma del mismo que en México inicia el impulso por la incorporación en el sistema legal y de justicia de dichos métodos alternos, en particular de la Mediación y el Arbitraje Comercial en México, ya que la existencia de dichos métodos como forma alterna de solucionar los conflictos, era un requerimiento que le hacía Estados Unidos de América y Canadá a nuestro país.

A partir de dicho suceso con posterioridad se incorpora en la Constitución, la facultad que le otorga a los pueblos y comunidades indígenas de resolver sus conflictos conforme a sus tradiciones, tal y como se desprende del numeral 2 inciso A fracción II, que a la letra dice:

Articulo 2. ...

A. Esta Constitución reconoce y garantiza el derecho de los pueblos y las comunidades indígenas a la libre determinación y, en consecuencia, a la autonomía para:

I. Decidir sus formas internas de convivencia y organización social, económica, política y cultural.

II. Aplicar sus propios sistemas normativos en la regulación y solución de sus conflictos internos, sujetándose a los principios generales de esta Constitución, respetando las garantías individuales, los derechos humanos y, de manera relevante, la dignidad e integridad de las mujeres. La ley establecerá los casos y procedimientos de validación por los jueces o tribunales correspondientes

Posterior a esta reforma se realiza una segunda, la cual también versa sobre la aplicación de métodos alternos, pero ahora en lo relativo a procedimientos seguidos en contra de adolescentes, realizándose la reforma al numeral 18 Constitucional mismo que a la letra dice:

Artículo 18. . . .

Las formas alternativas de justicia deberán observarse en la aplicación de este sistema, siempre que resulte procedente. En todos los procedimientos seguidos a los adolescentes se observará la garantía del debido proceso legal, así como la independencia entre las autoridades que efectúen la remisión y las que impongan las medidas. Éstas deberán ser proporcionales a la conducta realizada y tendrán como fin la reintegración social y familiar del adolescente, así como el pleno desarrollo de su persona y capacidades. El internamiento se utilizará solo como medida extrema y por el tiempo más breve que proceda, y podrá aplicarse únicamente a los adolescentes mayores de catorce años de edad, por la comisión de conductas antisociales calificadas como graves..."

Sin embargo, la reforma trascendental en lo tocante a dichos métodos alternos, tiene su origen con las reformas realizadas en materia de Justicia, mismas que fueran publicadas el 18 de junio de 2008, en la cual ya se incorpora en la Constitución, la existencia y obligatoriedad de aplicar los métodos alternos, reforma que se realizó en el numeral 17 mismo que a la letra dice:

"..Artículo 17. Ninguna persona podrá hacerse justicia por sí misma, ni ejercer violencia para reclamar su derecho.

Toda persona tiene derecho a que se le administre justicia por tribunales que estarán expeditos para impartirla en los plazos y términos que fijen las leyes, emitiendo sus resoluciones de manera pronta, completa e imparcial. Su servicio será gratuito, quedando, en consecuencia, prohibidas las costas judiciales.

. . .

Las leyes preverán Mecanismos Alternativos de solución de controversias. En la materia penal regularán su aplicación, asegurarán la reparación del daño y establecerán los casos en los que se requerirá supervisión judicial..."

El origen de dicha reforma se encuentra contenido en el dictamen de las Comisiones Unidas de Puntos Constitucionales y de Justicia, con Proyecto de Decreto que reforma adiciona y deroga diversas disposiciones de la Constitución Política de los Estados Unidos Mexicanos, de fecha 11 de diciembre del 2007 el cual a la letra dice:

> *" en el texto que se propone del artículo 17, se establecen los Mecanismos Alternativos de solución de controversias que son una garantía de la población para el acceso a una justicia pronta y expedita. Estos mecanismos alternos a los procesos jurisdiccionales para la solución de controversias, entre otros la mediación, conciliación y arbitraje, permitirán en primer lugar cambiar al paradigma de la justicia restaurativa, propiciarán una participación más activa de la población para encontrar otras formas de relacionarse entre si, donde se privilegie la responsabilidad personal, el respeto al otro y la utilización de la negociación y la comunicación para el desarrollo colectivo, también servirán ..... para que las victimas obtengan de forma más rápida la reparación del daño"*

De lo reproducido se evidencia que la intención del constituyente permanente fue deshacer el paradigma de la justicia tradicional y conformar, desde la propia ley fundamental, un nuevo modelo que permita resolver efectivamente los conflictos, colocando en el centro del debate a quienes han visto afectados sus bienes jurídicos fundamentales.

Es decir se trata de una diversa dimensión de la pena, la cual debe quedar reservada a los casos en los que sea estrictamente necesaria, en la inteligencia de que lo primordial será restablecer los intereses lesionados por la ofensa.

De lo anterior resulta claro que la finalidad de ello, es la de buscar desvanecer el ánimo persecutorio, esto es, concretar el objetivo de que el derecho penal funcione como ultima ratio para la solución de conflictos y no como ya se dijo, un mecanismo más para lograr los objetivos perseguidos por intereses privados, con el consecuente desgaste para la administración pública en perjuicio de la sociedad y de las mismas partes.

Con esta reforma también se apertura la posibilidad de que cualquier ciudadano mexicano opte por los métodos alternos como una manera pacífica de resolver sus conflictos, no sólo los pueblos indígenas, como se señaló en un principio y al aperturar la posibilidad de que cualquier persona opte por dicho método para solucionar sus conflictos, se busca la recomposición del tejido social, la pronta obtención de la reparación del daño y la contribución a disminuir la congestión de los juzgados.

Dichas reformas del 2008, son un cambio trascendental de la manera en la que se venía aplicando la justicia en México ya que también se incluye con dichas reformas el Sistema Penal Acusatorio, siendo de vital importancia para la implementación y éxito de dicho sistema la adecuada implementación de los métodos alternos.

Es de relevancia el mencionar que en el Sistema Penal Acusatorio tendrá vital importancia la reparación del daño, tal y como se establece en el numeral 20 apartado A mismo que a la letra señala:

"...Artículo 20. El proceso penal será acusatorio y oral. Se regirá por los principios de publicidad, contradicción, concentración, continuidad e inmediación.

A. De los principios generales:

I. El proceso penal tendrá por objeto el esclarecimiento de los hechos, proteger al inocente, procurar que el culpable no quede impune y que los daños causados por el delito se reparen; ..."

En cuanto a la reparación del daño, en la Constitución Federal también se señala dicha reparación como un derecho constitucional legalmente establecido para las víctimas, ya que el numeral 20 apartado C inciso IV señala:

"... C. De los derechos de la víctima o del ofendido:

IV. Que se le repare el daño. En los casos en que sea procedente, el Ministerio Público estará obligado a solicitar la reparación del daño, sin menoscabo de que la víctima u ofendido lo pueda solicitar directamente, y el juzgador no podrá absolver al sentenciado de dicha reparación si ha emitido una sentencia condenatoria.

La ley fijará procedimientos ágiles para ejecutar las sentencias en materia de reparación del daño..."

Los artículos precedentes expresan de manera fehaciente la trascendencia de la reparación del daño, en primer término porque se establece como uno de los objetos primordiales que se deberá perseguir en el proceso penal. Aunado a que se establece la reparación del daño como un derecho constitucional para la víctima, incluso señalando que es una *obligación* de quien investiga el hecho delictivo el solicitar la reparación del daño y que el juez no puede absolver al acusado de la reparación del daño si ha resultado responsable de la comisión del ilícito, por lo que constitucionalmente las autoridades están obligadas a procurar siempre que la reparación del daño quede satisfecha para la victima u ofendido.

Por tanto dicho derecho a la reparación del daño debe considerarse como un derecho fundamental de la victima u ofendido al estar elevado a rango constitucional, por lo que dicho derecho puede considerarse un derecho subjetivo pro persona, esto ya que realizando un ejercicio de control de convencionalidad, el numeral 1 de la multicitada Carta Magna señala:

> *"... Artículo 1o. En los Estados Unidos Mexicanos todas las personas gozarán de los derechos humanos reconocidos en esta Constitución y en los tratados internacionales de los que el Estado Mexicano sea parte, así como de las garantías para su protección, cuyo ejercicio no podrá restringirse ni suspenderse, salvo en los casos y bajo las condiciones que esta Constitución establece.*
>
> *Las normas relativas a los derechos humanos se interpretarán de conformidad con esta Constitución y con*

los tratados internacionales de la materia favoreciendo en todo tiempo a las personas la protección más amplia.

Todas las autoridades, en el ámbito de sus competencias, tienen la obligación de promover, respetar, proteger y garantizar los derechos humanos de conformidad con los principios de universalidad, interdependencia, indivisibilidad y progresividad...."

Por lo que al estar estipulado el derecho de la Reparación del daño de la victima u ofendido dentro de la Constitución, es reconocido éste como un derecho humano, el que se le aplique justicia y los daños causados por el delito se le reparen. Lo que a su vez guarda intima relación con el artículo 133 ya citado, puesto que establece que los Tratados Internacional serán la ley suprema de la Nación.

Y tomando en consideración los Tratados internacionales signados por México, nos encontraríamos con el principio pro homine, el cual está incorporado en diversos tratados internacionales y que en esencia dispone que en lo relativo a la aplicación e interpretación de los derechos fundamentales debe estarse siempre a favor del hombre, lo que implica acudir a la norma más amplia o a la interpretación extensiva cuando se trata de derechos protegidos y por el contrario, a la norma o a la interpretación más restringida, cuando se trata de establecer límites a su ejercicio.

Es importante aclarar que con dichas reformas en materia de métodos alternos no se trata en forma alguna de fomentar la impunidad, ni que el Estado abdique del tradicional ius puniendi, por el contrario y con las nuevas tendencias de reposicionamiento de la víctima en el derecho penal, se busca que en aquellos delitos que la misma ley lo permita y a través de dichos métodos alternativos, ya establecidos a nivel constitucional, se pueda reparar de manera efectiva y con mayor prontitud el daño causado.

4.2 Métodos Alternos y Justicia Restaurativa en los tratados y foros internacionales

Los métodos alternos y la justicia restaurativa en materia penal han sido abordados en el ámbito internacional, ha sido la Organización de Naciones Unidas el organismo que a través de los Congresos sobre Prevención del Delito y Justicia Penal que se realizaron a partir del 22 de agosto de 1955, le ha dado mayor impulso.

Fue a partir de 1955, como ya se comentó, que se han llevado a cabo cada cinco años congresos internacionales a los cuales se les ha denominado Congresos de las Naciones Unidas sobre Prevención del Delito y Justicia Penal, cuya instrumentación depende de la Oficina de Naciones Unidas contra las Drogas y el Delito.

Dicha oficina ha realizado dichos congresos y los documentos ahí generados han repercutido en las políticas de justicia penal, así como en los procedimientos penales y los métodos alternos aplicados en todo el mundo. Y son los documentos redactados en dichos congresos los que hoy tienen relevancia para resolver los problemas actuales, como la delincuencia, la ineficacia de los estados para resolver los conflictos, la ineficacia de las penas, desvalorización de la autoridad, mala percepción ciudadana de la ley, la autoridad y la justicia, por tal motivo es la Oficina de Naciones Unidas contra las Drogas y el Delito donde se concentran los esfuerzos de las Naciones Unidas para establecer directrices internacionales en materia penal para lograr la reconstrucción del tejido social. (Congresos de las Naciones Unidas sobre Prevención del Delito y Justicia Penal 1955-2010. 55 años de logro. UNODC. Oficina de las Naciones Unidas contra la Droga y el Delito. Recuperado en:*http://www.unis.unvienna.org/pdf/2010crime_Congress/Spanish_Poster_Book.pdf)*

4.2.1 Congresos quinquenales.

Los primeros seis congresos, son la base para construir la corriente restaurativa en materia penal, en lo esencial sientan las bases para la construcción de la corriente restaurativa en materia penal, ya que primeramente se laboró intensamente sobre la realidad de los menores y adultos delincuentes, las víctimas del delito y la comunidad afectada, aprobándose además las Reglas Mínimas para el Tratamiento de los Reclusos.

En estos congresos se analizó desde la prevención del delito, la ejecución de penas, y ya existía el planteamiento por diversos países en el sentido de que era necesaria la existencia de sistema de justicia que permitiera a las partes ser ellas mismas quienes resolvieran sus conflictos, dando entrada a las soluciones informales.

Todo lo analizado, estudiado y expuesto en dichos congresos se ha dejado de manifiesto en la Declaración Universal de los derechos Humanos del 10 de diciembre de 1948 y de la Declaración Universal de los Derechos del Niño del 20 de noviembre de 1959, en las cuales también se propone la humanización del procedimiento penal, lo cual es un fundamento para el surgimiento de los métodos alternos y la justicia restaurativa. Estos primero seis congresos se enlistan a continuación:

A) Primer Congreso de las Naciones unidas sobre Prevención del Delito y Tratamiento del Delincuente. Ginebra, Suiza, de 22 de agosto a 3 de septiembre de 1955.
B) Segundo Congreso de las Naciones Unidas sobre Prevención del Delito y Tratamiento del Delincuente. Londres, Inglaterra, de 8 a 19 de agosto de 1960.
C) Tercer Congreso de las Naciones Unidas sobre Prevención del Delito y tratamiento del Delincuente. Estocolmo, Suecia, de 9 a 18 de agosto de 1965.
D) Cuarto Congreso de las Naciones Unidas sobre Prevención del Delito y Tratamiento del Delincuente. Kyoto, Japón, de 17 a 26 de agosto de 1970.
E) Quinto Congreso de las Naciones Unidas sobre Prevención del Delito y Tratamiento del Delincuente. Ginebra, Suiza, de 1 a 12 de septiembre de 1975.
F) Sexto Congreso de las Naciones Unidas sobre Prevención del Delito y tratamiento del Delincuente. Caracas, Venezuela, de 25 de agosto a 5 de septiembre de 1980.

4.2.1.1 Séptimo Congreso.

El séptimo congreso celebrado en Milán, Italia, el 26 de agosto de 1985, precisamente en el tema siete del programa provisional, relativo a medidas sustitutivas de la prisión y medidas de reinserción social de los presos, fue el resultado de la recomendación que hizo el Comité de Prevención del Delito y Lucha contra la Delincuencia durante el octavo período de sesiones del Consejo Económico y Social.

Alemania informó que su aplicación debía subordinarse a la indemnización a favor de la víctima y, por otra parte, Noruega explicó el supuesto de sustracción del procedimiento penal por el que una Junta de Conciliación se ocupa de los casos de los sospechosos muy jóvenes que no se someten al procedimiento penal ordinario, la cual está integrada por representantes de la comunidad local.

Este órgano ordena comparecer al sospechoso y la víctima a fin de que se pongan de acuerdo sobre la indemnización que correspondiera a esta última. Asimismo, representantes de Finlandia señalaron que algunas medidas análogas se aplicaron recientemente en dicho país, estipulando un procedimiento de conciliación entre el sospechoso y la víctima con la asistencia de mediadores, aclarando que esta posibilidad se limita únicamente a los delitos leves donde el procedimiento solo podía ser iniciado por la víctima.

En dicho congreso, los Emiratos Árabes Unidos expresaron que sólo en 1973 se presentaron 5,609 casos penales a la Fiscalía de Abu Dhabi, de los cuales, en 446 casos se interrumpió el procedimiento por motivos que interesaban tanto al sospechoso como a la comunidad, explicando que, entre ellos, figuran la corta edad del acusado, la renuncia por parte de la victima a reclamar daños y perjuicios, o el arreglo de éstos en forma privada entre el supuesto delincuente y la víctima.(Justicia Alternativa y el Sistema Acusatorio. Secretaría Técnica del Consejo de Coordinación para la Implementación del Sistema de Justicia Penal. Retomado en: http://setec.gob.mx/work/models/SETEC/PDF/DGEPN-JusticiaAlternativaySistemaAcusatorio.pdf)

En los Principios Fundamentales de Justicia para las Víctimas del Delito y Abuso de poder, en el apartado relativo a *Acceso a la justicia y trato justo,* se estableció lo siguiente:

A. Las víctimas serán tratadas con compasión y respeto por su dignidad. Tendrán derecho al acceso a los mecanismos de la justicia y a una pronta reparación del daño que hayan sufrido, según lo dispuesto en la legislación nacional.

B. Se establecerá y reforzarán, cuando sea necesario, mecanismos judiciales y administrativos que permitan a las víctimas obtener reparación mediante procedimientos oficiales u oficiosos que sean expeditos, justos, poco costosos y accesibles. Se informará a las víctimas de sus derechos para obtener reparación mediante esos mecanismos.

C. Evitando demoras innecesarias en la resolución de las causas y en la ejecución de los mandamientos o decretos que concedan indemnizaciones a las víctimas.

D. Se utilizarán, cuando proceda, mecanismos oficiosos para la solución de controversias, incluidos la mediación, el arbitraje y las prácticas de justicia consuetudinaria o autóctonas, a fin de facilitar la conciliación y la reparación en favor de las víctimas.

En México el Derecho al acceso a la Justicia está previsto en el artículo 17 Constitucional, estableciendo en dicho precepto, la obligación de crear los métodos institucionales suficientes para que cualquier persona que sienta que se le han agraviado sus derechos pueda acudir ante los tribunales con la seguridad de tener las garantías suficientes para la reparación de determinada violación (Carbonell, 2004)

En lo tocante al resarcimiento del daño se señaló:

Los delincuentes o los terceros responsables de su conducta resarcirán equitativamente, cuando proceda, a las víctimas, sus familiares o las personas a su cargo. Ese resarcimiento comprenderá la devolución de los bienes o el pago por los daños o pérdidas sufridos, el reembolso de los gastos realizados como consecuencia de la victimización, la prestación de servicios y la restitución de derechos.(Oficina del Alto Comisionado de las Naciones Unidas para los Derechos Humanos Declaración sobre los Principios Fundamentales de Justicia para las Víctimas de Delitos y del Abuso de Poder. Recuperado en *http://www2.ohchr.org/spanish/law/delitos.htm*

Sobre éste congreso se resalta que desde 1985 ya se establecía el hecho de que la reparación del daño debía de ser integral, que a la víctima se le debía resarcir, no solo el daño material, sino también daños y perjuicios, lo cual en nuestro país viene a legislarse casi treinta años después en la Ley General de

Víctimas, que es donde se establece la reparación integral a la víctima.

4.2.1.2 Octavo congreso

El octavo congreso tiene lugar en La Habana, Cuba del 27 de agosto al 7 de septiembre de 1990, se estableció como una prioridad la cooperación internacional en materia de prevención del delito y justicia penal en el siglo XXI y se hizo énfasis en las víctimas del delito, así como en la participación efectiva dentro del procedimiento, tanto de éstas como del ofensor y la comunidad.

En la primera parte de las decisiones adoptadas, en el punto 27 relativo a la protección de los derechos humanos de víctimas de la delincuencia y abuso de poder, se subrayó la necesidad de adoptar acciones y medidas preventivas para el trato justo y humano de los pasivos, señalándose que con frecuencia han sido pasadas por alto. Además, se destacó la necesidad de fomentar la solidaridad social, para lo cual se hizo énfasis en el fortalecimiento de vínculos estrechos entre los miembros de la sociedad para que garanticen la paz social y el respeto de los derechos de las víctimas, así como en la necesidad de crear organismos y prever medidas adecuadas que sirvan para la procuración, reparación y asistencia a las víctimas en el plano tanto nacional, como regional e internacional.

Asimismo, la mayoría de las delegaciones que participaron en el congreso al hacer alusión a procesos restaurativos, se refirieron a la conveniencia de recurrir más a las medidas basadas en la comunidad, en lugar de aplicar penas de privación de la libertad. Muchos de esos oradores comunicaron que la tendencia hacia una mayor aplicación de medidas sustitutorias de la prisión había cobrado fuerza en sus países, y que esto representaba, en algunas circunstancias, un retorno a prácticas de épocas pasadas como por ejemplo, la sustitución de las penas por medidas de resarcimiento, lo que en ocasiones entraña que la familia del delincuente ayude a resarcir a la víctima en lugar de imponer penas de encarcelamiento. Se explicaron prácticas consuetudinarias de culturas en los que los conflictos podían resolverse mediante medios tradicionales como el destierro temporal, el resarcimiento y la indemnización. (Justicia Alternativa y el Sistema Acusatorio. Secretaría Técnica del Consejo de Coordinación para la Implementación del Sistema de Justicia Penal. Retomado en: http://setec.gob.mx/work/models/SETEC/PDF/DGEPN-JusticiaAlternativaySistemaAcusatorio.pdf)

De este congreso surge el proyecto de Reglas Mínimas de las Naciones Unidas sobre las Medidas No Privativas de la Libertad (Reglas de Tokio), en donde se señala como protagonistas del conflicto a la víctima, al ofensor y a la comunidad, se establece que se debe fomentar la participación social para lograr una eficaz justicia penal, especialmente en lo que se refiere a la necesidad de recuperar al delincuente para que éste se abstenga de reincidir, lo que implica que los Estados miembros de Naciones Unidas están obligados a esforzarse para alcanzar el equilibrio en sus legislaciones internas, tanto entre los derechos del delincuente como en los de las víctimas y el interés de la sociedad en la seguridad pública y la prevención del delito. (Octavo Congreso de las Naciones Unidas sobre Prevención del Delito y Tratamiento del Delincuente. La Habana, Cuba, de 27, de agosto a 7 de septiembre de 1990. *Apartado 27. Protección de los Derechos Humanos de las Víctimas de la Delincuencia y del Abuso de Poder*, p.207, en: *http://www.asc41.com/UN_congress/Spanish/8S%20Octavo%20Congreso/A_CONF144_28_REV1.pdf* . *Apartado* 27.66 *Ibídem*, Apartado 27. Inciso B. punto 149, p. 245

En dicho congreso, se estableció la participación activa que debía tener la sociedad en la solución de la seguridad, ya que no basta con ser crítico de lo que sucede, sino que se buscaba que la comunidad fuera proactiva para de ésta manera lograr la inclusión del imputado en ella, que se realizaran las acciones tendientes a evitar la estigmatización y antes bien, realizar las políticas públicas tendientes a su inclusión, lo cual lamentablemente sigue siendo un pendiente para el Estado y uno de los métodos para lograr una reinserción es los mecanismos alternos, ya que ellos son percibidos por el imputado como una oportunidad que se le brinda después de haber cometido el ilícito.

En las Reglas citadas, en el apartado VII relativo a *voluntarios y otros recursos comunitarios*, se señala la participación activa que debe tener la sociedad, al establecer:

"..*La participación de la sociedad debe alentarse pues constituye un recurso fundamental y uno de los factores más importantes para fortalecer los vínculos entre los delincuentes sometidos a medidas o privativas de la libertad y sus familias y la comunidad. Deberá complementar la acción de la administración de la justicia penal.* (Organización de las Naciones Unidas, *Reglas Mínimas de las Naciones Unidas sobre las Medidas no Privativas de la Libertad (Reglas de Tokio)*, Recuperado en: *http://www.justiciarestaurativa.org/resources/intergov/noncustodial)*

Sin embargo a la fecha no se ha creado el mecanismo jurídico mediante el cual la sociedad tenga una verdadera participación para influir en la reparación del daño, reinserción del delincuente y restructuración del tejido social, en la ley nacional se ha dado un paso con las juntas restaurativas.

4.2.1.3 Noveno congreso

En el noveno congreso realizado en El Cairo, Egipto, del 29 de abril al 8 de mayo de 1995, se continúa con el análisis de los avances sobre las Reglas Mínimas de las Naciones Unidas sobre las Medidas No Privativas de Libertad, a las que se hizo referencia con antelación.

Hacen hincapié, en la Declaración de Naciones Unidas sobre los Principios Fundamentales de Justicia para las Víctimas del Delito y del Abuso del Poder que, como bien sabemos, contemplan los procesos a que hacemos referencia; esto, con el fin de hacer efectivas las medidas de protección y asistencia a las víctimas en los planos nacional e internacional, habiéndose exhortado a los Estados miembros para que establecieran programas educativos, sociales y de otro tipo, basados en el respeto y la tolerancia mutuos, a fin de reducir el nivel de violencia en la sociedad, haciendo especial hincapié en la importancia de los mecanismos de prevención y gestión de conflictos, los Mecanismos Alternativos de solución de controversias y otros mecanismos.

Dentro del mismo informe, y en el apartado relativo a Políticas de Urbanismo y Prevención del Delito, la delegación francesa planteó la necesidad de que, a través de las "casas" de justicia, se cumpliera en los barrios difíciles, la función de establecer y fortalecer el acceso al derecho, y de cooperar en el tratamiento de la delincuencia pequeña y mediana, precisando que dichas "casas" contribuían, también, a luchar contra el aislamiento, la ineficiencia y la lentitud que solían reprocharse a la justicia. Es de destacarse que en naciones como Argentina y Colombia, las Casas de Justicia prestan, entre otros servicios, los de encuentro víctima y ofensor con un enfoque restaurativo.

Asimismo, la delegación francesa expuso las características de la mediación penal, medida sustitutiva del enjuiciamiento que permitía la búsqueda de una solución negociada entre el autor y la víctima, gracias a la intervención de un tercero comisionado por la justicia. Se expusieron los resultados de un cuestionario internacional sobre la mediación penal: informaciones precisas sobre la forma que revestía, el ámbito de su competencia, sus vínculos con la institución judicial, así como la contratación y formación de mediadores así como el costo de la medida y su fuerza obligatoria de distintos países.

Por último la delegación china se refirió a los mecanismos de mediación comunitaria que permitían resolver entre otros conflictos los de vecindad, haciendo hincapié en que su empleo evitaba la agravación de ciertas discordias contribuyendo así a la prevención del delito. (Justicia Alternativa y el Sistema Acusatorio. Secretaría Técnica del Consejo de Coordinación para la Implementación del Sistema de Justicia Penal. Recuperado en: http://setec.gob.mx/work/models/SETEC/PDF/DGEPN-JusticiaAlternativaySistemaAcusatorio.pdf)

Se debe considerar que en otras latitudes, donde han utilizado mayormente los mecanismos alternos el utilizar dichos métodos para resolver desde un conflicto vecinal, ya es considerado una forma de prevenir el delito, pues al resolver un conflicto desde el origen evita la escalada de éste, y por tanto se impide que llegue a convertirse en delito.

4.2.1.4 Décimo congreso

El Décimo congreso se efectuó los días 10 al 17 de abril del año 2000 en Viena, Austria, habiéndose generado, por una parte, una visión clara sobre la aplicación de la justicia restaurativa en materia penal; la Declaración de Viena; los planes de acción para la aplicación de la Declaración de Viena sobre la Delincuencia y la Justicia, así como el establecimiento de la comisión responsable de presentar para su aprobación en el año 2002 los Principios Básicos sobre la Utilización de Programas de Justicia Restaurativa.

En el apartado relativo al preámbulo de la Declaración de Viena, los Estados miembros afirmaron, en lo conducente, su convencimiento sobre la necesidad de contar con programas adecuados de prevención y readaptación, como parte fundamental de una estrategia fundamental del control del delito, y de que esos programas deben tomar en cuenta los factores sociales y económicos que pueden hacer a las personas más vulnerables y propensas para incurrir en conductas delictivas, así como la conciencia sobre lo importante que es hacer realidad la promesa de enfoques restaurativos de la justicia que orienten a reducir la delincuencia y promover la recuperación de víctimas, delincuentes y comunidades.

Asimismo, se decidió establecer, cuando proceda, planes de acción nacionales, regionales e internacionales en apoyo a las víctimas, que incluyen mecanismos de mediación y justicia restaurativa, fijándose el año 2002 como plazo para que los Estados realicen sus prácticas pertinentes, amplíen los servicios de apoyo a las víctimas y sus campañas de sensibilización sobre derechos de las víctimas y consideren la posibilidad de crear fondos para las víctimas, además de formular y ejecutar políticas de protección de testigos, especificándose el aliento a los Estados miembro para la elaboración de políticas, procedimientos y programas de justicia restaurativa que respeten los derechos, necesidades e intereses de la víctima, los delincuentes, las comunidades y demás partes interesadas.

Se establece que se debía tomar en cuenta el anteproyecto de la resolución 2000/14 del Consejo Económico y Social de 27 de julio de 2000, 71 Décimo Congreso de las Naciones Unidas sobre Prevención del Delito y Tratamiento del Delincuente. Viena, Austria, de 10 a 17 de abril de 2000. *Declaración de Viena sobre la Delincuencia y la Justicia: frente a los retos del Siglo XXI*.72 Ídem, Apartados 27 y 28 titulada "*Principios Básicos sobre la Utilización de Programas de Justicia Restaurativa en materia Penal*"; asimismo tratar los delitos, especialmente los de menor cuantía conforme a la práctica consuetudinaria en lo que toca a la justicia restaurativa, esto cuando existiera tal práctica y resultara apropiada, a condición de que con ello se respetaran los derechos humanos y se contara con el consentimiento de los interesados; debiendo promoverse una cultura favorable a la mediación y a la justicia restaurativa entre las autoridades legislativas, judiciales y sociales competentes, así como entre las comunidades locales; la impartición de una formación apropiada a los encargos de la elaboración y la ejecución de las políticas y programas de justicia restaurativa, insistiéndose en la necesidad de elaboración y aplicación de éstos, con la consideración de que los compromisos internacionales contraídos con respecto a las víctimas, en particular la Declaración sobre los Principios de Justicia para las Víctimas de Delitos y del Abuso del Poder; asimismo para agilizar la generalización de la práctica de este modelo de justicia.

Los principios básicos sobre la utilización de programas de justicia restaurativa aprobados el año 2002, contemplan en su preámbulo que la justicia restaurativa es una respuesta evolutiva al delito que respeta la dignidad y la igualdad de todas las personas, además de que favorece el entendimiento y promueve la armonía social mediante la recuperación de las víctimas, los delincuentes y las comunidades. (Justicia Alternativa y el Sistema Acusatorio. Secretaría Técnica del Consejo de Coordinación para la Implementación del Sistema de Justicia Penal. Recuperado en: http://setec.gob.mx/work/models/SETEC/PDF/DGEPN-JusticiaAlternativaySistemaAcusatorio.pdf)

Es en éste congreso en el que se acuñan los principios ya señalados en el capítulo primero, así como la función de la justicia restaurativa, pues en éste se planteó que es la respuesta evolucionada al delito, la criminología crítica señala que la prisión es lo último que se debe de aplicar, por eso los mecanismos son la mejor manera del estado de reaccionar ante el delito, pues no lo dejan impune y ambas partes quedan conformes.

4.2.1.5 Décimo primer congreso.

El decimoprimer Congreso de las Naciones Unidas sobre la Prevención del Delito y Justicia Penal efectuado en Bangkok, Tailandia del 18 al 25 de abril de 2005, en el resumen del Seminario II sobre la potenciación de la reforma de justicia penal, incluida la justicia restaurativa. En el inciso c) del documento referido, se establece que los procesos restaurativos definidos en los "Principios básicos sobre la utilización de programas de justicia restaurativa en materia penal", son aquellos en que los infractores, las víctimas y otras personas afectadas por un delito, participan, a menudo con ayuda de un facilitador, en la solución de cuestiones dimanantes de ese delito. En tales casos, se hace hincapié tanto en las necesidades individuales y colectivas como en la reintegración de la víctima y del delincuente. En este contexto, los procesos de justicia restaurativa han pasado a ser importantes alternativas en los enjuiciamientos de justicia penal, y opciones diversas a la decisión del encarcelamiento como medio de imputar la responsabilidad al delincuente. La justicia restaurativa puede considerarse también como complementaria de los procesos formales.

Tal y como en su oportunidad se señaló, la justicia restaurativa utiliza los medios tradicionales, indígenas y religiosos existentes para resolver controversias, pero las prácticas efectivas de justicia restaurativa, suelen depender de la existencia de un sistema de justicia penal creíble y que funcione bien. El renovado interés en la justicia restaurativa, con frecuencia, se basa en la opinión de que el Estado no puede ser considerado como la única fuente de aplicación de una justicia efectiva y equitativa.

Es de destacarse que, en el marco del mencionado congreso, se estableció que a la fecha, se habían adoptado estrategias para asegurar que el encarcelamiento sea una sanción reservada para los casos más graves y, al referirse a la creación de procesos de justicia restaurativa, se hizo alusión a la mediación entre la víctima y el infractor, a las conferencias, así como a los círculos para alentar el desarrollo de recomendaciones sobre sentencias creativas.

Vale la pena hacer referencia a la conclusión en el sentido de que la justicia restaurativa es apropiada para los delitos más graves, incluidos los que se cometen en sociedades en conflicto, siempre con la visión de que los resultados restaurativos respondan a las necesidades de las víctimas, los infractores y la comunidad y claro está, faciliten la reintegración. (Justicia Alternativa y el Sistema Acusatorio. Secretaría Técnica del Consejo de Coordinación para la Implementación del Sistema de Justicia Penal. Retomado en: http://setec.gob.mx/work/models/SETEC/PDF/DGEPN-JusticiaAlternativaySistemaAcusatorio.pdf)

Resultado de dicho congreso el 6 de diciembre del año 2005, se emitió la Declaración de Costa Rica: Sobre la Justicia Restaurativa en América Latina, y en el artículo 1º de la Declaración, se establece que:

> *Es programa de JR todo aquel que utilice procedimientos restaurativos y busque resultados restaurativos.*
>
> *Procedimiento Restaurativo significa todo aquel en el cual víctima y ofensor y cualquier otro individuo miembro*

de la comunidad participe cuando sea adecuado junto a la ayuda de un colaborador en la búsqueda de la paz social.

Podrán incluirse entre los resultados restaurativos respuestas de arrepentimiento, perdón, restitución, responsabilización, rehabilitación y reinserción social, entre otros. (Declaración de Costa Rica: Sobre Justicia Restaurativa en América Latina, 2005. Recuperado en: *http://www.justiciarestaurativa.org/news/crdeclaration/*)

Estos análisis y conclusiones quedaron plasmados también en el *Handbook on Restorative Justice programmes,* sobre atributos comunes de los programas de justicia restaurativa, se establece que, para la víctima de los delitos, estos programas constituyen una oportunidad para estar directamente involucradas en resolver su situación y señalar las consecuencias que le ha ocasionado el delito; recibir respuestas a sus preguntas en relación con el hecho y el ofensor; expresar ellas mismas el impacto que sienten les ocasionó el delito; obtener la restitución o reparación del daño ocasionado; recibir una disculpa; restablecer, cuando sea apropiado, una relación con el ofensor y lograr superar una etapa en su vida que le ha afectado psicoemocional y materialmente.

Para los ofensores, estos programas resultan ser una oportunidad para asumir genuinamente su responsabilidad por el delito y comprender los efectos que éste ha producido en la víctima; expresar sus sentimientos (incluso remordimiento por haber cometido el delito); recibir apoyo para reparar el daño causado a la víctima, a la familia de ésta, así como el provocado a sí mismo y a su familia; restituir o reparar el daño ocasionado o enmendarlo de alguna forma consensada con la víctima; restablecer su relación con la víctima, si es que esto resulta apropiado, y superar su condición de victimario, es decir, experimentar la modificación en lo que toca a aquellos patrones de conducta que lo llevaron a dar el paso al acto criminal. (Justicia Alternativa y el Sistema Acusatorio. Secretaría Técnica del Consejo de Coordinación para la Implementación del Sistema de Justicia Penal. Retomado en: http://setec.gob.mx/work/models/SETEC/PDF/DGEPN-JusticiaAlternativaySistemaAcusatorio.pdf)

En lo que respecta al ofensor es una realidad que en ocasiones no son conscientes del daño que causaron, por ello el primer paso debe ser la empatía, que éstos se percaten del sufrimiento de la víctima para que realmente genere en ello una idea de no repetición.

Se resalta el hecho de que la relación con el ofendido se pretende que sea restaurada, sin embargo se hace la salvedad de que esto será procedente, de resultar apropiado, obviamente quien decide continuar o no con la relación será la víctima dependiendo del daño cometido

4.2.1.6 Décimo segundo congreso.

En el marco del decimosegundo congreso, se trató la importancia de la justicia restaurativa, tanto en el ámbito de la prevención del delito como de la actualización de conductas delictivas, que por múltiples razones no son del conocimiento de la autoridad investigadora, particularmente, en las fases de investigación y procesamiento, así como en la etapa de ejecución de penas.

Es así como en el apartado relativo a directrices sobre la justicia en asuntos concernientes a los niños víctimas y testigos del delito, se señala que, mientras sea posible, los niños y testigos de ilícitos penales, deben recibir reparación a fin de conseguir su plena indemnización, reinserción y recuperación, estableciéndose que los procedimientos para obtener y hacer efectiva una reparación, deben ser fácilmente accesibles y adaptados a los niños, para lo cual se deben fomentar procedimientos penales y de reparación, combinados junto con mecanismos extrajudiciales y comunitarios como los de la justicia restaurativa. (Justicia Alternativa y el Sistema Acusatorio. Secretaría Técnica del Consejo de Coordinación para la Implementación del Sistema de Justicia Penal. Retomado en: http://setec.gob.mx/work/models/SETEC/PDF/DGEPN-JusticiaAlternativaySistemaAcusatorio.pdf)

Otro referente internacional en el tema es el Foro Europeo de Mediación víctima-victimario y Justicia Restaurativa realizado en Bélgica en 1999, específicamente en cuanto al tema de la mediación en ámbito penal, como una práctica restaurativa, la define como "un proceso para responder al delito, basado en la reparación, tan amplia como sea posible, del daño causado por el delito a la víctima, haciendo al ofensor responsable y facilitando la comunicación entre ellos, sujeta al consentimiento de ambos" (Foro Europeo de Mediación víctima-victimario y Justicia Restaurativa: Mediación en ámbito penal, Lovaina, Bélgica, 1999. Recuperado en: http://www.euroforumrj.org/)

Hoy, la Organización de las Naciones Unidas reconoce que para la creación de una Cultura de Paz en el mundo, es necesario volver a culturizar y a utilizar los que denomina "métodos tradicionales de resolución de conflictos" no como "alternativos", sino como primera y preferente instancia para la solución de disputas, de lo que hablaremos más adelante. (Fisas, 2001)

De lo anteriormente señalado se puede observar que se busca brindarle un primer lugar a la víctima, promoviendo siempre la reparación del daño por el delito sufrido y no sólo reparación económica, sino una verdadera restitución de sus derechos.

También se le otorga valor preponderante al imputado en el sentido de que debe hacerse conocedor de los efectos que generó con el delito cometido, para hacerlo consciente de las consecuencias de sus actos y adquiera responsabilidad por ellos, aunado a la necesidad de su participación en los procedimientos restaurativos, pues ello auxiliaría a modificar patrones de conducta y experimentar un cambio en su relación con sus semejantes y en la sociedad.

Se otorga una participación activa y primordial a la comunidad, al considerarla como el espacio en el que debe prevalecer la buena convivencia, el apoyo mutuo, el respeto por los derechos de los demás, por lo que se deben propiciar y establecer formas alternas de solucionar conflictos, de resarcir los daños, de asumir responsabilidades personales y sociales para así evitar que los conflictos continúen y desencadenen en conductas tipificadas como delito.

También considero de relevancia, sentencias que se han dictado en otras latitudes como por ejemplo la del Caso Usón Ramírez vs Venezuela. Excepción Preliminar, Fondo, Reparaciones y Costas. Sentencia de 20 de noviembre de 2009, serie C No.207. En la que se concluyó que

> *"..La Corte ha señalado que el derecho Penal es el medio más restrictivo y severo para establecer responsabilidades respecto de una conducta ilícita, particularmente cuando se imponen penas privativas de libertad. Por lo tanto, el uso de la vía penal debe responder al principio de intervención mínima en razón de la naturaleza del derecho penal como ultima ratio. Es decir, en una sociedad democrática el poder punitivo sólo se puede ejercer en la medida estrictamente necesaria para proteger los bienes jurídicos fundamentales de los ataques más graves que los dañen o pongan en peligro. Lo contrario conduciría al ejercicio abusivo del poder punitivo del Estado. La necesidad de utilizar la vía penal para imponer responsabilidades ulteriores al ejercicio del derecho a la libertad de expresión se debe analizar con especial cautela y dependerá de las particularidades de cada caso. Para ello, se deberá considerar el bien que se pretende tutelar, la extrema gravedad de la conducta desplegada por el emisor de aquellas, el dolo con que actuó, las características del daño injustamente causado, las características de la persona cuyo honor o reputación se pretende salvaguardar, el medio por el cual se pretendió causar el daño y otros datos que pongan de manifiesto la absoluta necesidad de utilizar, en forma verdaderamente excepcional, medidas penales. En todo momento la carga de la prueba debe recaer en quien*

formula la acusación. En este sentido, el Tribunal ha considerado en ocasiones anteriores que el ejercicio del poder punitivo del Estado ha resultado abusivo e innecesario para efectos de tutelar el derecho a la honra, cuando el tipo penal en cuestión no establece claramente qué conductas implican una grave lesión a dicho derecho. (Silva García Fernando, "Jurisprudencia Interamericana sobre Derechos Humanos Criterios Esenciales". Ed. Dirección General de Comunicación Social del Consejo de la Judicatura Federal)

4.3 Los Métodos Alternos de Solución de conflictos. Un análisis de las Constituciones de los Estados de la República Mexicana.

Observamos que aunque el legislador ha plasmado la preocupación social, teniendo presente sus sugerencias, lo cierto es que la crisis en el sistema judicial es una situación que no sólo incumbe al Gobierno Federal sino también a los Gobiernos Estatales quienes a su vez, han pedido la construcción de un nuevo federalismo, con mejores lineamientos para una verdadera y adecuada coordinación en los ámbitos de seguridad y justicia, sobre todo con la implementación de los juicios orales y los métodos alternos en el país. (Barceló, 2008)

Por ello, derivado de la reforma de la Constitución Federal, ya señalada se han hecho reformas en las constituciones de diversos estados en las cuales se incluyen a los métodos alternos como una forma en que los particulares podrán resolver sus conflictos, por lo que se señalaran las modificaciones realizadas a algunas de las Constituciones locales de varios estados de la República para el mejor dimensionamiento del funcionamiento y repercusión de los mismos, para lo cual se hace un breve repaso de las modificaciones que se hicieron a las constituciones de los estados.

4.3.1 La Constitución del Estado de Baja California

Señala en su artículo 7 "... Las personas tendrán derecho a acceder a los medios alternativos de justicia para resolver sus controversias, en la forma y términos establecidos por las leyes respectivas ...".(Constitución Política del Estado de Baja California. Recuperada en http://www.pjbc.gob.mx/semefo/constitucion_BC.pdf)

4.3.2 La Constitución del Estado de Chiapas

Establece en su artículo 49 que: "Corresponde al Poder Judicial garantizar el derecho a que se imparta justicia de manera pronta, completa, gratuita e imparcial..."; "La impartición de justicia en Chiapas, contará también con medios alternativos para la resolución de controversias de derechos sobre los cuales, los particulares puedan disponer libremente, sin afectar el orden público y valiéndose de la autonomía de la voluntad y la libertad contractual". (Constitución Política del Estado de Chiapas. Recuperada en http://www.consejeriajuridica.chiapas.gob.mx/marcojuridico/pdf/constitucion_politica_chiapas.pdf)

Y en su artículo 54 que: "El Código de Organización Judicial del Estado establecerá las bases del sistema institucional para la selección...". "El Poder Judicial del Estado contará con un órgano de mediación, conciliación y arbitraje denominado Centro Estatal de Justicia Alternativa, el cual actuará bajo los principios de equidad, imparcialidad, rapidez, profesionalismo, confidencialidad y gratuidad...".

4.3.3 La Constitución del Estado de Coahuila

Señala en su artículo 154 Fracción IV.- "Se establecerá un sistema de justicia alternativa, a través de la mediación, conciliación, arbitraje o cualquier otro medio de solución alterno para resolver las controversias entre particulares". (Constitución Política del Estado de Coahuila. Recuperada en http://docs.mexico.justia.com/estatales/coahuila/constitucion-politica-del-estado-de-coahuila-de-zaragoza.pdf)

4.3.4 La Constitución del Estado de Colima

Señala en su artículo 1 fracción VII párrafo segundo ".... Asimismo tiene derecho, en la forma y términos que establezca la ley, a resolver sus controversias de carácter jurídico a través de la justicia alternativa, mediante procedimientos no jurisdiccionales". (Constitución del Estado de Colima. Recuperado de http://www.congresocol.gob.mx/proyectoweb/5.Texto%20Vigente%20sin%20reformas%202013.pdf)

4.3.5 La Constitución del Estado de Durango

Establece en su artículo 6 Cuarto párrafo "…. Las personas podrán acudir a los Mecanismos Alternativos de solución de controversias que prevean las leyes, para resolver sus conflictos de común acuerdo". (Constitución Política del Estado de Durango. Recuperada en http://docs.mexico.justia.com/estatales/durango/constitucion-politica-del-estado-de-durango.pdf)

4.3.6 La Constitución del Estado de Guanajuato

Señala en Art. 2 cuarto párrafo que: La Ley establecerá y regulará la mediación y la conciliación como medios alternativos para la resolución de las controversias entre las partes interesadas, respecto a derechos de los cuales tengan libre disposición.

La Ley regulará la aplicación de Mecanismos Alternativos de solución de controversias en la materia penal, en los que se asegure la reparación del daño y se establezcan los casos en los que se requerirá supervisión judicial.

Articulo 3 párrafo 2do y 3ro establece que La Ley regulará la mediación y la conciliación como medios alternativos para la resolución de las controversias entre los particulares, respecto a derechos de los cuales tengan libre disposición.

La mediación y la conciliación se regirán bajo los principios de equidad, imparcialidad, rapidez, profesionalismo y confidencialidad. El Poder Judicial contará con un órgano de mediación y conciliación el cual actuará en forma gratuita y a petición de parte interesada.

Dicho órgano tendrá la organización, atribuciones y funcionamiento que prevea la Ley. (Constitución Política del Estado de Guanajuato. Recuperada en https://www.google.com.mx/url?sa=t&rct=j&q=&esrc=s&source=web&cd=1&ved=0CC4QFjAA&url=http%3A%2F%2Fwww.congresogto.gob.mx%2Fimages%2Fword%2Fconstitucion.doc&ei=NZliUvnQKKizsATu5oGYAg&usg=AFQjCNH7z_XNNv8tN3Lqd1cllAW_vwk_hQ&sig2=D1LowQBMz1zlXL-Z98eVYA

4.3.7 La Constitución del Estado de Hidalgo

Señala en su artículo 9 Tercer párrafo que: "El Estado regulará un Sistema de Justicia Alternativa, cuyo servicio también será gratuito". (Constitución Política del Estado de Hidalgo. Recuperada en https://www.google.com.mx/url?sa=t&rct=j&q=&esrc=s&source=web&cd=3&ved=0CDUQFjAC&url=http%3A%2F%2Fwww.ordenjuridico.gob.mx%2FDocumentos%2FEstatal%2FHidalgo%2Fwo23546.doc&ei=GpMiUvynKbS-sASOpICYCQ&usg=AFQjCNHat8iJ4s2xsMqSuUfxgMrsxAHvog&sig2=LtEfeBMoXgpDlvvB_1kLAQ)

4.3.8 La Constitución del Estado de Michoacán

Prevé en su artículo 93 tercer párrafo "Toda persona está en libertad para terminar sus diferencias con otra, ya sea por convenio o por medio de árbitro o mediador, aun cuando se halla sometido a juicio y sea cual fuere el estado que éste guarde". (Constitución Política del Estado de Michoacán. Recuperada en http://www.ordenjuridico.gob.mx/Documentos/Estatal/Michoacan/wo33247.pdf)

4.3.9 La Constitución del Estado de Nayarit

Igualmente señala en su artículo 81 Cuarto párrafo "La ley establecerá los términos y condiciones para la solución de conflictos mediante procedimientos alternativos de justicia y juicios orales". (Constitución Política del Estado de Nayarit. Recuperada en http://www.ordenjuridico.gob.mx/Documentos/Estatal/Nayarit/wo24120.pdf)

4.3.10 La Constitución del Estado de Nuevo León

Señala en su artículo 16: "...Toda persona en el Estado tiene derecho a resolver sus diferencias mediante métodos alternos para la solución de conflictos, en la forma y términos establecidos por la Ley...". (Constitución Política del Estado de Nuevo León. Recuperada en http://www.hcnl.gob.mx/transparencia/pdf/constituciopoliticadelestadodenuevoleon.pdf)

4.3.11 La Constitución del Estado de Oaxaca

Señala en su artículo 11 "Toda persona tiene derecho a que se le administre justicia por los tribunales que estarán expeditos para impartirla en los plazos y términos que fijen las leyes, emitiendo sus resoluciones de manera pronta, completa e imparcial sin perjuicio de los Centros de Mediación y Justicia Alternativa que puedan crearse por las autoridades. "…. El servicio tanto de los tribunales como de los Centros de Mediación y Justicia Alternativa será gratuito, quedando en consecuencia, prohibidas las costas por estos servicios…". (Constitución Política del Estado de Oaxaca. Recuperada en www2.scjn.gob.mx/…/…%5Clegislacionestatal%5CTextos%5COaxaca%5.pdf)

4.3.12 La Constitución del Estado de Quintana Roo

Establece en dos artículos los Métodos Alternos, articulo 7.- "…Todos los habitantes del Estado de Quintana Roo tienen derecho, en la forma y términos establecidos por esta Constitución y la ley, a resolver sus controversias de carácter jurídico, mediante la conciliación, la que podrá tener lugar antes de iniciarse un juicio o durante su tramitación. Cuando los interesados así lo determinen, habrá lugar a la conciliación en la fase de ejecución". (Constitución Política del Estado de Quintana Roo. Recuperada en http://www.eleccionesenmexico.org.mx/pdf/QROOCONST01.pdf)

Y el artículo 97 señala que "El Poder Judicial del Estado, tendrá la obligación de proporcionar a los particulares, los medios alternativos de solución a sus controversias jurídicas, tales como la conciliación o el arbitraje, de acuerdo a procedimientos de mediación, así como los procedimientos y eficacia de sus acuerdos y resoluciones". (Ley Orgánica del Poder Judicial de Quintana Roo. Recuperado en http://www.ordenjuridico.gob.mx/Documentos/Estatal/Quintana%20 Roo/wo77917.pdf)

4.3.13 La Constitución del Estado de Veracruz

Considera en su artículo 63 que: Toda persona en el Estado tiene derecho, en la forma y términos establecidos por la ley, a resolver sus diferencias mediante la intervención de árbitros o mediadores, la que podrá tener lugar antes de iniciarse un juicio o durante su tramitación. (Constitución Política del Estado de Veracruz. Recuperada en http://www.ordenjuridico.gob.mx/Documentos/Estatal/Veracruz/wo21745.pdf)

4.3.14 La Constitución del Estado de Yucatán

Establece en su artículo 2 "El Estado garantizará al pueblo maya la aplicación de sus propias formas de regulación para la solución de conflictos internos, como medio alternativo de justicia; sujetándose a los principios jurídicos de oralidad, publicidad, inmediación, contradicción, economía y concentración, con pleno respeto a sus derechos y garantías y de manera relevante, la dignidad de las mujeres, sin contravenir las leyes vigentes". (Constitución Política del Estado de Yucatán. Recuperada en http://www.yucatan.gob.mx/gobierno/orden_juridico/Yucatan/nr4rf12.pdf)

4.4 La Ley Nacional de Mecanismos de Solución de Controversias en Materia Penal.

Como se analizó con antelación cada uno de los Estados en respeto al federalismo y a la multicitada reforma de la Constitución del 2008, además de realizar la reforma a la constitución estatal, realizaron la mayoría de ellos su propia ley de Justicia Alternativa, recordando que según Álvarez Ledesma (1997), la Ley es una norma jurídica de carácter general y obligatorio, producto de un proceso específico de creación por parte del órgano o autoridad facultada para ello, cada uno de los estados, en ese derecho de creación de su propia legislación, así lo hicieron, sin embargo esto trajo consigo la diversidad de disposiciones que se tenían en la materia, siendo así que cada uno de los estados estableció nuevos principios, características, peculiaridades, seguimiento de los métodos alternos en materia penal.

En el presente, existen la Ley de Mediación y Conciliación de los Estados de Aguascalientes y Campeche; Leyes de Justicia Alternativa en materia penal o justicia restaurativa de Morelos y Chihuahua; Leyes de Justicia Alternativa de Baja California, Chiapas, Chihuahua, Colima, Durango, Guanajuato, Hidalgo, Jalisco, 230 Nayarit, Quintana Roo, Zacatecas, y la del Distrito Federal, con la aclaración de que en esta última entidad existen dos leyes especializadas en la materia: una que regula la justicia alternativa en sede judicial y otra que la regula en la procuración de justicia; Leyes de Mediación de Oaxaca y Tamaulipas; Leyes de Medios, Métodos o Mecanismos Alternos de Coahuila, Nuevo León, Sonora, Veracruz y Yucatán; Ley de Mediación, Conciliación y Promoción de la Paz Social para el Estado de México, y Ley que

Regula el Sistema de Mediación y Conciliación de Tlaxcala. Actualmente, son 25 las Entidades Federativas que cuentan con una ley de esta naturaleza: Aguascalientes, Baja California, Campeche, Chiapas, Chihuahua, Coahuila, Colima, Distrito Federal, Durango, Estado de México, Guanajuato, Hidalgo, Jalisco, Morelos, Nayarit, Nuevo León, Oaxaca, Quintana Roo, Sinaloa, Sonora, Tamaulipas, Tlaxcala, Veracruz, Yucatán y Zacatecas; los Estados de Guerrero y San Luis Potosí no cuentan con ley en la materia. La justicia alternativa en los casos de Baja California Sur, Michoacán, Puebla, Querétaro y Tabasco, se regula en los Reglamentos de los Centros de Mediación y de Conciliación expedidos por sus respectivos Plenos de Magistrados y de Consejeros de la Judicatura para su aplicación en aquellos asuntos que les son derivados por disposición de los códigos procesales civiles y penales. (Buenrostro, 2013, "Justicia alternativa y el sistema acusatorio" Recuperado en: http://setecc.egobierno.gob.mx/files/2013/03/Justicia-alternativa-y-el-sistema-acusatorio.-Buenrostro-Baez-Pesqueira-Leal-Soto-Lamadrid.pdf)

Sin embargo ante la diversidad de legislaciones en la materia, los delitos en los que son aplicables, quien es el encargado de su aplicación y seguimiento y la incertidumbre jurídica que esto pudiera generar en el ciudadano, el 29 de diciembre del año 2014 se promulgó la Ley Nacional de Mecanismos Alternativos de Solución de Controversias en materia penal, en ella se establece que los Mecanismos Alternativos de solución de controversias en materia penal tienen como finalidad propiciar, a través del diálogo, la solución de las controversias que surjan entre miembros de la sociedad con motivo de la denuncia o querella referidos a un hecho delictivo, mediante procedimientos basados en la oralidad, la economía procesal y la confidencialidad.

Sin embargo en dicha ley nos encontramos con una deficiencia, pues en el artículo 5 relativo a la procedencia se señala:

> "... *El Mecanismo Alternativo será procedente en los casos previstos por la legislación procedimental penal aplicable...*" *(*Recuperado en: http://www.diputados.gob.mx/LeyesBiblio/pdf/LNMASCMP_291214.pdf)

Y al respecto, en la ley procedimental aplicable, que sería el Código Nacional de Procedimientos Penales, sin embargo en el numeral 183 se señala:

> "...En lo relativo a la conciliación y la mediación, se estará a lo dispuesto en la ley en la materia..." (Recuperado en: http://www.dof.gob.mx/nota_detalle.php?codigo=5334903&fecha=05/03/2014)

Por tanto, no se especifica ni en la ley nacional ni en el código nacional, los delitos en que serán aplicables los métodos alternos, lo cual nos conlleva a una incertidumbre jurídica, pues como lo señalara Dreier (1998) la Seguridad Jurídica es la certeza o posibilidad de predicción con que cuenta el gobernado para saber qué conductas son jurídicamente debidas y cuáles no.

Burgoa Orihuela (2004) señala que la seguridad jurídica es el conjunto general de condiciones, requisitos, elementos o circunstancias previas a las que debe sujetarse una cierta actividad estatal autoritaria para generar una afectación válida de diferente índole en la esfera del gobernado, integrada por la suma de sus derechos objetivos.

Para Ortiz Treviño (2004), para que se propicie la seguridad jurídica se requieren cuatro condiciones:

A) La debida formalización del Derecho;

B) La precisión del Derecho, para no estar sujeto a una interpretación arbitraria;

C) Que el Derecho pueda tener eficacia, que sea aplicable en la práctica;

D) La estabilidad del Derecho, esto es, que no se encuentre sujeto a cambios frecuentes

La existencia del derecho evita la resolución caprichosa, irracional, el atropello del más fuerte. Somete al Poder a lo establecido por la ley.

La seguridad jurídica garantiza dos cuestiones elementales:

A) Un margen de acción para los gobernados y;

B) La certidumbre de que la acción de la autoridad tiene un límite.

En el presente caso es seguridad jurídica saber en cuáles conductas será posible optar por un mecanismo alternativo y en cuáles no.

Lo anterior, aun cuando no se ha resuelto, se ha salvado en los estados que ya aplican el Sistema Penal Acusatorio y la ley nacional, aplicando los métodos alternos en los delitos que señalan los acuerdos reparatorios, considerando que finalmente el convenio al que se arriba mediante los métodos alternativos es un acuerdo reparatorio, y al respecto el Código Nacional de Procedimientos Penales en el numeral 187 señala:

> *"...Procederán los acuerdos reparatorios únicamente en los casos siguientes:*
>
> *Delitos que se persiguen por querella o requisito equivalente de parte ofendida; o que admiten el perdón de la víctima o el ofendido*
>
> *II. Delitos culposos, o*
>
> *III. Delitos patrimoniales cometidos sin violencia sobre las personas..."*

Lo que considero es un retroceso en la aplicación de los métodos alternos, pues anteriormente, por lo menos en el estado de Jalisco, era más amplio el catálogo de delitos en los que era procedente resolverlos por dichos mecanismos, y con la entrada en vigor de la ley nacional se cerrará dicha posibilidad.

Positivo en la ley resulta, la inmersión de la justicia restaurativa, denominada como juntas restaurativas, mismas que define en el artículo 27 de la siguiente manera:

> "..Es el mecanismo mediante el cual la víctima u ofendido, el imputado y, en su caso, la comunidad afectada, en libre ejercicio de su autonomía, buscan, construyen y proponen opciones de solución a la controversia, con el objeto de lograr un Acuerdo que

atienda las necesidades y responsabilidades individuales y colectivas, así como la reintegración de la víctima u ofendido y del imputado a la comunidad y la recomposición del tejido social."

También se señala en dicha ley que la finalidad de la junta restaurativa es la reparación del daño, que debe de ser primordial para la confianza ciudadana, señala dicha legislación que la Reparación del daño derivada de la junta restaurativa podrá comprender lo siguiente:

A) El reconocimiento de responsabilidad y la formulación de una disculpa a la víctima u ofendido en un acto público o privado, de conformidad con el Acuerdo alcanzado por los intervinientes, por virtud del cual el imputado acepta que su conducta causó un daño;

B) El compromiso de no repetición de la conducta originadora de la controversia y el establecimiento de condiciones para darle efectividad, tales como inscribirse y concluir programas o actividades de cualquier naturaleza que contribuyan a la no repetición de la conducta o aquellos programas específicos para el tratamiento de adicciones;

C) Un plan de restitución que pueda ser económico o en especie, reparando o reemplazando algún bien, la realización u omisión de una determinada conducta, la prestación de servicios a la comunidad o de cualquier otra forma lícita solicitada por la víctima u ofendido y acordadas entre los Intervinientes en el curso de la sesión.

Esto es benéfico para la víctima, por fin su clamor de justicia y reparación ha sido escuchado, sin embargo, considero indispensable, que se ofrezca al imputado, acusado o sentenciado, un beneficio al optar por dicha justicia restaurativa, además de que no se señala hasta que etapa del procedimiento será posible optar por la junta restaurativa.

4.5 Ley de Justicia Alternativa para el Estado de Jalisco

Resultado de las reformas constitucionales, el estado se ve en la obligación de realizar las reformas a su constitución para dar paso a la creación de la legislación en la materia y a la estructura física necesaria para la implementación de éstos métodos alternos, siendo entonces cuando se reforma el numeral 56 de la Constitución del Estado de Jalisco,

Después de encontrar resistencia para su publicación e implementación, por los detractores a los métodos alternos y el sistema penal acusatorio, el día 15 quince de enero del año 2007 dos mil siete se publica la Ley de Justicia Alternativa para el Estado de Jalisco, en la cual se establece la creación y función del Instituto de Justicia Alternativa, las funciones de cada uno de los órganos del mismo, los métodos alternos que podrán serán aplicados en el estado para la pronta resolución de los conflictos, y como debe de realizarse el procedimiento para la implementación de los mismo, dicho legislación en su numeral 2 señala el objeto de dicha ley que a la letra dice:

"...Articulo 2.- El objeto de esta ley es promover y regular los métodos alternos para la prevención y en su caso la solución de conflictos, la reglamentación de organismos públicos y privados que presten estos servicios, así como la actividad que desarrollen los prestadores de dichos servicios.

Como se puede analizar en el artículo precedente, al realizar un estudio teleológico válidamente se infiere que al establecer el legislador que una de las finalidades de dicha legislación es la promoción, es claro que desde la concepción de dichos métodos los que se pretendía era lograr que los mismos fueran una manera de desahogar al sistema judicial, sobre todo hablándose de materia penal, esto al considerar, como ya lo mencionamos en líneas precedentes, la ineficacia que ha tenido dicho sistema para que la víctima u ofendido sienta que se le ha administrado justicia, la ineficacia en lograr una efectiva reparación del daño pues son pocas las denuncias que concluyen con una sentencia en la que se condene al pago de la reparación del daño, tal y como se demostrará en el capítulo estadístico, y mucho menor aún en las cuales en efecto se repare el daño a la víctima u ofendido, conllevando esto a una mala percepción ciudadana de la aplicación de la justicia, la labor de servidores públicos el desempeño de las dependencias gubernamentales.

Por tanto es claro que desde su concepción y muchas más en su aplicación ha sido la intención del legislador, la voluntad política y gubernamental que se le dé la importancia y el auge necesario a dichos métodos alternos pues como se señaló son eje fundamental para la implementación y éxito del sistema penal acusatorio en el

Estado, por tal motivo, desde la creación de dicha legislación en materia de métodos alternos, se prevé la promoción de dichos métodos como uno de sus objetos, por lo que sería un contrasentido, que aun cuando se señala la importancia de dichos métodos y la necesidad de su promoción, por otra parte se establezcan restricciones para la aplicación de los mismos.

Toda vez que aun en análisis de la legislación en cita, en su numeral 5 señala diversos delitos que son exceptuados de la posibilidad de su resolución por un método alterno, tal y como serían los siguientes:

> *"...Artículo 5.-... En materia penal, no procederá el trámite del método alternativo, respecto a las siguientes conductas, aun cuando éstas se cometan en grado de tentativa:*
>
> *I. Código Penal para el Estado Libre y Soberano de Jalisco:*
>
> *Asociación delictuosa, artículo 120;*
>
> *Corrupción de menores, artículos 142-A, 142-B y 142-C;*
>
> *Pornografía infantil, artículo 142-D;*
>
> *Lenocinio, artículos 139 y 141;*
>
> *Falsedad en declaraciones e informes dados a una autoridad, artículo 168;*
>
> *Prostitución infantil, artículos 142-F, 142-G y 142-H;*

De la suposición y supresión del estado civil, artículo 177;

Violación, artículo 175 y 176;

Robo de Infante, artículo 179 párrafo cuarto;

Tráfico de menores, artículo 179 bis;

Secuestro, artículos 194 y 194-Bis;

Extorsión y extorsión agravada, artículos 189 y 189 Bis;

Homicidio por culpa grave, artículo 48;

Homicidio, simple intencional, en riña y calificado, artículos 213, 217 y 219;

Parricidio, artículo 223;

Infanticidio, artículos 225 y 226;

Aborto, artículos 227 y 228;

Robo y robo equiparado, artículos 234 fracciones III a la VII y último párrafo, y 236 fracciones I, VII, IX, XI, XII, XIV y XVI;

Fraude, artículo 252 fracción XXIII;

Administración fraudulenta, artículos 254-Bis y 254-Ter;

Delitos cometidos por servidores públicos:

Delitos electorales;

Delitos fiscales, y

Delitos ecológicos;

II. Ley Contra la Delincuencia Organizada:

Delincuencia organizada, artículo 2;

III. En la Ley Estatal para Prevenir y Sancionar la Tortura:

a) Tortura, artículo 3º; y

En todos los casos el método alterno se aplicará siempre y cuando se trate de delincuente primario.

Cuando el inculpado se encuentre privado de su libertad personal dentro del procedimiento penal, las invitaciones se le notificaran en el sitio donde se encuentre recluido.

Como se estableció legalmente en el artículo precedente, en todas éstas conductas que pudieran tipificarse como delito estaría la autoridad en el Estado de Jalisco, imposibilitado para poder aplicar un método alterno, sin embargo, como se señala en la hipótesis del presente considero viable y sobre todo un derecho fundamental para víctima u ofendido que se realice la reparación del daño, y en estos delitos que son de impacto y trascendencia social, se pudiera lograr un beneficio de reducción de la pena para el imputado, cuando ya hubiere sido cubierto y reparado el daño, ya que como se acredita en el capítulo de las estadísticas, son mínimos los casos en los que se logra la efectiva reparación del daño, esto independientemente del delito cometido.

Esto debiendo considerar que la legislación en materia de métodos alternos, obviamente está regida y tiene aplicación de la mano de diversos ordenamientos jurídicos, pues como lo señala la ley en la materia en el numeral octavo, en lo que aquí interesa se establece que:

> *"...Artículo 8.- La prestación de los servicios de métodos alternos se someterá y regirá por:*
>
> *I. La Constitución Política de los Estados Unidos Mexicanos y los Tratados Internacionales vigentes en la materia;*
>
> *II. La Constitución Política del Estado de Jalisco;*
>
> *V. Lo dispuesto en los Códigos Penal y de Procedimientos Penales del Estado de Jalisco, con respecto a los asuntos del orden penal;. . .*
>
> *VIII. La jurisprudencia, los principios generales del Derecho, los usos y costumbres aplicables; y*
>
> *IX. El acuerdo voluntario entre los participantes.*

Lo que confirma como se ha venido señalando que los métodos alternos y su aplicación van aparejados y de la mano con la aplicación de diversas legislaciones y sobre todo con la aplicación del Sistema Penal Acusatorio, el cual como dijimos tiene como uno de sus objetos que se repare el daño, lo cual obviamente tiene vinculación con lo establecido en el numeral 20 de la Constitución Federal que señala lo ya referido, así como la Ley de Víctimas, Ley de Ejecución de Penas y tratados internacionales que serán analizados en líneas siguientes.

Empero como ya se refirió, lo primordial de los Métodos Alternos en materia penal, además de la solución del conflicto y la restructuración del tejido social, se encuentra en la reparación del daño, incluso en la legislación que se analiza, en el numeral 72 establece:

> "..*Artículo 72.- El convenio ratificado y sancionado por el Instituto, se considerará como sentencia que hubiere causado ejecutoria, con todos los efectos que para la ejecución forzosa de las sentencias prevén las leyes. El Instituto comunicará el incumplimiento del convenio a la autoridad correspondiente para los efectos de continuar con el trámite de la averiguación previa o del proceso, así como para que el término de la prescripción del ejercicio de la acción penal por el delito cometido siga corriendo. Una vez cumplido el convenio, el Instituto informará de ello al Juez competente para que sobresea el proceso y extinga la acción correspondiente.*
>
> *En materia penal, no se extinguirá la acción penal ni se sobreseerá el proceso hasta en tanto el Ministerio Público o el Juez correspondiente tenga por apegado a la ley el convenio referido y por acreditado el cumplimiento del mismo. Una vez revisado por el Juez y sancionado por éste el convenio y su cumplimiento, el Ministerio Público o el Juez tendrá por satisfecha la reparación del daño y se extinguirá la acción penal o se sobreseerá el proceso,*

según corresponda, otorgando la libertad del procesado o reo...."

Como se estipula en dicho numeral, se prevé que hasta que se tenga por cumplido el convenio al que hubieren llegado las partes dentro de los métodos alternos, que se tenga por satisfecha la reparación del daño en que se extinguirá la acción penal, lo cual resulta obvio y benéfico dentro de delitos que no sean de impacto social y que por su naturaleza resulte un mayor beneficio al recibir el ofendido la reparación del daño, no importando que ésta se realice a través de un método alterno, así como el impacto que genera también en el imputado que ahora tendrá que reparar el daño y no sólo confiar en que no se acredite la conducta señalada como delito o su participación en la comisión del mismo, por lo que si bien es cierto probablemente éste no compurgará una pena de privación de la libertad, lo cierto es que tiene un impacto al tener que reparar los daños que causó con el delito cometido.

Es lo anterior la pretensión que se sigue con el presente, ya que lo primordial es la reparación del daño y el imputado obtendría únicamente reducción en cuanto a la penalidad que tendría que compurgar.

4.6 Los Mecanismos Alternativos en el Código Penal del Estado de Jalisco

Continuando con las modificaciones a las legislaciones estatales que se originaron a partir de la mencionada reforma de la Constitución Federal, también se realizaron reformas al Código

Penal del Estado, realizándose hasta el momento, modificación al numeral Artículo 79 Bis, en el que se estipuló que:

> *"..Los plazos establecidos en este Código conforme a los que opera la prescripción se considerarán suspendidos durante la ejecución del convenio final a que se refiere la Ley de Justicia Alternativa del Estado de Jalisco.*
>
> *En cumplimiento de los convenios a que se refiere el párrafo anterior dará lugar, en su caso, al archivo definitivo de la averiguación previa correspondiente al proceso instaurado. ... No se podrá invocar en el proceso, dar lectura, ni incorporar como medio de prueba ningún antecedente contenido en el procedimiento del método alternativo..."*

Numeral en el que queda perfectamente establecido el principio de confidencialidad que se ha señalado en capítulos anteriores, empero lo más significativo es el hecho de que en caso de que se llegara a un convenio, esto dará paso al archivo definitivo de la averiguación previa o proceso, por lo tanto, se establece la importancia y trascendencia de dichos métodos complementarios, puesto que se tendrá por concluido todo proceso por el cumplimiento del convenio, lo cual obviamente trae aparejados los beneficios que hemos señalado, puesto que la victima obtiene la reparación del daño y el imputado se hace responsable del hecho cometido.

Debiendo puntualizar la importancia de la reparación del daño, la cual es considerada una sanción dentro del numeral 19 fracciones VII del citado ordenamiento legal, lo cual se concatena con lo dispuesto por el numeral 25 mismo que a la letra dice:

> *"...La víctima o el ofendido por algún delito, tienen derecho a que se les satisfaga la reparación del daño, en los casos que ésta proceda. Dicha reparación que debe ser hecha por el delincuente, tiene el carácter de pena pública, pero cuando la misma reparación debe exigirse a terceros, tendrá el carácter de responsabilidad civil, debiendo tramitarse en la forma y términos que prescribe el Código de Procedimientos Civiles..."*

Quedando así legalmente justificado que la reparación del daño es un derecho que tiene victima u ofendido, reparación que deberá ser realizada por el imputado o incluso puede exigirse a terceros, pero vía civil, sin embargo considero que el espíritu del legislador fue que la victima obtuviera la reparación del daño, debiendo considerar las modificaciones hechas a la Constitución Federal, ya señaladas, en las cuales la reparación del daño es considerado uno de los objetos del Sistema Penal Acusatorio.

Dicho código procesal, en el numeral 95 señala que:

> *"... La reparación del daño proveniente del delito se exigirá de oficio por el Ministerio Público, en los casos que proceda y el monto será fijado por el juez en la sentencia, de acuerdo con las pruebas obtenidas..."*

De dicho numeral que hasta la fecha está vigente en el Estado de Jalisco, pues aun no se han hecho las reformar necesarias para la implementación de dichos métodos, hasta la fecha la obtención de la reparación del daño, llega a la víctima hasta que ha concluido el proceso, que el juez ha determinado que procede dicha reparación y se ha dictado sentencia condenatoria, caso contrario acontecería con los métodos complementarios, puesto que la obtención de la reparación del daño sería de manera más pronta lo que impactaría en la percepción de la víctima y de la ciudadanía.

Debiendo considerar también el contenido del numeral 96 del mismo ordenamiento que señala:

> *"... La reparación del daño comprende, según la naturaleza del delito de que se trate:*
>
> *I. El restablecimiento de las cosas en el estado en que se encontraban antes de cometerse el delito;*
>
> *II. La restitución de la cosa obtenida por el delito, incluyendo sus frutos y accesorios y, si no fuese posible, el pago de su valor actualizado. Si se trata de bienes fungibles, el juez podrá condenar a la entrega de un objeto igual al que fuese materia del delito sin necesidad de recurrir a prueba pericial; y*
>
> *III. La indemnización del daño material y moral causado, así como del perjuicio ocasionado. El daño moral causado a la víctima será determinado, de conformidad a lo que establezca, sobre el particular, el Código Civil..."*

Concepto o integración de reparación del daño que se encuentra rebasada ya con las disposiciones a nivel internacional ya señaladas con antelación, en las cuales se ha establecido que la reparación del daño debe incluir el que la víctima pueda continuar con el desarrollo de su vida como si el delito no hubiere acontecido, se debe buscar el restablecimiento del tejido social, por lo que la reparación no solo impacta a victima u ofendido, sino a toda la sociedad.

Bajo otro análisis el numeral 98 señala que:

> *".. En orden de preferencia, tienen derecho a exigir la reparación del daño:*
>
> *I. El ofendido;*
>
> *II. El cónyuge y sus hijos menores de edad o mayores de edad incapacitados;*
>
> *III. Los ascendientes;*
>
> *IV. La concubina o el concubinario;*
>
> *V. Los que dependan económicamente del ofendido;*
>
> *VI. Los descendientes del ofendido; y*
>
> *VII. La asistencia social..."*

Lo cual está estrechamente vinculado con lo ya señalado a nivel federal e internacional, pues la Ley General de Victimas señala que son víctimas:

> *"..Persona física que directa o indirectamente ha sufrido daño o el menoscabo de sus derechos producto de una violación de derechos humanos o de la comisión de un delito..."*

y por tanto pueden ser beneficiados con la reparación del daño, por lo que las personas que podrán solicitar la reparación del daño es cualquiera que directa o indirectamente haya sufrido el menoscabo, siendo directa la persona que percibe directamente el daño e indirecta quien tiene alguna vinculación con la víctima directa y que también sufre un menoscabo en sus derechos por la comisión del delito.

Dentro de los principios que se establece para las víctimas, en el numeral 5 dicha ley general señala:

> *".. Tanto las reparaciones individuales, administrativas o judiciales, como las reparaciones colectivas deben ser complementarias para alcanzar la integralidad que busca la reparación..."*

Por lo que en dicha legislación a se prevé que la reparación debe de realizarse de manera integral, lo que obviamente conlleva la reparación no solo económica, sino social, psicológica, moral y en todos los aspectos necesarios para que la víctima continúe con su vida como lo era hasta antes de la comisión del delito.

El Código Penal Estatal, en su numeral 100 estipula:

> *"... Cuando no sea posible hacer efectivo el importe total de la reparación y de la multa impuesta, se cubrirá de preferencia aquélla, con bienes del responsable o con el producto de su trabajo en la prisión. El reo liberado seguirá sujeto a la obligación de pagar la parte que falta y, si son varios los ofendidos, se pagará a prorrata.*
>
> *Los depósitos que garanticen la libertad caucional se aplicarán al pago de la reparación, cuando el inculpado se substraiga a la acción de la justicia y no hubiere otros bienes en qué hacerla efectiva.."*

Sin embargo aun cuando la disposición legal señala que se debe de cubrir la reparación del daño, en el capítulo de la medición empírica de la realidad veremos que la autoridad no cuenta con datos o estadísticas de si en efecto se cubrió o no la reparación del daño, por lo que dicha disposición legal no se ve reflejada en la realidad.

"...Artículo 101. El juez que condene al pago de la reparación del daño podrá fijar plazo para el pago, que no podrá exceder de un año, siempre que se garantice suficientemente, a su juicio.

Dicho artículo si bien es cierto no señala un tiempo definido, si señala que no podrá exceder de un año, tiempo que obviamente se vería disminuido en el caso de la aplicación de los métodos alternos, pues el propósito es obtener la reparación a la brevedad posible, para que así la víctima vea reparados lo daños de una manera ms pronta y que deje satisfacción en ella, en el imputado por haber saldado ya dicha reparación y sobre todo en la sociedad, pues se tendrá la visión de un sistema penal eficaz.

4.7 Código Procedimientos Penales para el Estado de Jalisco

Siguiendo con las reformas realizadas, después de la Ley de Justicia Alternativa para el Estado de Jalisco, también se realizaron modificaciones a dicho código de procedimientos, siendo las siguientes:

"...Artículo 109. El Ministerio Público no ejercitará la acción penal:

Cuando se hubieren cumplido las obligaciones impuestas a las partes en el convenio final del método alternativo de solución de conflictos en los delitos no excluidos por la Ley de Justicia Alternativa del estado de Jalisco, y..."

De entre las reformas ya realizadas al Código de Procedimiento de nuestra entidad se encuentra ésta, donde se considera el cumplimiento del convenio final del método alterno como una de las causales para que el Ministerio Publico no ejercite acción penal, lo cual es ya un avance para la aplicación de dichos métodos y para hacerlo atractivo a los imputados para lograr la apertura a estos métodos complementarios y el convencimiento en la reparación del daño.

Artículo 308. El sobreseimiento procederá en los casos siguientes:

IX. Cuando se hubieren cumplido las obligaciones impuestas a las partes en el convenio final del método alternativo de solución de conflictos en los delitos no excluidos por la Ley de Justicia Alternativa del estado de Jalisco..."

De igual forma se estipula legalmente que si se llega a un convenio, aun estando ya dentro del proceso, siempre y cuando se realice hasta antes del dictado de sentencia se podrá sobreseer el juicio, por lo que ambas partes estando ya en cualquier etapa del proceso, pudieren llegar a un convenio y con eso terminar el mismo. Sin embargo, para asegurar el cumplimiento del mismo y tomando en consideración que de sobreseerse un proceso, éste no se podría volver a iniciar por el mismo delito, el legislador previó en caso de incumplimiento, una de las hipótesis señaladas en el numeral 313 que señala:

> *"El sobreseimiento impide definitivamente la apertura de un nuevo proceso contra el mismo reo y sobre los mismos hechos que fueron materia del sobreseído, a no ser que se esté en cualquiera de las siguientes hipótesis:...*
>
> *III. Cuando se declare la nulidad del convenio final del método alternativo de solución de conflictos..."*

Siendo las anteriores las reformas que se han realizado a dicha codificación. Sin embargo dentro del mismo ya se estipulaba con anterioridad la reparación del daño como una de las garantías de la victima u ofendido, según se estipula en el numeral 15 de mismo.

Sin embargo ya para la ejecución y pago de las mismas el numeral 296 señala:

> *".. La ejecución de las sentencias irrevocables en materia penal corresponde al Poder Ejecutivo, quien, por medio del órgano que designe la ley, determinará, en cada caso, el lugar en que deba sufrir el reo la sanción privativa de libertad.*
>
> *La reparación del daño se hará efectiva a instancia de la víctima, el ofendido o su causahabiente.*
>
> *Para el pago de la reparación del daño se la dará al sentenciado un término de cinco días hábiles para que la cubra, si no lo hace y existe depósito suficiente, el órgano*

jurisdiccional deberá ordenar de oficio que éste se entregue al beneficiario o su causahabiente sin más trámite.

Cuando no exista garantía o ésta sea insuficiente, dicha reparación se hará efectiva aplicando, en lo conducente, las disposiciones contenidas en el Título Octavo del Código de Procedimientos Civiles del Estado de Jalisco..."

Por lo que en caso de no existir garantía, la víctima u ofendido no verá reparado el daño de manera inmediata y tendría que pedir la misma por la vía civil, lo cual obviamente resulta desesperanzador para la víctima, pues no confía en el sistema y menos aun sabiendo que tendría que iniciar otro juicio para lograr la misma.

4.8 Tesis y jurisprudencias relacionadas con los Métodos Alternos de Solución de Conflictos.

Las resoluciones jurisprudenciales que estimamos relevantes para el desarrollo de la presente labor investigativa, son las que se transcriben a continuación:

A) MEDIACIÓN. EL QUERELLANTE TIENE EL DERECHO DE EXIGIR SU INICIACIÓN EN CUALQUIER ETAPA DEL PROCEDIMIENTO INCLUIDA LA PROPIA AVERIGUACIÓN PREVIA, AUN CUANDO EN PRINCIPIO HAYA MANIFESTADO SU OPOSICIÓN A ELLA (LEGISLACIÓN DEL ESTADO DE PUEBLA).

El derecho de mediación entra a la esfera jurídica del particular desde el momento en que formula querella por un delito que se persigue a instancia de parte, pero la actitud de no iniciar ese procedimiento por parte de la autoridad encargada de la mediación con vista en la oposición de aquél, no afecta sus intereses jurídicos, dado que este derecho se mantiene incólume, esto es, no lo pierde ni lo ve disminuido en la medida que lo puede hacer valer nuevamente en las diversas etapas del procedimiento en materia de defensa social, incluida la propia averiguación previa, aun cuando en principio lo haya desdeñado, lo que se confirma si se atiende a lo dispuesto en el artículo 405 del código procesal penal de esa entidad federativa, que establece que la autoridad encargada de la averiguación previa o del proceso pondrá en conocimiento de los involucrados que está abierta la posibilidad de mediación durante todo el procedimiento, y que de pedirlo alguna de las partes la autoridad citará a una audiencia, siguiendo los lineamientos establecidos al respecto por la propia ley; de ahí que el querellante sigue conservando la facultad de exigir la iniciación del procedimiento de mediación y, desde luego, es obligación del Ministerio Público, incluso del Juez del proceso, cumplir dicha exigencia.

Novena Época, Registro: 181710, Instancia: Tribunales, Colegiados de Circuito, Tesis Aislada, Fuente: Semanario Judicial de la Federación y su Gaceta, XIX, Abril de 2004,

Materia(s): Penal, Tesis: VI.2o.P.56 P, Página: 1435

Con la tesis anterior queda claro y de manifiesto que el criterio del juzgador y como se han venido resolviendo las controversias suscitadas al momento de aplicar los métodos alternos, es que los mismos pueden ser solicitados por ambas partes en cualquier etapa del procedimiento, aun cuando de primer momento haya dicho que no era su deseo someterse a dichos métodos alternos, con lo anterior se establece que al igual que el legislador que pretende que en todo momento se busque la aplicación de dichos métodos, también el juzgador comulga con la ideología de que en todo momento se debe procurar la aplicación de dichos métodos.

B) MEDIACIÓN EN LA AVERIGUACIÓN PREVIA, PREVISTA EN LOS ARTÍCULOS 135 Y 136 DEL CÓDIGO DE PROCEDIMIENTOS PENALES PARA EL ESTADO DE VERACRUZ. LA OMISIÓN POR PARTE DEL MINISTERIO PÚBLICO DE INFORMAR AL QUERELLANTE SOBRE AQUELLA ALTERNATIVA, NO AFECTA LA ESFERA JURÍDICA DEL INCULPADO.

Del contenido de las normas referidas y de su proceso legislativo se advierte el propósito del legislador de procurar el equilibrio de los derechos que asisten tanto al indiciado como a la víctima, surgiendo la mediación como una figura de atención y compensación a favor de ella, aplicable sólo tratándose de delitos no graves y cuyo propósito es evitar el proceso penal mediante un arreglo conciliatorio entre las partes en conflicto, respetando los derechos de ambas, en donde ordinariamente el Ministerio Público tiene el carácter de tercero mediador. Asimismo, de dichas normas se desprende que el querellante tiene derecho a ser informado de la existencia del mencionado procedimiento de mediación, así como de decidir si agota o no esa alternativa extrajudicial. Por tanto, si durante la averiguación previa el Ministerio Público no informa al querellante sobre tal alternativa y, por ende, no se lleva a cabo la mediación, se actualiza una violación al procedimiento que causa perjuicio a la víctima, mas no al indiciado o procesado, pues la referida legislación procesal dispone que el inicio de la conciliación aludida sólo es prerrogativa del querellante, de ahí que si el inculpado interpone juicio de amparo indirecto contra la orden de aprehensión, su equivalente o el auto de formal prisión, carece de interés jurídico para prevalerse de la referida omisión.

Novena Época, Registro: 173911, Instancia: Primera Sala, Jurisprudencia, Fuente: Semanario Judicial de la Federación y su Gaceta, XXIV, Noviembre de 2006, Materia(s): Penal, Tesis: 1a./J. 61/2006, Página: 142

En dicha tesis se considera que el beneficiario de los métodos complementarios es sólo la víctima u ofendido, pues es ella quien se ve beneficiada con la reparación del daño, sin embargo considero que también es un derecho del imputado el que se le informe que puede terminar con la investigación que se sigue en su contra por medio de éstos métodos, lo cual puede resultarle benéfico al concluir rápidamente la averiguación, y considero lo sería aún más si existiere disminución en penalidades por el pago de la reparación del daño.

C) AUDIENCIA DE CONCILIACIÓN EN LA AVERIGUACIÓN PREVIA. LA OMISIÓN DEL MINISTERIO PÚBLICO DE CITAR A LAS PARTES A ELLA O DE CELEBRARLA, NO CONSTITUYE UNA VIOLACIÓN CONSUMADA IRREPARABLEMENTE PARA EFECTOS DEL JUICIO DE AMPARO INDIRECTO (LEGISLACIÓN DEL ESTADO DE MÉXICO).

En términos del artículo 155 del Código de Procedimientos Penales para el Estado de México (abrogado mediante decreto publicado en la gaceta del gobierno de la entidad el 9 de febrero de

2009), la celebración de la audiencia de conciliación para delitos perseguibles por querella, independientemente de que se obtenga o no la conciliación y de que las partes puedan conciliar antes de la determinación respectiva, es un presupuesto insalvable para que el Ministerio Público ejerza la acción penal; de manera que su falta genera que la actuación de la representación social y de los órganos jurisdiccionales apoyados en la determinación del ejercicio de la acción penal contenga un vicio de legalidad en la integración de la averiguación previa. Así, aunque la violación se configure en la etapa de la indagatoria, si el juez de la causa omitió verificar la falta del presupuesto de mérito, ello trae consigo la violación a las garantías previstas en las fracciones V y IX del apartado A del artículo 20 de la Constitución Política de los Estados Unidos Mexicanos (en su texto anterior a la reforma publicada en el Diario Oficial de la Federación el 18 de junio de 2008), en tanto que no permite al imputado ejercer a plenitud su derecho de defensa, motivo por el cual no puede actualizarse un cambio de situación jurídica. En este sentido, se concluye que la omisión del Ministerio Público de citar a las partes a la referida audiencia de conciliación o de celebrarla, no constituye una violación consumada irreparablemente para efectos del juicio de amparo indirecto y, por ende, no se actualiza la causa de improcedencia prevista en el artículo 73, fracción X, de la Ley de Amparo, por cambio de situación jurídica, en razón de que esa citación y la audiencia misma se traducen en un requisito o presupuesto indispensable para el funcionamiento de la maquinaria de procuración y administración de justicia, lo que por sí mismo implica que se trata de un caso de excepción a la actualización de la aludida causa de improcedencia, ya que los actos procedimentales descritos inciden en las garantías tuteladas en el citado precepto constitucional.

Novena Época, Registro: 164846, Instancia: Primera Sala, Jurisprudencia, Fuente: Semanario Judicial de la Federación y su Gaceta, XXXI, Abril de 2010, Materia(s): Constitucional, Penal, Tesis: 1a./J. 4/2010, Página: 65

En la misma tesitura considero que si bien es cierto, no es una violación irreparable, pues aun el juez puede hacerle del conocimiento al imputado la opción de optar por un método complementario, también lo es que pudo habérsele informado dentro de la averiguación y evitarse éste la investigación, si estaba dispuesto a llegar a un convenio con la otra parte, de igual manera razono en el sentido de que también se le violentan sus derechos a la víctima, pues ésta pudo haber obtenido la reparación del daño con mayor prontitud y no esperar la investigación y esperar a llegar ante el juez para que se les informe dicha posibilidad.

D) AUDIENCIA DE CONCILIACIÓN EN LA AVERIGUACIÓN PREVIA. EN ATENCIÓN AL PRINCIPIO DE SUBSIDIARIEDAD PENAL Y A LOS ARTÍCULOS 3o., FRACCIÓN X Y 118 DEL CÓDIGO DE PROCEDIMIENTOS PENALES PARA EL ESTADO DE TAMAULIPAS, EL MINISTERIO PÚBLICO DEBE CELEBRAR DICHA DILIGENCIA EN LOS DELITOS QUE SE PERSIGUEN POR QUERELLA NECESARIA Y EN LOS PERSEGUIBLES DE OFICIO CUANDO EL PERDÓN DEL OFENDIDO O LA VÍCTIMA SEA CAUSA DE EXTINCIÓN DE LA ACCIÓN PENAL.

Los artículos 3o., fracción X y 118 del Código de Procedimientos Penales para el Estado de Tamaulipas, reformado y adicionado, respectivamente, mediante decreto publicado en el Periódico Oficial de la entidad el 10 de julio de 2003, prevén la figura de la conciliación entre el ofendido o la víctima y el inculpado en los delitos que se persiguen por querella necesaria, y en los perseguibles de oficio cuando el perdón del ofendido o la víctima sea causa de extinción de la acción penal. Ahora bien, de dichos numerales se advierte que el legislador utilizó la expresión "deberá", denotando que es una obligación para el Ministerio Público durante la integración de la averiguación previa llevar a cabo la audiencia de conciliación, pues de lo contrario, si la intención del legislador hubiera sido dejar un amplio espacio discrecional a la representación social en este tema se habría utilizado el diverso vocablo "podrá", supuesto en que se dejaría al arbitrio ministerial la potestad de decidir si procura o no la conciliación de las partes; aspectos los anteriores que sitúan al derecho penal como una disciplina de mínima intervención y que concibe a dicha área como un mecanismo que sólo debe tutelar determinados bienes jurídicos, es decir, aquellos que entrañan valores esenciales de la vida en comunidad, cuya vulneración trasciende más allá del ámbito de los particulares para convertirse en una afectación a la sociedad derivada de la incidencia y la gravedad de las conductas ilícitas, de tal suerte que el derecho penal constituya la ultima ratio para reprimir determinadas conductas consideradas ilícitas dentro del ordenamiento jurídico. No todas las conductas ilícitas que sanciona el derecho penal pueden ser perseguidas de oficio por la autoridad por el solo conocimiento de los hechos delictivos, ya que existen bienes jurídicos tutelados cuya vulneración, a pesar de afectar indirectamente a la sociedad, impactan sólo a las víctimas u ofendidos, pudiéndose ver reparadas las afectaciones a través de componendas entre particulares y, con ello, verse restituido el orden público. Esta perspectiva del derecho penal con una actividad pre conciliatoria ministerial importa un cambio en esta rama del derecho en su acepción tradicional, que se identifica como un modo de control social formal de reacción, por la de derecho penal mínimo que lleva la aplicación del derecho penal al mínimo de conductas transgresoras y que reconoce que el ius puniendi no es el único medio de control social ni un singular instrumento para la protección de los intereses personales, y sobre esa base deben acudirse a medios alternos para la solución de conflictos y dejar para el final al derecho penal, dada la gravedad del control que por medio de esta rama del derecho se ejerce y que, por lo mismo, no es posible utilizarlo frente a todas las situaciones, por ello debe ser la ultima ratio de la política social del Estado para la protección de los bienes jurídicos más importantes frente a los ataques más graves que puedan sufrir. La intervención del derecho penal en la vida social debe reducirse a lo mínimo posible (minimización de la respuesta jurídica violenta frente al delito), constituyéndose así, el llamado principio de subsidiariedad penal, esto es, el último recurso a utilizar a falta de otros menos lesivos.

Novena Época, Registro: 163878, Instancia: Tribunales Colegiados de Circuito, Jurisprudencia, Fuente: Semanario Judicial de la Federación y su Gaceta, XXXII, Septiembre de 2010, Materia(s): Penal, Tesis: XIX.1o.P.T. J/9 Página: 1049

Bajo la tesitura de dicha tesis, los mecanismos alternos deberán de aplicarse en tratándose de delitos de querella, sin embargo es en éstos mismos en los que el perdón extingue la acción penal. Sin embargo, conforme a la propuesta de reducir la intervención del derecho penal en la vida social al mínimo posible, esto permite que sea aplicable en el resto de los delitos aun cuando no sean de querella.

E) AUDIENCIA DE CONCILIACIÓN EN LA AVERIGUACIÓN PREVIA. LA OMISIÓN DEL MINISTERIO PÚBLICO DE CELEBRARLA EN LOS DELITOS QUE SE PERSIGAN POR QUERELLA NECESARIA Y EN LOS PERSEGUIBLES DE OFICIO CUANDO EL PERDÓN DEL OFENDIDO O LA VÍCTIMA SEA CAUSA DE EXTINCIÓN DE LA ACCIÓN PENAL, REPRESENTA UNA AFECTACIÓN A LA GARANTÍA DE DEFENSA Y LA AUSENCIA DEL REQUISITO DE PROCEDIBILIDAD RESPECTIVO (LEGISLACIÓN DEL ESTADO DE TAMAULIPAS).

De los artículos 3o., fracción X y 118 del Código de Procedimientos Penales para el Estado de Tamaulipas, reformado y adicionado, respectivamente, mediante decreto publicado en el Periódico Oficial de la entidad el 10 de julio de 2003, se advierte que el Ministerio Público, en el ejercicio de su acción persecutora y en la etapa de averiguación previa, debe procurar la conciliación entre el ofendido o la víctima y el inculpado en los delitos que se persiguen por querella necesaria, y en los perseguibles de oficio cuando el perdón del ofendido o la víctima sea causa de extinción de la acción penal. Ahora bien, por virtud de la referida reforma, el requisito de procedibilidad de la querella ya no puede ser entendido en su aspecto puramente formal, sino como un elemento material; esto es, la querella resulta ser el acto por el que un particular voluntariamente manifiesta su ánimo ante la autoridad investigadora para que se persiga al responsable por la comisión de un delito y, a causa de ello, pueda pedir la reparación del daño por el que resultó afectado; de lo que se sigue que para la investigación y la persecución correspondientes será necesaria no sólo la manifestación sino la subsistencia de la voluntad de la parte ofendida. En consecuencia, la omisión del Ministerio Público de celebrar la audiencia de conciliación en la etapa de averiguación previa representa una afectación a la garantía de defensa y la ausencia del requisito de procedibilidad de la querella, toda vez que, si la legislación prevé tal conciliación con el objeto de someter el ánimo persecutorio a un proceso de derrotabilidad que permita válidamente desaparecer la voluntad del querellante, resulta inconcuso que el incumplimiento de la mencionada facultad de procuración ministerial ocasiona agravio al denunciado, pues no se cumple con la finalidad de evitar el proceso penal mediante la conciliación y somete al gobernado al seguimiento de dicho juicio con todas sus consecuencias procesales; voluntad que constantemente debe ser motivo de revisión durante todo el proceso penal hasta antes del dictado de la sentencia, pues para entonces será claro que si la querella representa un ánimo de persecución, dictada la sentencia de primer grado (aun cuando ésta sea recurrida), tal pretensión ya habrá quedado satisfecha y difícilmente podría predicarse la posibilidad de que dicho ánimo se retirara o se desvaneciera de conformidad con los artículos 191 Bis y 191 Bis 1 del propio código adjetivo penal de referencia; por ello, la celebración de la citada audiencia debe funcionar cuando menos de manera suficiente como para alcanzar el objetivo de la conciliación, a menos que el ánimo persecutorio sea mayor que la actividad efectiva de la agencia de investigación, a grado tal que ni siquiera con ella se retire la intención de perseguir al inculpado.

Novena Época, Registro: 163877, Instancia: Tribunales Colegiados de Circuito, Jurisprudencia, Fuente: Semanario Judicial de la Federación y su Gaceta, XXXII, Septiembre de 2010, Materia(s): Penal, Tesis: XIX.1o.P.T. J/8, página: 1050

En concordancia con ésta, considero que es cierto que en los delitos de querella, que lleva implícito el deseo del denunciante que se investigue el ilícito, es fundamental el que se le informe la opción de someterse a un método alterno y sobre todo cuando hay disposición de la parte complementaria para reparar del daño, sin embargo creo que los métodos complementarios deben de ir más allá y no ser aplicados solo en delitos de querella, sino en muchos otros delitos que aun siendo de los considerados como graves se pudiera llegar a un convenio únicamente en lo que respecta a la reparación del daño para que la víctima tenga el resarcimiento en menor tiempo, lo cual obviamente pudiera conllevar no al sobreseimiento o al no ejercicio de la acción penal, pero si a una disminución de la pena.

F) AUDIENCIA DE CONCILIACIÓN EN EL PROCEDIMIENTO JUDICIAL PENAL. LA OMISIÓN DE CITAR A LAS PARTES A CELEBRARLA CONSTITUYE UNA VIOLACIÓN A LA GARANTÍA DE DEFENSA (LEGISLACIÓN DEL ESTADO DE NAYARIT). De los artículos 3o., párrafo tercero, 275, fracción VIII, del Código de Procedimientos Penales y 104 del Código Penal, ambos para el Estado de Nayarit, se advierte que el legislador local previó el derecho a la conciliación en el procedimiento judicial penal, tanto en primera como en segunda instancias, siempre que se trate de delito perseguible por querella y no esté catalogado como grave; sin embargo, en ambos casos se condiciona a la circunstancia de que la sentencia relativa no hubiere causado ejecutoria, toda vez que la conciliación es una salida alterna al conflicto que evita el proceso, el dictado de la sentencia o incluso, que ésta cause ejecutoria. Dicha conclusión tiene como base el criterio sostenido por la Primera Sala de la Suprema Corte de Justicia de la Nación, en la jurisprudencia 1a./J. 4/2010, publicada en el Semanario Judicial de la Federación y su Gaceta, Novena Época, Tomo XXXI, abril de 2010, página 65, de rubro: "AUDIENCIA DE CONCILIACIÓN EN LA AVERIGUACIÓN PREVIA. LA OMISIÓN DEL MINISTERIO PÚBLICO DE CITAR A LAS PARTES A ELLA O DE CELEBRARLA, NO CONSTITUYE UNA VIOLACIÓN CONSUMADA IRREPARABLEMENTE PARA EFECTOS DEL JUICIO DE AMPARO INDIRECTO (LEGISLACIÓN DEL ESTADO DE MÉXICO).", ya que se trata de una hipótesis similar. En consecuencia, es necesario que Jueces o Magistrados agoten dicho medio alterno de solución de conflicto penal, porque la omisión de citar a las partes a celebrar la audiencia relativa, constituye una violación a la garantía de defensa prevista a favor del imputado en el artículo 20, apartado A, fracciones V y IX, de la Constitución Política de los Estados Unidos Mexicanos (en su texto anterior a la reforma publicada en el Diario Oficial de la Federación el 18 de junio de 2008), instituida actualmente como derecho humano.

Primer Tribunal Colegiado del Vigésimo Cuarto Circuito [J]; 10a. Época; T.C.C.; S.J.F. y su Gaceta; Libro XIII, Octubre de 2012, Tomo 4; Pág. 2064

Me resulta interesante que en la presente tesis, si se establezca que la omisión de informar sobre la posibilidad de llevar a cabo un método alterno es incluso una violación a la garantía de defensa, sin embargo al señalar que incluso los magistrados deben de agotar dicho método, no establece la manera en que se llevara a cabo la misma, debiendo de tomar en cuenta que la misma es del Estado de Nayarit, ya que probablemente en nuestra legislación no sería posible, pues se establece que dicha audiencias

G) CONCILIACIÓN EN LA AVERIGUACIÓN PREVIA. CONTRA LA OMISIÓN DEL MINISTERIO PÚBLICO DE PROCURARLA TRATÁNDOSE DE DELITOS PERSEGUIBLES POR QUERELLA NECESARIA Y EN LOS DE OFICIO CUANDO EL PERDÓN DEL OFENDIDO O LA VÍCTIMA SEA CAUSA DE EXTINCIÓN DE LA ACCIÓN PENAL, PROCEDE EL JUICIO DE AMPARO INDIRECTO (LEGISLACIÓN DEL ESTADO DE TAMAULIPAS).

Conforme al artículo 118, fracción III, del Código de Procedimientos Penales para el Estado de Tamaulipas, el Ministerio Público, antes de iniciar la averiguación previa o durante ésta, procurará la conciliación entre el ofendido o víctima y el inculpado en los delitos que se persiguen por querella necesaria y en los de oficio cuando el perdón sea causa de extinción de la acción penal, de donde se colige que el representante social puede dar inicio a aquella fase sin que sea óbice que no se haya desahogado la referida conciliación, pues puede llevarla a cabo posteriormente. Ahora bien, no obstante que la conciliación pueda derivar en el perdón del ofendido, la omisión de celebrarla durante la indagatoria hace procedente el juicio de amparo indirecto, por traer aparejada una transgresión a las garantías del indiciado previstas en el artículo 20, apartado A, fracciones V y IX, de la Constitución Política de los Estados Unidos Mexicanos (en su texto anterior a las reformas publicadas en el Diario Oficial de la Federación el 18 de junio de 2008); visto así, los argumentos dirigidos a impugnar dicha omisión en la vía directa resultan inoperantes, porque la citada ilegalidad no afecta las defensas del quejoso con trascendencia al resultado del fallo, ya que durante el proceso el inculpado puede lograr la conciliación con la víctima u ofendido y obtener su perdón; además, de considerar que debe ordenarse la reposición del procedimiento para que se verifique la conciliación hasta la etapa de averiguación previa, representaría un contrasentido con el espíritu de ese medio alternativo de justicia y sería perjudicial para la causa del quejoso, pues se postergaría la resolución del conflicto innecesariamente, vulnerándose la garantía de pronta impartición de justicia contenida en el artículo 17 de la Constitución General de la República, con las consecuencias del dispendio de recursos materiales y humanos que ello acarrea y sin que tenga la certeza de que va a obtener el perdón.

Contradicción de tesis 434/2011. Entre las sustentadas por el Primer Tribunal Colegiado en Materias Penal y de Trabajo del Décimo Noveno Circuito y el Segundo Tribunal Colegiado de Circuito del Centro Auxiliar de la Décima Región. 7 de marzo de

2012. La votación se dividió en dos partes: mayoría de cuatro votos por lo que hace a la competencia. Disidente: José Ramón Cossío Díaz. Unanimidad de cinco votos en cuanto al fondo. Ponente: Guillermo I. Ortiz Mayagoitia. Secretario: Horacio Nicolás Ruiz Palma.

Décima Época , Registro: 2000735, Primera Sala, Jurisprudencia, Semanario Judicial de la Federación y su Gaceta, Libro VIII, Mayo de 2012, Tomo 1, Materia(s): Común, 1a./J. 45/2012 (10a.), Página: 595

Tesis de jurisprudencia 45/2012 (10a.). Aprobada por la Primera Sala de este Alto Tribunal, en sesión de fecha catorce de marzo de dos mil doce.

En ésta se denota claramente, que al ser un derecho tanto de víctima como del imputado, su inobservancia viola el debido proceso, las garantías del procesado por no poder solucionar el conflicto de una manera más pronta, así como a la víctima a quien también se le transgrede la posibilidad de obtener la reparación del daño rápidamente.

4.9 Conclusiones al capítulo

A través de éste capítulo ha sido posible visualizar el tratamiento jurídico que se le ha dado a los Mecanismos Alternativos a nivel nacional e internacional, así como la legislación estatal.

Resulta trascendente resaltar los múltiples congresos mundiales que se tuvieron que abordar para lograr posicionar a la justicia alternativa en el lugar de importancia que merece.

Al señalarse en la Constitución Federal la necesidad la implementación de los métodos alternos en todas las legislaciones significa un avance legal para lograr su instauración en el país, pues derivado de ello se modificaron las constituciones de los estados y cada uno de ellos creo su legislación en la materia.

Sin embargo debido a la multiplicidad de leyes y que cada una prevé diferentes métodos, procesos, condiciones para su aplicación, fue que se promulgó la Ley Nacional de Mecanismos Alternativos de solución de Controversias en materia penal, pretendiendo con ello unificar criterios y que el ciudadano tenga certeza jurídica de cómo se lleva a cabo la aplicación de la justicia alternativa en cualquier sitio del país.

Empero, existe aún un vacío legal, pues el Código Nacional de Procedimientos Penales al hablar sobre los mecanismos alternos remite a la ley en la materia sin señalar que conductas delictivas podrán ser resueltas bajo el amparo de los mismos y la ley nacional en comento, al referir los delitos, remite al código de procedimientos, por lo que se logró una certeza jurídica a medias.

Además es importante señalar que si tomamos como base para su aplicación las conductas señaladas en los Acuerdos reparatorios, consistentes en: delitos de querella, delitos culposos y delitos de índole patrimonial sin violencia, estaríamos acortando el catálogo de delitos que hasta en el momento son permitidos en el estado de Jalisco solucionar mediante dichos mecanismos, lo que puede conllevar nuevamente a la saturación del sistema.

CAPÍTULO QUINTO

4. MEDICIÓN EMPÍRICA DE LA REALIDAD DE LOS MECANISMOS ALTERNOS EN MÉXICO Y JALISCO

"Nada se parece tanto a la injusticia como una justicia tardía."

Seneca

5.1 Análisis Cuantitativo

A lo largo de este capítulo, se expone el trabajo de campo realizado en la zona metropolitana del Estado de Jalisco, así como la investigación estadística en la que se mide de manera cuantitativa los procesos de Mecanismos Alternos realizados en varios de los estados de la República Mexicana, de las personas entrevistadas, cuantas conocen de ellos y cuantas estarían dispuestas a optar por su aplicación.

5.2 Métodos y técnicas

Es menester, hacer un preámbulo para determinar los métodos y técnicas utilizados en el presente capítulo. En el que se plasma e interpreta el trabajo de campo, todo lo investigado y recopilado se explicará en este apartado, en la primer parte se expone lo referente a la parte cuantitativa, es decir número de casos sometidos y resueltos por los Mecanismos Alternos. La segunda parte, que es la parte cualitativa consiste en las encuestas realizadas, y es toda la información de calidad que arrojo el trabajo de campo.

Entre los métodos aplicados son: deductivo, sintético, analítico y dialectico, se aplicaron todos estos métodos, ya que a través del método deductivo se fue progresando por el razonamiento a través de la deducción, partiendo del trabajo de campo recolectado, así como diversa bibliografía; el método sintético se utilizó al relacionar diversos hechos e información, para luego homologarlos, como lo es en el caso de la información recopilada que aparentemente no están relacionadas entre sí. A través del método analítico, se revisó detenidamente toda la información de campo, revisando las encuestas y la información de las autoridades por separado, por último se utilizó el método dialéctico, el cual nos permite estudiar y constatar que el fenómeno no es estático sino que siempre está en movimiento.

Para lo cual se solicitó información al Poder Judicial, Fiscalía General o Procuraduría General de Justicia, de todos los estados del país, lo cual se realizó a través del INFOMEX, información que será graficada y analizada.

A raíz de la información proporcionada por cada uno de los estados y sobre todo Jalisco, se aplicó la fórmula para determinar el tamaño de la muestra y poder elaborar las encuestas que fueron aplicadas en personas al azar entre abogados, estudiantes de derecho, ciudadanía en general, pues se pretende conocer la visión del común para saber si estarían dispuestos a llevar a cabo un método alternativo como solución a su problema legal, de la cual se graficará lo pertinente.

5.3 Estadísticas proporcionadas por las Autoridades

Se recurrió a la solicitud de información a las autoridades que legalmente pueden llevar a cabo los métodos alternos, tal como lo son el Poder Judicial, el Supremo Tribunal de Justicia, la Fiscalía General de Justicia o la Procuraduría General de Justicia, dependiendo de la denominación que se le dé a estas autoridades en cada uno de los estados. Dicho requerimiento de información se realizó en dos ocasiones, la primera de ellas el 27 de enero del año 2014 y la segunda el 30 de abril del 2015, con la finalidad de ver el impacto que tuvo la promulgación de la Ley Nacional de Mecanismos Alternos de solución de controversias, realizando dicha solicitud a todos los estados que cuentan con el sistema de INFOMEX. Cuestionándosele a las autoridades lo siguiente:

1.- Informar cuantos métodos alternos en materia penal se han solicitado en los años 2008, 2009, 2010, 2011, 2012, 2013, 2014 y lo que va del 2015

2.- ¿En cuántos de las solicitudes métodos alternos que se ha realizado se ha llegado a un convenio satisfactorio?

3.- ¿En cuáles delitos es en los que se ha solicitado por las partes someterse a los métodos alternos?

4.- ¿En cuántos de los convenios que se han firmado a través de los métodos alternos se ha logrado la efectiva reparación del daño?

5.- ¿En cuánto tiempo se ha resuelto el método alterno y en cuanto tiempo se ha reparado el daño?

6.- ¿Quién es la autoridad encargada de llevarlos a cabo los métodos alternos y quien está como monitor de su cumplimiento?

Aquí es importante aclarar que dada la complejidad del tema y la discrecionalidad de las autoridades, no fue fácil la obtención de la información, ya que existen varios estados que a la fecha, aun cuando la transparencia ya es una obligación, todavía no cuenta con el sistema Infomex, otros que aun cuando tienen la página la misma presenta diversos problemas técnicos que no permite realizar consultas y en muchos otros de los estados hasta la fecha no han proporcionado la información o solicitaron prórroga sin que hasta la fecha se tenga respuesta alguna, dichos estados son:

No cuenta con sistema Infomex, problemas con la página	**No ha contestado**	**Solicitó prórroga y aún no contesta**
Aguascalientes	Campeche	Guerrero
Baja California Sur	Colima	Puebla
Michoacán	Coahuila	Querétaro
Tamaulipas	Estado de México	Quintana Roo
Tlaxcala	Morelos	
Tabasco	Hidalgo	
Yucatán	San Luis Potosí	
	Guanajuato	
	Zacatecas	

También debe valorarse que hubo estados que aun cuando proporcionaron la información, lo hicieron de una manera parcial, pues no contestaron a todas las preguntas que se les formularon, como se analiza a continuación:

5.3.1 Campeche

En lo que respecta a dicho estado, el Poder Judicial contestó que de enero 2008 al 2015 se han iniciado 18,033 denuncias, estando en integración 7,859, sin embargo refieren que el desglose estadístico requerido, no se tiene procesado actualmente en el Ente Público, ya que el registro del mismo es de manera genérica, por lo que no cuenta con dicha información.

La Fiscalía General del Estado relacionada con el nuevo Sistema de Justicia Penal, informó sus estadísticas a partir de la entrada en vigor el 3 de diciembre del año 2014 con corte al 19 de junio de 2015, conforme a lo siguiente:

Solicitudes de Mecanismo	Convenios Satisfactorios	Delitos	Convenio con reparación del daño	Tiempo de resolución del mecanismo	Tiempo en que se hizo la reparación del daño	Área que vigila su cumplimiento
736	304	Materia de acuerdos reparatorios, donde se aplican los Mecanismos Alternativos, permitidos por el artículo 187 del Código Nacional de Procedimientos Penales.	126	De 1 a 3 horas	De 6 meses a un año	Área de seguimiento

En éste estado se puede observar que han tenido buena aceptación los métodos alternativos de solución de conflictos, pues en menos de un año tienen mayor número de asuntos conciliados que otros estados que ya los utilizan desde años atrás.

Además resulta interesante el que ellos abordaron el problema de la falta de precisión en la Ley Nacional de Mecanismos Alternos de solución de conflictos en materia penal, que como ya se señaló con antelación no especifica en qué delitos son procedentes, sin embargo, Campeche aplica dichos métodos, en los delitos que es procedente el Acuerdo Reparatorio, que finalmente es el que hace las veces del convenio que aceptan las partes en el mecanismo alterno.

5.3.2 Chihuahua

Es preciso aclarar que en éste estado ya se aplicaba el sistema penal acusatorio aun antes de que se hiciera la reforma a la Constitución Federal en el año 2008 por lo que dicho estado es el que obviamente tiene mayor experiencia e información sobre los mecanismos complementarios de justicia. A los cuestionamientos realizados, la Fiscalía General del Estado informó lo siguiente:

Solicitudes de Mecanismo	**Convenios Satisfactorios**	**Delitos**	**Convenio con reparación del daño**	**Tiempo de resolución del mecanismo**	**Tiempo en que se hizo la reparación del**	**Área que vigila su cumplimiento**

					daño	
De 2008 a Enero 2014 123 555	69631	amenazas, daños, lesiones, abuso de confianza, incumplimiento obligación alimentaria, robo y fraude				Centro de Justicia Alternativa y la Fiscalía de Ejecución de penas y medidas judiciales

En lo relativo a informar sobre en la cantidad de métodos alternos en los que se reparó el daño, tiempos de resolución y reparación del daño, manifestaron que en la base de datos no se tiene desagregada dicha información.

Por otra parte, el Poder Judicial de dicho estado informó:

Solicitudes de Mecanismo	**Convenios Satisfactorios**	**Delitos**	**Convenio con reparación del daño**	**Tiempo de resolución del mecanismo**	**Tiempo en que se hizo la reparación del daño**	**Área que vigila su cumplimiento**
De septiembre a diciembre del 2014 81 Y de	120	Abuso de confianza, daños, fraude, homicidio culposo, lesiones, robo, violencia intrafamilia	No tiene la información	Duración aproxima da de tres semanas a dos meses máximo.	No tiene la información	El juez de la causa

enero a mayo 2015 259		r y delitos contra el cumplimiento de la obligación alimentaria				

En lo que respecta a la reparación del daño informaron que los acuerdos que se firman en dichos métodos, se remiten para la respectiva ratificación ante el Tribunal de origen, por lo que la observancia del cumplimiento se traslada a dicha instancia jurisdiccional, por lo cual el instituto no cuenta con dicha información.

Ahora bien el Supremo Tribunal del Estado, ante los mismos cuestionamientos refirió:

Solicitudes de Mecanismo	**Convenios Satisfactorios**	**Delitos**	**Convenio con reparación del daño**	**Tiempo de resolución del mecanismo**	**Tiempo en que se hizo la reparación del daño**	**Área que vigila su cumplimiento**
2008– 283 2009- 666 2010- 822 2011- 816 2012- 922 2013-1319	A éste respecto informó sobre los sobreseimientos	No tiene la información	No tiene la información	No tiene la información	No tiene la información	Fiscalía de Ejecución de Penas y Medidas de Seguridad

De lo anterior se concluye que en Chihuahua ha sido la Fiscalía General de Justicia, la dependencia que más ha utilizado los mecanismos alternos, pues en lo que la fiscalía ha llevado a método alterno 123,555 carpetas de investigación, a nivel judicial solo en 340 asuntos se ha optado por un método alterno, lo que denota que las partes prefieren optar por el método alterno antes de siquiera pasar a la etapa de investigación judicializada.

5.3.3 Chiapas

En dicho estado informaron de la Subprocuraduría General de Justicia de la Procuraduría General de Justicia del Estado, que ellos no contaban con dicha información que se le solicitara a la Fiscalía Especializada en la Implementación y Evaluación del Sistema Penal Acusatorio, sin embargo en la página de INFOMEX de dicho estado, éste no aparece como sujeto obligado, sino la Procuraduría General de Justicia, que fue a quien se hizo la petición.

Por su parte en el poder judicial en dicho estado enviaron la información con la aclaración de que es a partir del 21 de mayo de 2012, fecha en que inició funciones el Juzgado de Control y Tribunales de Enjuiciamiento Región Uno Tuxtla, informando lo siguiente:

Solicitudes de Mecanismo	Convenios Satisfactorios	Delitos	Convenio con reparación del daño	Tiempo de resolución del mecanismo	Tiempo en que se hizo la reparación del daño	Área que vigila su cumplimiento
2012- 10 2013- 74 2014- 35 Ene-mayo 2015 – 9	2012- 9 2013- 64 2014- 19 Ene- mayo 2015 – 3	Daños, incumplimiento de obligaciones alimentarias, lesiones, abuso de confianza, robo, fraude, ataques a las vías de comunicación, falsificación de documentos	2012- 9 2013- 64 2014- 19 Ene- mayo 2015 – 3 (6 en proceso de cumplimiento)	De un mes a un año, dependiendo del daño a reparar y lo convenido por las partes	No tiene la información	Fiscal del Ministerio Público o Juez de control.

Lo que se observa en Chiapas, en que se tiene mucha efectividad, pues en más del 50% de los asuntos que se derivan a los métodos alternos, terminan con un convenio satisfactorio, aunque son verdaderamente pocos los asuntos resueltos por éste medio tomando en consideración que tienen desde el 2012 utilizándolos

5.3.4 Durango

La fiscalía de dicho estado informó:

				Tiempo de	Tiempo	

Solicitudes de Mecanismo	Convenios Satisfactorios	Delitos	Convenio con reparación del daño	resolución del mecanismo	en que se hizo la reparación del daño	Área que vigila su cumplimiento
2009- 5 2010- 29 2011-108 2012- 256 2013- 592 2014- 533 Ene-Jun 2015 – 301	No se especifica	No lo informó	Depende 1, 2 ó 6 meses	Depende 1, 2 ó 6 meses	Depende 1, 2 ó 6 meses	A corto plazo está previsto la unidad de seguimiento según la Ley Nacional

Por su parte el Poder Judicial informó que en la Dirección de Justicia Penal se han realizado los siguientes métodos alternos:

Solicitudes de Mecanismo	Convenios Satisfactorios	Delitos	Convenio con reparación del daño	Tiempo de resolución del mecanismo	Tiempo en que se hizo la reparación del daño	Área que vigila su cumplimiento
2009-3517 2010-6559 2011-4280 2012-3445 2013-4064 2014-4125 2015-	2009- 1037 2010- 1396 2011- 794 2012- 734 2013- 1003 2014- 710 2015-205	Abuso de confianza, abusos deshonestos, abuso sexual, adulterio, allanamiento de morada, amenazas, chantaje, daños culposos, daños	2009-888 2010-1139 2011-621 2012-553 2013-603 2014-264 2015-36	30 días	Varía conforme a la voluntad de las partes, pero máximo un año.	El área de seguimiento de convenios según la Ley Nacional

1078		dolosos, delitos de Abogados patronos y litigantes, delitos cometidos en el ejercicio de la profesión, delitos contra la seguridad de los medios informáticos, despojo, desobediencia y resistencia de particulares, difamación, discriminación, estupro, extorsión, falsedad ante autoridades, falsificación, alteración de títulos al portador, uso indebido de documentos, fraude, homicidio culposo, hostigamiento sexual, injurias, lesiones culposas, lesiones dolosas,				

		omisión de cuidado, privación de la libertad, quebrantamiento de sellos, sustracción de menores con fines de corrupción o tráfico de órganos, robo, delitos contra la seguridad de la subsistencia familiar, ultrajes a la moral, usura, violación a la intimidad personal, violencia familiar				

Resulta interesante el manejo que han tenido los métodos alternos en éste estado, pues contrario a los demás, en Durango se han realizado mas métodos alternos por parte del Poder Judicial que la Fiscalía, además de que en más del 60% de los asuntos en los que se llega a un convenio satisfactorio, se obtiene la reparación del daño.

Además es de observarse que se han utilizado dichos mecanismos alternos en delitos, que pudiera pensarse complicado se llegara a un arreglo, por ejemplo la violación a la intimidad personal, abuso sexual, hostigamiento sexual, lo que deja al descubierto que ha sido eficiente el sistema al aplicar los métodos alternos a diversidad de delitos y no únicamente los que se pudieran considerar de menor impacto para la población.

5.3.5 Distrito Federal

La Procuraduría General de Justicia de dicho estado informó en primer término que la primera Unidad de Mediación entró en operación en el año 2012, por lo que es a partir de dicha fecha que se informa:

Solicitudes de Mecanismo	Convenios Satisfactorios	Delitos	Convenio con reparación del daño	Tiempo de resolución del mecanismo	Tiempo en que se hizo la reparación del daño	Área que vigila su cumplimiento
2012- 569 2013- 595 2014-1071 2015 hasta mayo-2728	No se especifica x año pero señala que se han signado 1572 convenios	No especifica a solo señala que el de mayor incidencia en Amenazas	No lo especifica x año pero señala que se han cumplido 980 convenios	30 días	Depende de las partes, sin exceder de lo establecido en la materia	Los auxiliares de mediación

Por otro lado, el área de Mediación del Centro de Justicia Alternativa dependiente del Tribunal Superior de Justicia del Distrito Federal, informó lo siguiente:

Solicitudes de Mecanismo	Convenios Satisfactorios	Delitos	Convenio con reparación del daño	Tiempo de resolución del mecanismo	Tiempo en que se hizo la reparación del daño	Área que vigila su cumplimiento
2008- 29 2009- 83 2010-95 2011- 128 2012- 132 2013- 200 2014- 348 Enero 2015 -19	2008- 21 2009- 60 2010-73 2011- 77 2012- 90 2013- 128 2014- 205 Enero 2015 - 13	No se cuenta con dicha información	2008- 21 2009- 60 2010-73 2011- 77 2012- 90 2013- 128 2014- 205 Enero 2015 -13	La duración es la que resulte necesaria y en materia penal es de una a tres sesiones	No se cuenta con dicha información	No cuenta con autoridad designada a su seguimiento, los propios mediados informan sobre el cumplimiento.

Se observa que en dicho estado también ha sido la Procuraduría General de Justicia quien mayormente ha aplicado dichos métodos, y que han crecido en aceptación y aplicación pues del 2014 al 2015 prácticamente se triplicaron el número de asuntos que se han canalizado a un método alterno.

5.3.6 Jalisco

La Fiscalía General del Estado informó a partir del año 2014 lo siguiente:

Solicitudes de Mecanismo	Convenios Satisfactorios	Delitos	Convenio con reparación del daño	Tiempo de resolución del mecanismo	Tiempo en que se hizo la reparación del daño	Área que vigila su cumplimiento
2010- 39 2011- 498 2012-1613 2013-2184 2014-2963 2015 junio-1216	2014 -890 2015- 229	Todos excepto los señalados en el artículo 5 de la Ley de Justicia Alternativa	2014 -890 2015- 229	30 días	Depende de las partes, sin exceder de lo establecido en la ley	El Instituto de Justicia Alternativa

En nuestro estado también podemos observar que año con año, por lo menos se ha duplicado el número de asuntos que se remitieron a tratar de solucionarlos mediante los métodos alternos.

5.3.7 Nayarit

El Centro del Tribunal Superior de Justicia del Estado informó que dicho centro inició operaciones el 28 de noviembre de 2011, por lo que la información que rinden es a partir de dicha fecha:

Solicitudes de	Convenios Satisfactori	Delitos	Convenio con	Tiempo de resolución del	Tiempo en que se hizo la	Área que vigila su

Mecanismo	os		reparación del daño	mecanismo	reparación del daño	cumplimiento
2012 al 2014 63 expedientes	2012 al 2014 32 expedientes	Abuso de confianza, robo simple, abandono de familiares, lesiones simples, difamación, injurias	No informa	De un mes a mes y medio	No informa	Según el art 48 de la ley justicia alternativa de Nayarit

Lamentablemente en dicho estado son mínimos los asuntos derivados a dichos métodos y menos aún los finalmente resueltos, aunque se conveniaron poco más del 50% de los asuntos.

5.3.8 Nuevo León

La Procuraduría General de Justicia del Estado informó que los métodos alternos comenzaron a utilizarse en el área de Justicia Penal Alternativa en mayo del 2012, informando que:

Solicitudes de Mecanismo	Convenios Satisfactorios	Delitos	Convenio con reparación del daño	Tiempo de resolución del mecanismo	Tiempo en que se hizo la reparación del daño	Área que vigila su cumplimiento
2012- 3485	2012- 2576	Anexa	Anexa	8 días	Depende	Procuraduría

2013- 5864 2014- 6929 2015 junio-3002	2013- 4334 2014- 5253 2015 junio-2528	tabla "Anexo A"	tabla "Anexo B"		de cada caso	General de Justicia

"ANEXO A"

2013

DELITO	TOTAL
Lesiones	1653
Amenazas	1054
Daño en Propiedad Ajena	711
Injurias	269
Abuso de Confianza	124
Allanamiento de Morada	116
Robo	102
Difamación	100
Golpes y Violencias Físicas Simples	85
Fraude	79
Homicidio culposo	24
Ataques peligrosos	11
Calumnia	2
Incumplimiento de obligaciones Alimentarias	1
Provocación de un delito y apología de este o de algún vicio	1
Responsabilidad médica, técnica y administrativa	1
	4334

2014

DELITO	Total
Lesiones	2083
Amenazas	1110
Daño en Propiedad Ajena	782
Robo	418
Injurias	263
Fraude	149
Difamación	107
Abuso de Confianza	105
Golpes y Violencias Físicas Simples	100
Allanamiento de Morada	82
Ataques peligrosos	16
Homicidio culposo	12
Incumplimiento de obligaciones Alimentarias	8
Resistencia de particulares	8
Calumnia	2
Sustracción de menores	2
Falsedad en declaraciones y en informes dados a una autoridad	1
Falsificación y uso de documentos en general	1
Responsabilidad médica, técnica y administrativa	1
Revelación de secretos	1
Ultrajes a la moral publica	1
Usura	1
	5253

2015

DELITO	total
Lesiones	977
Amenazas	533
Daño en Propiedad Ajena	394
Robo	248
Injurias	103
Fraude	59
Difamación	51
Allanamiento de Morada	50
Golpes y Violencias Físicas Simples	43
Abuso de Confianza	35
Homicidio culposo	10
Ataques peligrosos	5
Incumplimiento de obligaciones Alimentarias	5
Substracción de menores	6
Despojo de inmuebles	5
Resistencia de particulares	2
Responsabilidad médica, técnica y administrativa	1
Suplantación de identidad	1
	2528

"ANEXO B"

2012

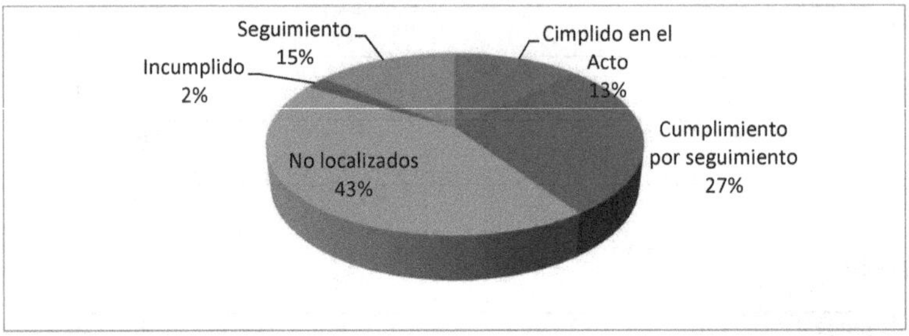

2013

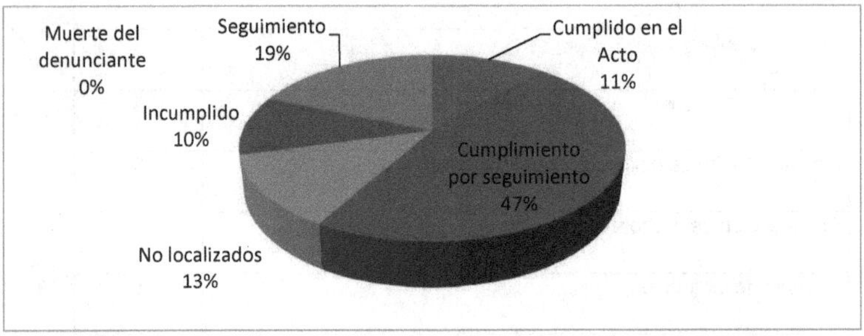

2014

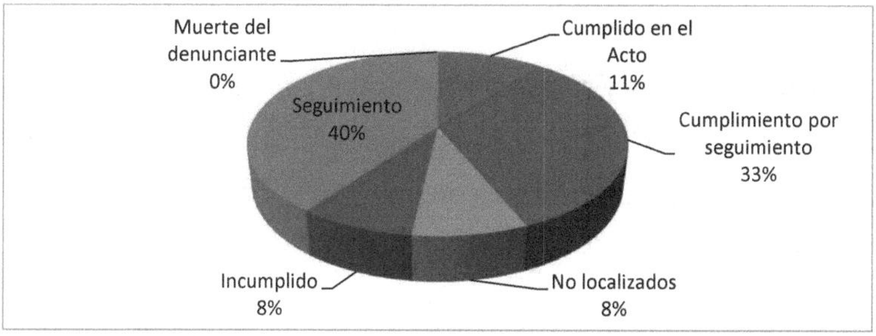

2015

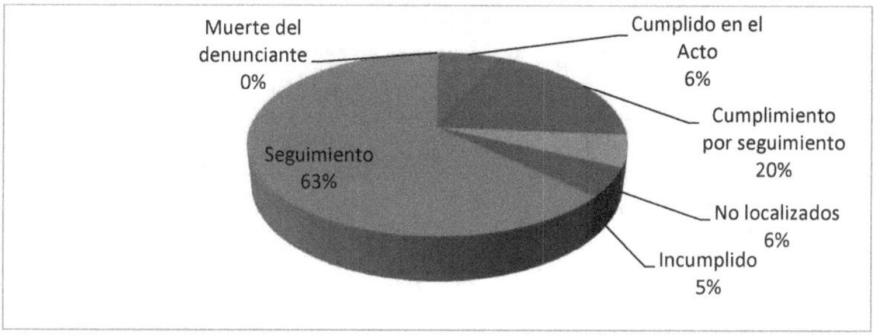

Con la información proporcionada denotan que es el estado que mejor organizada tiene la información, además de que también ha ido creciendo año con año la aceptación de la población de optar por los métodos alternos, aunado a que en más del 80% de los asuntos se llega a un convenio logrando la efectiva reparación del daño a la víctima, aunado a la rapidez, pues bastan solo 8 días para que se termine el asunto mediante dichos mecanismos, lo que nos habla en efecto de una justicia pronta y eficaz.

5.3.9 Sinaloa

En éste estado la Procuraduría General de Justicia informó en primer lugar que el Centro de Mecanismos inició el 15 de Octubre del 2014 aportando los siguientes datos:

Solicitudes de Mecanismo	**Convenios Satisfactorios**	**Delitos**	**Convenio con reparación del daño**	**Tiempo de resolución del mecanismo**	**Tiempo en que se hizo la reparación del daño**	**Área que vigila su cumplimiento**
2014- 200 2015 junio- 479	2014- 128 2015 junio- 283	Abuso de confianza, acoso sexual, abuso sexual, allanamiento de morada, amenazas, daños culposos, daños dolosos, despojo, fraude, homicidio culposo, incumplimiento de las obligaciones y asistencia familiar, lesiones, lesiones agravadas,	2014- 128 2015 junio- 283	Van desde 1 a 900 días	Convenio con cumplimiento futuro 2014- 19 2015- 61 Convenio con cumplimiento inmediato 2014- 107 2015- 221	El área de seguimiento donde se encuentra un facilitador.

		lesiones culposas, lesiones dolosas, robo, robo agravado, violencia familiar				

Por otra parte el Poder Judicial informó del periodo de 15 de octubre del 2014 al 3 de junio del 2015 lo siguiente:

Solicitudes de Mecanismo	**Convenios Satisfactorios**	**Delitos**	**Convenio con reparación del daño**	**Tiempo de resolución del mecanismo**	**Tiempo en que se hizo la reparación del daño**	**Área que vigila su cumplimiento**
53	4	Incumplimiento de obligaciones de asistencia familiar, violencia familiar, transito de vehículo robado, posesión de vehículo robado, lesiones, abuso sexual	4	1 mes	Depende del asunto	El juez de control o la Unidad de Seguimiento del Centro Regional de Mecanismos Alternativos

Se observa que es también ante el Ministerio Público donde se opta por los métodos alternos, el cual se ha aplicado aun en delito como abuso sexual, acoso sexual y robo agravado, lo que deja de manifiesto que al afectado le interesa la reparación del daño.

5.3.10 Sonora

Al respecto el Poder Judicial de dicho estado rinde la información aclarando que no se cuenta con el dato para determinar si se ha logrado la efectiva reparación del daño, rindiendo la información a partir del 2009 pues no se cuenta con información relativa al año 2008. También aclaran que la información que proporcionan se refiere a expedientes judicializados ante los Juzgados de Primera Instancia en materia penal y que fueron turnados para un proceso de mediación al Centro de Justicia Alternativa

Solicitudes de Mecanismo	**Convenios Satisfactorios**	**Delitos**	**Convenio con reparación del daño**	**Tiempo de resolución del mecanismo**	**Tiempo en que se hizo la reparación del daño**	**Área que vigila su cumplimiento**
2009-150 2010-209 2011-236 2012-204 2013-155 2014-209	2009-100 2010-116 2011-125 2012-113 2013-122 2014-147	Daños, violencia intrafamiliar, lesiones, fraude, robo, homicidio,	2009-100 2010-116 2011-125 2012-113 2013-122 2014-147	1 día	No se cuenta con la información	El Centro de justicia Alternativa deja abierta la causa para en

		abuso de confianza, estupro, conducción punible de vehículos, sustracción de menores, despojo, amenazas, incumplimiento de obligaciones familiares				caso de que las partes reclamen su cumplimiento

Se observa una gran efectividad, tomando en consideración que los datos aportados son ya dentro del proceso y aun así las partes convienen en llegar a una conciliación, con una gran efectividad.

A grandes rasgos se observa que fue positiva la respuesta de las autoridades y se consiguió información valiosa, pues nos da un panorama de los mecanismos alternos a nivel nacional, se puede observar que han ido creciendo en todos los estados el número de expedientes resueltos mediante dichos métodos.

Se debe de considerar que han sido en diversos delitos donde se ha llegado a un convenio, incluso en delitos que son considerados de mayor impacto social, pero aun así las partes han logrado llegar a un convenio.

5.4 Encuestas oficiales a nivel Nacional realizadas por la Secretaría Técnica para la implementación del Sistema Penal Acusatorio.

Continuando con la autoridad, no existen estadísticas realizadas en especifico sobre los Métodos alternativos de solución de controversias, sin embargo, la Secretaría Técnica para la implementación del Sistema Penal Acusatorio, realizó en el año 2012 una encuesta nacional sobre la percepción ciudadana del Sistema de Justicia Penal, para realizar la encuesta nacional se estableció una ruta crítica para el grupo de trabajo por una empresa o casa encuestadora de reconocido prestigio y con la suficiente experiencia en trabajar temas de justicia y seguridad.

Cabe destacar que el propósito principal de la encuesta no es medir experiencias de usuarios con el sistema penal (pues la encuesta no será representativa de la población de usuarios del sistema), sino medir evaluaciones del sistema de justicia penal desde la perspectiva de la sociedad en general quien es un beneficiario —indirecto, pero sumamente importante— del sistema; todo ello con el objetivo de valorar el impacto que ha tenido la reforma penal. Si bien es cierto no se trata de una medición específica sobre los Mecanismos Alternativos, existe diversa información de importancia para nuestro objeto de estudio, por lo cual se plasmarán solo las estadísticas que resulten de trascendencia.

5.4.1 Selección de la muestra

Como marco de muestreo se utilizaron las viviendas particulares habitadas por AGEB reportadas por el Censo de Población y Vivienda levantado por el INEGI en 2010. Management Systems International (MSI) definió que se requería seleccionar una muestra de 50 AGEBS por entidad, en total 1,600 AGEB, para obtener 16,000 entrevistas de hogares "completas" que incluyeran tanto módulo de hogar como módulos individuales.

Después de realizar las entrevistas, y hacer la valoración de cada una de ellas analizando las incidencias reportadas por cada casa encuestadora, se obtuvieron los siguientes resultados:

ENTIDADES CON MAYOR Y MENOR CONFIANZA DEL SISTEMA DE JUSTICIA PENAL			
PROCURADURÍA		POLICÍA	
Hidalgo	13.60%	Hidalgo	13.40%
Yucatán	12.60%	Oaxaca	12.20%
Querétaro	11.80%	Querétaro	10.60%
Prom Nac	5.70%	Prom Nac	4.30%
Durango	2.00%	Morelos	1.00%
Jalisco	1.80%	Chihuahua	0.80%
Chihuahua	1.40%	Durango	0.60%

Recuperado en: http://www.setec.gob.mx/es/SETEC/Encuesta_Nacional_sobre_el_Sistema_de_Justicia_Penal

Existe una relativa desconfianza hacia elementos del sistema de justicia, como las procuradurías o las policías locales.

Jalisco, es el penúltimo estado con desconfianza en el actuar de la Procuraduría lo que denota el reclamo de justicia existente y por tanto la necesidad de mejorar la percepción ciudadana sobre el sistema penal, las autoridades y su eficacia.

PERMISIVIDAD RESPECTO A LA ILEGALIDAD PROMEDIO DE ACUERDO CON ALGUNAS CONDUCTAS	
Mejor arreglarse entre ciudadanos que con las autoridades	
Tabasco	3.3
Guerrero	3
Quintana Roo	2.9
Prom Nac	2.5
Tlaxcala	1.9
Nayarit	1.8
Querétaro	1.8

Recuperado en: http://www.setec.gob.mx/es/SETEC/Encuesta_Nacional_sobre_el_Sistema_de_Justicia_Penal

Al respecto se destaca, que gran parte de la población está de acuerdo en tratar de solucionar el conflicto directamente con el ciudadano y evitar la participación de la autoridad, lo que denota que la población está abierta a llegar a un convenio. Ahora las políticas públicas deben dirigirse al convencimiento social de que la autoridad puede auxiliar a solucionar el conflicto, puede ser quien vigile el convenio y asegure legalmente que se llegue a un arreglo justo para ambas partes.

EL NUEVO SISTEMA ESTABLECE QUE... (Porcentaje de la población nacional que está de acuerdo con una u otra postura	A FAVOR	EN CONTRA
En delitos menores si se separa el daño a la víctima no todos los culpables deberán in a prisión A FAVOR: No todos los delitos ameritan prisión y se permite la reintegración EN CONTRA: Se es blanco con los delincuentes	56.50%	26.80%

Recuperado en: http://www.setec.gob.mx/es/SETEC/Encuesta_Nacional_sobre_el_Sistema_de_Justicia_Penal

En general, hay un amplio nivel de aceptación sobre distintos aspectos del nuevo sistema de justicia penal, incluso en aquellos temas que podrían ser más polémicos, como por ejemplo que los acusados de delitos menores puedan evitar ser encarcelados si reparan el daño a la víctima.

Aceptan de ésta manera la posibilidad de optar por un método alterno, en tanto se haya reparado el daño.

5.4.2 Análisis cualitativo del estudio de percepción

Continuando con dichas encuestas, la Secretaría Técnica también se dio a la tarea de medir de manera cualitativa la percepción de justicia. En este apartado, se exponen los resultados de un estudio complementario cualitativo que, por una parte, sirva para contextualizar y entender mejor los resultados de la encuesta y, por otra, permita descubrir nuevos elementos en relación con el proceso evolutivo del sistema judicial que se está operando en el país.

5.4.3 La metodología

Diseño de la investigación, cobertura y grupos a estudiar

5.4.4 Cobertura

Un primer criterio de segmentación del estudio obedeció al interés de contrastar las opiniones de los distintos grupos de informantes en dos categorías, según si residen en entidades del país en las que ya se estén implementando cambios en el sistema judicial, frente a otras en las que aún se conserva el sistema tradicional.

Por ello se eligieron para el diseño tres entidades por cada una de esas dos categorías, resultando así que el estudio se llevó a cabo en seis entidades (Estado de México, Morelos, Chihuahua, Distrito Federal, Tabasco y Tamaulipas). Se eligieron las plazas capitales de dichas entidades (Toluca, Cuernavaca, Ciudad Juárez, Distrito Federal Villahermosa y Ciudad Victoria).

5.4.5 Métodos de recolección utilizados

Se hizo una recolección de evidencias mixtas, conjuntando sesiones de grupo con entrevistas a profundidad. Esto se hizo con el propósito de lograr una óptima calidad de información sin intimidar a los participantes al respetar su privacidad.

5.4.6 Sectores estudiados

El tercer criterio de segmentación reside en el tipo de informantes que conjuntó el estudio.

Para nuestra investigación, se analiza únicamente la entrevista cualitativa realizada a las víctimas o familiares de víctimas del delito.

Edad. El rango de edad de las víctimas y familiares de víctimas fue de 19 a 82 años. La edad promedio es de 42 años.

Género. Poco más de la mitad de los entrevistados fueron mujeres.

Ocupación. Existió diversidad de ocupación habiendo participantes empleados de empresas privadas y públicas, amas de casa, profesionistas independientes, comerciantes, pequeños empresarios, jubilados y estudiantes.

5.4.7 Caso por el que levantó la demanda

El robo en sus distintas modalidades es la causa más frecuente de presentación de una denuncia entre los participantes. Se presentan casos por robo de vehículo, casa habitación; comercio; celular; dinero; mascota, medidor de agua y taxi) abuso de confianza; acoso sexual; agresión física y verbal; agresión a menor; intento de secuestro; amenazas; asesinato (hijo, padre y hermano); contrademanda por invasión de propiedad; despido injustificado; extorsión telefónica y personal; fraude; violencia familiar, pensión alimenticia; y vecinos sospechosos.

5.4.8 Institución en la que realizó la denuncia

La mayoría presentó su denuncia en el Ministerio Público. De forma aislada se menciona juzgado de paz, juzgado familiar y juzgado civil.

5.4.9 Etapa en el proceso

Las tres situaciones más comunes entre los participantes en el estudio fueron.

A) Después de la denuncia no pasó nada más con su proceso.

B) Presentación de denuncia y proceso de investigación abierto.

C) Desistir del proceso por distintas causas como falta de tiempo, temor a represalias o desaparición de la denuncia.

Otras etapas que se presentan de forma aislada son. contrademanda, la etapa de careos, finalizando la presentación de la denuncia, etapa de conciliación y arbitraje, y terminación del proceso con un acuerdo.

Obteniendo en dichas entrevistas la percepción de experiencias de usuarios(as) del sistema judicial penal, con los siguientes resultados:

5.4.10 Nivel de satisfacción con el proceso

Los usuarios se muestran muy insatisfechos con su experiencia en el sistema judicial penal.

En este sentido, el argumento más reiterado alude a la impunidad. Sienten que el sistema por omisión o falta de capacidad lleva a que sea un trámite el denunciar que no brinda resultados.

Opinan que no se investiga y se da seguimiento a las denuncias y el proceso concluye ahí.

El segundo aspecto que genera insatisfacción es el deficiente servicio de atención al momento de presentar la denuncia. Creen que el trato recibido no es adecuado y los tiempos son excesivos.

Otros de los elementos que provocan insatisfacción son. la re victimización, el trato desigual entre ciudadanos, el exceso en el tiempo de respuesta, la calendarización de citas sin consulta previa, la exigencia de testigos de una agresión con evidencia física y el desacuerdo con el resultado de mediaciones.

5.4.11 Cumplimiento de expectativas

Por la falta de resultados la mayoría de los usuarios reconocen que como víctimas y lo generalizan a la sociedad, ya no tienen expectativas sobre la procuración e impartición de justicia. Se recurre al sistema como un trámite para ampararse de diversas circunstancias como mal uso de artículos, documentos o exigencia laboral.

5.4.12 Sentimiento de protección

Los usuarios no se sienten protegidos por el sistema. Se observó que hay distintas aspectos que motivan este sentir. Uno de ellos es el sentimiento de desprotección por falta de captura de presuntos o recuperación - reparación del daño.

5.4.13 Reparación de daños a víctimas

La mayoría de los usuarios realiza una evaluación negativa sobre la implementación de los mecanismos de reparación de daños a víctimas. Creen que no existen o no son justos.

Se plantea que fallan o son poco conocidos los mecanismos de reparación de daños en cuanto a la restitución de la cosa obtenida por el delito. No reconocen que exista la indemnización por los daños causados y algunos cuestionan que los montos fijados son insuficientes para cubrir la totalidad de la perdida.

De forma aislada se plantea que la reparación de daños no se cumple porque los montos son muy elevados para la solvencia económica de los condenados.

Entre los operadores no hay consenso en la evaluación de los mecanismos de reparación de daños. Hay quienes evalúan que son adecuados porque brindan la posibilidad de negociar logrando un recurso abreviado satisfactorio.

También se plantea como un avance que la reparación del daño no queda a cargo del delincuente y se han creado instituciones para atender a las víctimas.

Quienes evalúan negativamente los mecanismos de reparación de daños centran su cuestionamiento en su no cumplimiento. "son letra muerta". Compartiendo la idea de algunos de los usuarios del sistema. Los operarios de sistemas reformados cuestionan la inexistencia de un mecanismo para lograr que el imputado pague como era el recurso de la pre-liberación. (Encuesta Nacional sobre el Sistema de Justicia Penal. Recuperado en: http://www.setec.gob.mx/es/SETEC/Encuesta_Nacional_sobre_el_Sistema_de_Justicia_Penal) Lo cual hasta cierto punto es cierto, pues en el anterior sistema el privado de su libertad hacia todo lo posible para pagar o por lo menos garantizar la reparación del daño para obtener su liberta, ahora sin embargo, al no estar sujetos a esta medida cautelar o existir otras penas, éste se libera de la presión de querer salir de prisión, por lo que se aligera su apremio por reparar el daño.

En lo tocante a lo cualitativo, se observa el descontento de la sociedad a nivel nacional con el sistema de justicia, la falta de credibilidad en la autoridad, el sentimiento de desprotección y uno de los mayores reclamos de la ciudadanía es la falta de recuperación o reparación del daño, situación que se pretende cubrir con la aplicación de los métodos alternos en la justicia restaurativa.

5.5. Encuestas realizadas sobre los Métodos Alternativos de Solución de Conflictos en Jalisco.

Para hacer patente el problema de investigación y la viabilidad de la hipótesis, se utilizaron varias técnicas de obtención de datos, entre ellas la encuesta, tomando en consideración que en función de la población objeto de estudio, existen metodologías que resultan más adecuadas para la recopilación de información, entre las que se encuentran: encuestas a gran escala (que alcanzan un alto grado de representatividad de una determinada población); encuestas enfocadas en poblaciones específicas (que pueden ser menos representativas, pero ofrecen una visión única); y grupos de enfoque y estudios de caso (que suelen ser poco representativos, pero proporcionan información de alto valor cualitativo), para ello se elaboraron los siguientes cuestionarios:

ENCUESTA A VICTIMAS EN EL MÉTODO ALTERNO

1. ¿De qué delito fue víctima?___________________________________
2. ¿Cuánto tiempo tardó el Método Alterno de Solución de Conflictos desde su inicio hasta el convenio?

   A).- Menos de 30 días ☐

   B).- Más de 30 días y menos de 1 año ☐

   C).- Más de un año ☐

3. ¿Se le reparó del daño? SI ☐ NO ☐
4. ¿Cuánto tiempo tardó en obtener la reparación del daño?

   A).- Menos de 30 días ☐

   B).- Más de 30 días y menos de 1 un año ☐

   C).- Más de 1 año ☐

5. ¿En qué consistió dicha reparación?___________________________
6. ¿Quedó satisfecho con la actuación del Centro de Mediación? ¿Porqué?_______________________ SI ☐ NO ☐
7. ¿Quedó satisfecho con la reparación del daño? SI ☐ NO ☐ ¿Porqué?_____________________________________

8. ¿Cree Usted que obtuvo algún beneficio al negociar con la parte complementaria?
SI ☐ NO ☐
9. ¿Hubo algún acercamiento previo de la parte complementaria con Usted antes de llegar a los métodos alternos?
SI ☐ NO ☐

ENCUESTA A PARTE COMPLEMENTARIA EN EL METODO ALTERNO

1. ¿Qué delito se le imputaba?________________________________

2. ¿Cuánto tiempo duró el método alterno desde su inicio hasta el convenio?

A).- Menos de 30 días ☐

B).- Más de 30 días y menos de 1 año ☐

C).- Más de 1 año ☐

3. ¿Reparó el daño a la parte complementaria? S I ☐ NO ☐

4. ¿En qué consistió dicha reparación?____________________

5. ¿Quedo satisfecho con la actuación del Centro de Mediación?

SI ☐ NO ☐

¿Porqué?________________________________

6. ¿Quedó satisfecho con el Método Alterno de Solución de Conflictos? SI ☐ NO ☐

¿Porqué?________________________________

7. ¿Cree Usted que obtuvo algún beneficio al negociar con la parte solicitante?

SI ☐ NO ☐

¿Cuál?________________________________

Éstas se utilizaron tomando para obtener la opinión de las personas que han llevado a cabo los métodos alternos, saber de su viabilidad, funcionalidad, eficacia y eficiencia.

Elaborándose también la siguiente encuesta:

Edad: ____________

Escolaridad:__________________

ENCUESTA

1. ¿Ha sido víctima de algún delito? SI ☐ NO ☐

Si no lo ha sido pasar a la pregunta 10, si lo fue continuar en la siguiente pregunta

2. ¿De qué delito fue víctima?_________________

3. ¿Presentó denuncia? SI ☐ NO ☐

4. ¿Cuánto tiempo tardó su proceso?

   A).- Menos de 1 un año ☐

   B).- Más de 1 un año y menos de 2 dos años ☐

   C).- Más de 2 dos años ☐

5. ¿Se le reparó del daño? SI ☐ NO ☐

6. ¿Cuánto tiempo tardó en obtener la reparación del daño?

   A).- Menos de 1 un año ☐

   B).- Más de 1 un año y menos de 2 dos años ☐

C).- Más de 2 dos años

7. ¿En qué consistió dicha reparación?____________________
8. ¿Quedó satisfecho con la actuación de la autoridad?

SI ☐ NO ☐

¿Por qué?________________________________

9. ¿Quedó satisfecho con la reparación del daño?

SI ☐ NO ☐

¿Por qué?____

10. ¿Conoce Usted en qué consisten los Métodos Alternos de Solución de Conflictos? SI ☐ NO ☐
11. ¿Sabía Usted que la Justicia Restaurativa consiste en la posibilidad de que se realicen entrevistas entre Usted y el responsable acompañados por un especialista, esto para lograr una efectiva reparación del daño que cubra todos los aspectos económicos, sociales, morales, psicológicos, etc.?

SI ☐ NO ☐

12. ¿Estaría dispuesto a entrevistarse con su victimario?

SI ☐ NO ☐

13. Si su respuesta es afirmativa, ¿bajo qué condiciones?____

Dicho cuestionario se aplicó para saber si la gente tiene conocimiento en qué consisten los métodos alternos y la justicia restaurativa, así como la posibilidad de que optaran por éste tipo de métodos.

5.5.1 Fórmula bajo la cual se sujetó la medición empírica del presente capítulo

Para tener una encuesta que nos revele la realidad, se toma como base los métodos alternos realizados en nuestro estado en lo que va del año 2015, atendiendo a que fue a partir de éste año que ya estaba en vigencia la Ley Nacional de Mecanismos Alternativos en materia penal, para lo cual se consideran los 229 mecanismos alternos que se han llevado a cabo en el estado de Jalisco, como el universo para determinar cuál sería el mínimo del tamaño de la muestra requerido, para calcular el tamaño de la muestra se aplico la formula que se utiliza para estudios sencillos, del libro de Raúl Rojas Soriano, 2006, recuperado en: http://books.google.com.mx/books?id=lNHY5YetxQC&pg=PA298&lpg=PA298&dq=%22%E2%80%9CZ%E2%80%9D++Es+el+nivel+de+confianza+requerido+para+generalizar++++++los+resultados+hacia+toda+la+poblaci%C3%B3n%22&source=bl&ots=92YZNhuk4Z&sig=QMS2vDe6k2GiHU5i8yEfElnkXEk&hl=es&ei=UScuTafUHoep8Aa9iY3PCQ&sa=X&oi=book_result&ct=result&resnum=3&ved=0CCYQ6AEwAg#v=onepage&q&f=false

n= Z 2(pq)

E 2

"Z"= Nivel de confianza requerido para generalizar los resultados hacia toda la población; el cual se recomienda para una comprobación de hipótesis que no sea menor de un 95.5 por ciento.

A) Se determino un nivel de confianza de un 95.5 por ciento;

B) Se divide entre dos, ya que la curva normal está distribuida en dos partes iguales;

C) El resultado se divide entre 100, ya que los valores están dados en proporciones;

D) Este valor se localiza en el cuerpo de la tabla área bajo la curva normal; después el dato tipificado que le corresponde se busca en la columna Z de la derecha, auxiliándose del encabezado.

"p y q"= Variabilidad del fenómeno estudiado.

p= respuestas positivas **50%** (se divide entre cien)

q= respuestas negativas **50%** (se divide entre cien)

"E"= Precisión con la que se generalizarán los resultados. Este valor permitirá calcular el intervalo en donde se encuentran los verdaderos valores de la población.

"E"= 5% (se divide entre cien)

50% +,- 5%= 55%,45%

El cual aplicado en nuestro trabajo, queda así:

Z= 95.5 (95.5/2=47.75/100=.4775)=**2**

n =(2.0)2(.5)(.5)

(.05)2

n = 4*.5*.5 = 1 =400

0.0025

"n" = Tamaño de la muestra inicial = 400

Muestra corregida:

n = no

1+ no-1

N

N = **Número de medios alternos de solución de conflictos realizados:** 229

n = no n = 400 n = 400 n = 400 400 = 136.70

1 +no-1 1+ 400-1 1+ 399 1+ 1.5525 2.5525

N 229 229

"n" = Tamaño de la muestra corregida = 137

5.5.1 Encuesta General

Así mismo una vez sacado el tamaño de la muestra 137, se procedió a aplicar las encuestas, siendo un total de 200 encuestas entre estudiantes de derecho, abogados, a la población en general, que conocieran el tema o no, optándose por realizar 200 encuestas para que fuera un numero entero y obtener porcentajes cerrados. La aplicación de la encuesta se realizó al público en general a las afueras de las instalaciones de la Fiscalía General del Estado, de los Juzgados Penales del primer distrito del estado de Jalisco e instalaciones del Instituto de Justicia Alternativa localizados también en dicho lugar, así como en facultades de derecho

La primera de las encuestas a analizar es la encuesta general, que es un modelo mixto, se basó en 13 preguntas tanto abiertas como de opción múltiple. Encuestas que se grafican y analizan las más relevantes a continuación:

A la primera pregunta de si los entrevistados han sido víctimas de algún delito contestaron:

¿Ha sido víctima de algún delito?	
SI	NO
137	63

Aun a los que no hubieren sido víctimas de un delito se les preguntó si sabían en qué consisten los Métodos Alternos de Solución de Conflictos, respondiendo lo siguiente:

¿Sabe en qué consisten los MASC?	
SI	NO
52	11

Lo anterior denota que aun cuando no han sido víctimas de un delito tienen conocimiento de la posibilidad de optar por un Mecanismo alternativo.

Sin embargo aun cuando se les explicó en qué consistían los Mecanismos Alternativos de solución de controversias, y se les cuestionó si aceptarían entrevistarse con su victimario, esto contestaron:

¿Estaría dispuesto a entrevistarse con el victimario?	
SI	NO
43	19

Lo cual refleja que existe una gran apertura a entrevistarse con la persona que les cometió el delito.

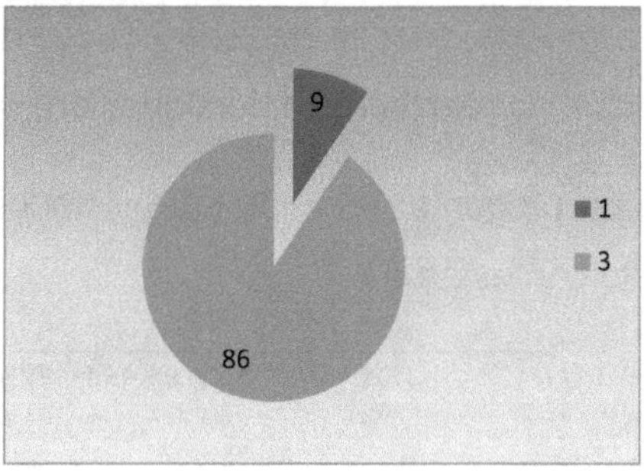

De los entrevistados uno contestó que dependería del delito que se le hubiere cometido.

Al cuestionamiento de si sabían en qué consistía la Justicia Restaurativa respondieron:

¿Sabe en qué consiste la Justicia Restaurativa?	
SI	NO
10	53

Lo cual denota un desconocimiento de la Justicia Restaurativa y las ventajas que ésta pudiera ofrecer.

Ahora bien, de los entrevistados, 137 personas si han sido víctimas de algún delito, por lo que se les cuestionó si habían denunciado respondiendo lo siguiente:

¿Presentó denuncia por el delito del que fue víctima?	
SI	NO
96	41

De lo anterior se desprende una enorme cifra negra en cuanto a la denuncia de los delitos, considerando que las encuestas se realizaron a las fueras de las instituciones encargadas de procurar y administrar justicia, por lo que se esperaría que si las personas se encuentran en dicho lugar es porque tienen el conocimiento de que pueden denunciar y ejercer sus derechos como ciudadano, al graficarlo, quedaría de la siguiente forma:

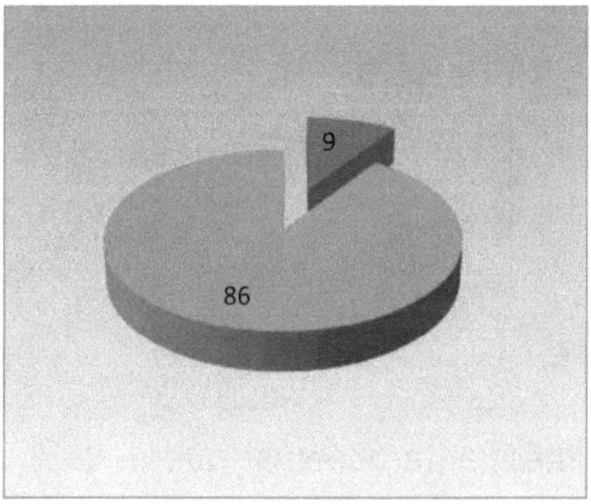

De las personas que aun siendo víctimas de un delito y no denunciaron, se les preguntó cuántas de ellas sabían en qué consistían los Mecanismos Alternativos de Solución de Controversias, respondiendo:

¿Sabe en qué consisten los MASC?	
SI	NO
17	24

Por lo que seguimos en la misma tónica del desconocimiento sobre los Métodos Alternos y qué decir de la justicia restaurativa, pues es aun mayormente desconocida, pues al cuestionamiento refirieron:

¿Sabe en qué consiste la Justicia Restaurativa?	
SI	NO
2	39

Por lo tanto las víctimas tienen menor posibilidad de optar por la justicia restaurativa, ante el desconocimiento de en qué consiste ésta.

Al cuestionarles si estarían dispuestos a entrevistarse con la persona que les cometió el delito, refirieron:

¿Estaría dispuesto a entrevistarse con el victimario?	
SI	NO
28	13

Es importante observar que el 68% de los entrevistados, aun cuando fueron víctimas de algún delito estarían dispuestos a entrevistarse con el imputado y buscar la opción de un mecanismo alterno o justicia restaurativa.

También es importante señalar que quienes manifestaron que no estarían dispuestos a entrevistarse con el victimario, son víctimas de los siguientes delitos:

Delito	No
Robo	7
Amenazas	2
Lesiones	1
Abuso de Confianza	1
Abuso de autoridad	1
Violencia intrafamiliar	1

De las 96 personas que si denunciaron, se les cuestionó cuánto había tardado el proceso, contestando lo siguiente:

Menos de 1 año	Más de 1 año y menos de 2	Más de 2 años
47	34	15

Lo anterior resulta ser una de las mayores causas de descontento de las personas al presentar una denuncia, pues aun cuando se supone que la justicia debe de ser rápida, se observa que en su mayoría se trata de procesos demasiado largos, lo cual obviamente lo hace cansado para la víctima y esto genera mayor insatisfacción con la autoridad. Pues al cuestionarles sobre si quedaron satisfechos con la actuación de la autoridad manifestaron:

¿Quedó satisfecho con la actuación de la autoridad?	
SI	NO
8	88

De los mínimos que quedaron satisfechos con la actuación de la autoridad, estas fueron sus causas:

Motivo de satisfacción	No
Reparación del daño	4
Rapidez	1
Aplicación de la ley	1
Eficiente pero tardado	2

Del anterior cuadro se desprende que otra de las causas por las que las personas quedan conformes con la actuación de la autoridad es la reparación del daño, sin embargo lamentablemente son mínimos los casos en los que ésta se obtiene, como se observa a continuación,

¿Obtuvo la reparación del daño?	
SI	NO
9	87

De lo anterior se desprende que de las 96 personas que se decidieron a denunciar, solo al 9.3% de ellos se les reparó el daño, graficándolo se observa así:

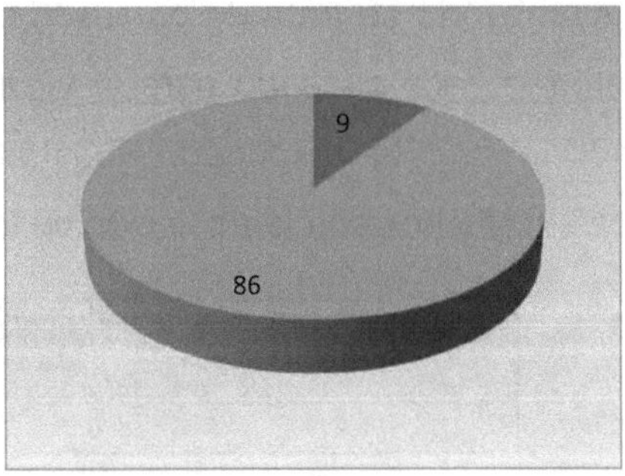

Lo anterior denota que la tardanza en el proceso y la falta de reparación del daño son la mayor causa de insatisfacción de las víctimas, pues de los 88 que quedaron insatisfechos con la actuación de la autoridad, englobándolas, estas fueron las principales causas de su insatisfacción:

Motivo de satisfacción	**No**
Tardado	50
No reparó el daño	20
No se investigó	14
Corruptos	4

De las personas que si presentaron denuncia y se les cuestionó si conocían en qué consistían los Mecanismos Alternativos respondieron:

¿Sabe en qué consisten los MASC?	
SI	NO
24	72

Lo anterior además de dejar en claro una vez más el desconocimiento sobre dichos métodos, permite conocer que las autoridades no han cumplido con su labor, pues tanto la Ley de Justicia Alternativa del Estado de Jalisco como la Ley Nacional de Mecanismos Alternativos de Solución de Controversias en materia penal, establecen la obligación al Ministerio Público y al Juez de informarle a las víctimas la posibilidad de optar por los métodos alternos, y obviamente explicarles en qué consisten, sin embargo, sólo el 25% de los encuestados, aun cuando ya presentaron su denuncia y se encuentran dentro de la etapa de averiguación previa o instrucción, aún desconocen en qué consisten dichos métodos alternos, por lo tanto si desconocen su existencia, desconocen las ventajas de su aplicación y obviamente no van a solicitar que se lleven a cabo para solucionar su caso.

Otro punto importante es determinar si aun con conocimiento o sin él, siendo víctimas de un delito optarían por dichos Mecanismos Alternativos, obteniendo lo siguiente:

Conocen los MASC	No conocen los MASC
Aceptan la aplicación de los mecanismos alternos	
SI NO	SI NO
18 6	62 10

Ante el anterior resultado, surge la incógnita del ¿porqué no son aplicados? Si la mayoría de las víctimas estaría dispuesta a optar por un método alterno, si de 96 personas víctimas del delito, solo 16 manifiestan que ellas no optarían por un método de ésta naturaleza, por lo que el 16% no estaría dispuesto a entrevistarse con su victimario, lo que deja de manifiesto que la falta de aplicación de dichos mecanismos es por desconocimiento y por falta de voluntad por parte de las autoridades de informar a las víctimas la posibilidad de optar por dichos métodos.

5.5.3 Encuesta a víctimas en el Mecanismo Alternativo

Ahora bien continuando con la medición empírica de la realidad, se realizaron 50 encuestas a personas que hubieren optado por un método alterno para conocer tanto víctimas como victimarios, para conocer su percepción y resultados de los métodos.

Fueron 25 personas que fueron víctimas que optaron por un método alterno, al cuestionarles sobre si quedaron satisfechas contestaron lo siguiente:

¿Quedó satisfecha con los MASC?	
SI	NO
24	1

Al cuestionarles si observaron algún beneficio al optar por dichos mecanismo refirieron:

¿Observó algún beneficio al optar por los MASC?	
SI	NO
24	1

Al preguntarle a las víctimas cuanto tiempo tardó el método, en todos los casos se resolvió en 30 Días.

Todo lo anterior deja en claro la efectividad de los Mecanismos Alternativos, pues la mayoría de las víctimas quedaron satisfechas, lo consideran un beneficio, tienen buena percepción sobre los métodos y su efectividad, pues en todos se resolvió en menos de un mes, tal y como lo señala la ley en la materia.

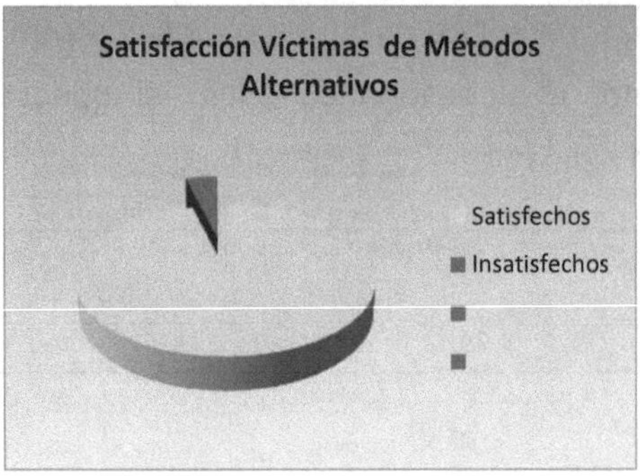

Al cuestionarles sobre si les fue reparado el daño contestaron:

¿Se reparó el daño en los MASC?	
SI	NO
19	6

Como lo señaló Malvaez (2008) para que pueda llevarse a cabo una reparación del daño, se requieren los siguientes elementos:

A) La destrucción, mal, degradación, menoscabo, ofensa o dolor provocado a una cosa, persona o moral de alguien;

B) Que el daño sea realizado sin mediar derecho alguno para ello;

C) El daño proviene de la acción del hombre, es decir, de un acto o hecho humano y;

D) Es independiente de la intención del responsable.

Reparación del daño que se lleva a cabo, sin embargo se centra únicamente en la cuestión económica, pues cabe hacer mención que las 6 personas entrevistadas quienes refirieron no se les reparó el daño, es en los casos de violencia intrafamiliar y amenazas, siendo ésta una de las problemáticas que se pretende solventar con los métodos alternos y la justicia restaurativa, puesto que la reparación del daño no comprende únicamente un pago económico, sino que según la Ley General de Víctimas, debe de comprender también cuestiones psicológicas y morales, por lo tanto, en los convenios que se logren, se pueden convenir situaciones psicológicas, morales, de no repetición, de respeto, por lo tanto en éste tipo de delitos pueden establecerse otros puntos a cumplir y no únicamente un pago. Recordemos que esas son las bondades de éstos métodos, el que ambas partes se comprometan a una cultura de paz, es con éste tipo de clausulas que se logrará la restructuración del tejido social.

5.5.4 Encuesta a imputados en el mecanismo alternativo

Fueron también 25 personas imputadas, quienes optaron por solucionar el conflicto mediante los métodos alternos, al cuestionarles sobre si quedaron satisfechas contestaron lo siguiente:

¿Quedó satisfecha con los MASC?	
SI	NO
23	2

A este respecto las personas cuestionadas que no quedaron satisfechas manifestaron que su insatisfacción se debió a que el prestador de servicio apoyo a la víctima, pero la mayoría quedo satisfecho al resolverlo mediante los métodos alternos.

¿Quedó satisfecha con los MASC?	
SI	NO
24	1

Al cuestionarles si observaron algún beneficio al optar por dichos mecanismo refirieron:

¿Observó algún beneficio al optar por los MASC?	
SI	NO
25	0

Todos los encuestados manifestaron que si habían obtenido un beneficio, entre las ventajas refirieron que se ahorraron tiempo, evitaron mayores problemas, evitaron ser fichados, evitar la investigación, evitar una afectación a su carrera, lo cual denota que todos los imputados consideran benéfico optar por los métodos alternos.

Al preguntarle al imputado o parte complementaria cuanto tiempo tardó el método, en todos los casos se resolvió en menos de 30 Días.

Todo lo anterior deja en claro la efectividad de los Mecanismos Alternativos, pues la mayoría de los victimarios quedaron satisfechos, lo consideran un beneficio, tienen buena percepción sobre los métodos y su efectividad, pues en todos se resolvió en menos de un mes.

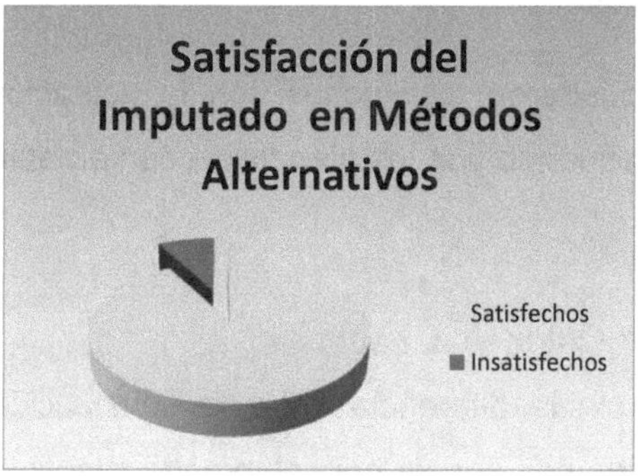

Al cuestionarles sobre si repararon el daño contestaron:

¿Se reparó el daño en los MASC?	
SI	NO
23	2

Los delitos por los cuales los imputados optaron por solucionarlo mediante los Mecanismos Alternativos fueron

Delito	Número de MASC
Robo	10
Fraude	5
Amenazas	3
Daño en las cosas	2
Lesiones	2
Responsabilidad Médica	1
Abuso de Confianza	1
Tentativa de Robo	1

Lo que denota que son diversos los delitos por lo que tanto víctimas como imputados estarían dispuestos a solucionarlo por dichos mecanismos.

Todos quedaron satisfechos con la actuación del Centro de Mediación, refiriendo que los atendieron con amabilidad y rapidez.

5.6 Conclusiones al capítulo

Es notable la diferencia entre la satisfacción existente para quienes optan por seguir con el procedimiento penal y quienes optan por los mecanismos alternos, pues en tanto que el 91% de los usuarios en un procedimiento penal quedan insatisfechos con la autoridad. El 92% queda satisfecho con los mecanismos alternos.

En el procedimiento penal solo al 9% de las víctimas se le repara el daño y en los métodos alternos al 96% de los encuestados obtuvieron la reparación.

En cuanto a la duración del proceso, en el procedimiento penal el 51% de nuestros encuestados tienen más de un año con su proceso y en los métodos alternos el 100% se resolvió en menos de 30 días.

En cuanto a la calidad, en el procedimiento penal, los encuestados manifiestan lentitud, corrupción, falta de investigación, en tanto que en los métodos alternos los participantes quedan conformes refiriendo como ventajas la rapidez y amabilidad.

Es importante resaltar que las víctimas de un delito de impacto social, como lo es la Violación, manifestó que estaría dispuesta a entrevistarse con su victimario.

También se pudo demostrar el desconocimiento social sobre la existencia de los mecanismos alternos y en qué consisten éstos, pues sólo el 33% de los encuestados supo en qué consistían los métodos alternos, porcentaje considerado bajo, tomando en consideración que el universo de la muestra fueron abogados, estudiantes de derecho y personas que ya están dentro de un proceso penal.

Y sólo el 5% sabe en qué consiste la Justicia Restaurativa, por lo tanto, ante el desconocimiento de la gente, son mínimos las carpetas de investigación o expedientes que podrán resolverse mediante dichos mecanismos lo que a la larga generará que de nuevo se sature el sistema penal, pues como ya se señaló con anterioridad, los mecanismos alternos es la apuesta para descongestionar el sistema penal. Aunado a que constituyen una forma de prevención del delito, pues al reestructurar el tejido social, al resolver de fondo el conflicto, se evitará que el imputado reincida y por lo tanto disminuirán los delitos, como lo señala Lutker (2006) punto importante de los MASC que es la prevención del conflicto, es decir, la posibilidad de desactivar el conflicto antes de que éste nazca, métodos como la negociación y la mediación tienen esta cualidad preventiva, favoreciendo la unión y conservando la paz.

Finalmente el 75% de las personas encuestadas, fueran o no víctimas del delito, supieran o no en qué consisten los Mecanismos Alternativos, están dispuestas a llevar a cabo el método, están dispuestas a entrevistarse con su victimario, lo que denota que si no se llevan a cabo dichos métodos es por desconocimiento, pero existe una apertura social para solucionarlo de ésta manera, por lo que se debiera apostar por éstos para resolver la mayoría de los conflictos.

CONCLUSIONES

A partir de la reforma de la Constitución Federal, y las modificaciones al artículo 17 ocasionaron que los Mecanismos Alternativos se desarrollaran rápidamente a partir de la reforma, pues a partir de ésta se modificaron las constituciones de los Estados y se crearon las leyes estatales en la materia.

Los Mecanismos Alternativos de Solución de Controversias, representan beneficios en su aplicación en materia penal, realizando una comparación con otros Estados, su aplicación ha significado un desfogue de los procedimientos, por ello su inclusión y difusión es necesaria. Ignorarlos en el sistema judicial es algo que aumenta la situación de crisis y falta de credibilidad de impartición de justicia en nuestro país.

Los Mecanismos Alternativos ayudan a resolver el conflicto de fondo, presentando soluciones novedosas, que además contienen enseñanzas de resolución de conflictos mediante métodos pacíficos, son terapéuticos y re educadores, aunado a que devuelven el protagonismo y la capacidad de solución a las partes.

La esencia de los Mecanismos Alternativos, es la voluntariedad, por ello aun ante su existencia, es decisión de víctima y ofensor optar o no por dichos métodos, son una opción que en diferentes casos pueden ser preferibles al litigio. Es importante hacer una evaluación del conflicto y ver los pros y los contras de cada forma de resolución de controversias en la aplicación de determinado caso. Pero definitivamente afecta al avance del sistema el que se limite su aplicación a determinados delitos, eso no puede justificarse, pues aún tratándose de delitos de impacto social, hay víctimas que aceptarían llevar a cabo el método e incluso es una manera de que la víctima obtenga la reparación del daño de manera pronta, aun cuando por el delito el acusado continúe con su pena privativa de libertad.

Los Mecanismos Alternos ayudan a que los particulares puedan alcanzar Justicia, reduciendo al mínimo la intervención del Estado, respetando las costumbres, ideas y maneras de los grupos sociales a las que pertenecen las partes en disputas. Por su flexibilidad, informalidad y voluntariedad, sin duda, dichos mecanismos deben ser tomados en cuenta por las políticas de acceso a la Justicia del país.

Además alivian la carga de trabajo de los tribunales, reducen los costos y los tiempos, tanto para el Estado como para las partes en la resolución de los conflictos, por tanto resultan más eficientes, pues lo que en un proceso penal se toma más de un año en resolver, todos los encuestados que han optado por el método alterno, refirieron que el asunto se resolvió en menos de treinta días.

La reparación del daño sufrido a la víctima está directamente relacionada con la percepción ciudadana de la eficacia y eficiencia de la autoridad, las víctimas a las que se les reparó el daño fueron las únicas que se manifestaron conformes con la actuación del Estado.

Los Métodos Alternativos de Solución de Conflictos previstos en la ley de Justicia Alternativa del Estado de Jalisco y la Ley Nacional de Mecanismos Alternativos de solución de Controversias, coinciden al establecer como métodos por excelencia en materia penal son la mediación y conciliación, innovando la ley nacional con las Juntas Restaurativas, aunque en ésta legislación, no se establece cuáles son las conducta delictivas donde podrán ser aplicables dichos métodos, siendo éste uno de los primeros pendientes por clarificar.

Por ello se deben establecer políticas de justicia alternativa que lleguen a todos los mexicanos, creando regulaciones para sentar las bases jurídicas que generen la confianza en la ciudadanía en la aplicación de los Mecanismos Alternativos, para promover la existencia de los métodos, las ventajas de su aplicación, el cambio social a una cultura de paz que privilegie la aplicación de los métodos alternos en beneficio de todos.

Erróneamente se encasilla a los Mecanismos Alternativos como formas accesorias o auxiliares de resolución de conflictos que se hace regularmente vía judicial. Los Métodos Alternos van más allá, el fin último de este tipo de métodos además de la justicia es la paz, mediante un procedimiento que fomenta precisamente el mantenimiento y mejoramiento de la relación, durante el proceso y más aun ya resuelto el conflicto, lo cual no es una de las finalidades del sistema judicial, ya que en éste no se toma en cuenta los deseos, sentimientos y percepción de ambas partes, sino que sólo se genera mayor resentimiento hacia la contraparte y la sociedad y en los mecanismos alternos se promueve la reflexión, la construcción y el acuerdo para así sentar las bases de una Cultura de Paz.

Una ventaja de los métodos alternativos aplicados en la Justicia Restaurativa es que independientemente del método que se siga se busca no sólo el acuerdo sino el mantenimiento o reparación de la relación en conflicto, fomentando una restauración de la misma, lo que incide en la reinserción social, evita la reincidencia y previene la comisión de nuevos delitos.

Los mecanismos alternos se insitucionalizan a partir de que se establece como forma ordinaria de resolver los conflictos judiciales, después de la reforma constitucional, sin embargo más que ser llamada alterna debe de ser complementaria, pues como ya se dejo claro los Métodos como la Mediación, la Conciliación y la Justicia restaurativa son anteriores al litigio Jurisdiccional, ya que la aplicación de éstos es determinante para lograr el éxito del Sistema Penal Acusatorio en el país.

En todos los mecanismos alternos que llevaron a cabo los encuestados se cubrió la reparación del daño, lo que dio como resultado la satisfacción de los usuarios con la actuación del Centro de Mediación.

Es factible llevar a cabo mecanismos alternos aun tratándose de delitos de impacto social, pues los encuestados refirieron que si estarían dispuestos a entrevistarse con su victimario.

La totalidad de los encuestados refirieron que para ellos es primordial la reparación del daño, por tanto prevalece ésta como deseo de la victima sobre la pena privativa de libertad.

La reducida cantidad de métodos alternos que se han realizado en el Estado se debe más al desconocimiento que a la voluntad porque la mayoría de los encuestados refirió que estaría dispuesto a optar por un método alterno, pero desconocían su existencia.

BIBLIOGRAFÍA

- Aguilar Villanueva, Luís (ed). *Política Pública y Democracia en América Latina.* Ed. Miguel Ángel. Porrúa. México. 2006.
- Aguilera Portales, Rafael. "La Mediación. Un acercamiento real a la Justicia y a la Cultura de Paz." en Gorjón Gómez, Francisco Javier, et al. *Mediación y Arbitraje. Leyes Comentadas y Concordadas del Estado de Nuevo León.* Ed. Porrúa. México. 2009. p. 51-68.
- Álvarez Gladys y Highton, Elena. (1995) *Mediación para resolver conflictos.* Ed. Ad-Hoc. 1995
- Álvarez, Gladys. *La Mediación y el acceso a Justicia.* Ed. Rubinzal-Culzoni, Santa Fé, 2003
- Álvarez, Gladys, Highton, Elena y Jassan, Elías. *Mediación y Justicia.* Ed. Desalma. 1996.
- Álvarez Ledesma, Mario. *Introducción al Derecho.* Ed. Mc Graw Hill, México. 1997
- Azar Mansur, Cecilia. *Mediación y Conciliación en México: Dos vías alternativas de solución de conflictos a considerar.* Ed. Porrúa, México,2003.
- Barbosa Ramos, Isaac. *El Valor del Perdón.* Ed. Selector. México. 2006
- Barceló Rojas, Daniel, et al. *Federalismo y Descentralización.* Ed. Conferencia Nacional de Gobernadores. México. 2008
- Becerra Bautista, José. *El proceso civil en México.* 10 ed. Ed. Porrúa. México 2003
- Beltri, Francesc. Aprenda a negociar. Ed. Paidos. España. 2000.

- Bianchi, Roberto. Mediación prejudicial y conciliación. Ed. Zavalia. Buenos Aires. 1996
- Boqué Torrenorell. María Carme. *Cultura de Mediación y Cambio Social.* Ed. Gedisa. Barcelona. 2003.
- Bravo Peralta, Martín Virgilio. *El Arbitraje Económico en México.* Ed. Porrúa. México. 2002
- Briceño Sierra, Humberto. *El arbitraje en el derecho privado.* Instituto de Derecho Comparado, UNAM. Imprenta Universitaria. México. 1963
- Burgoa, Ignacio. *Las Garantías Individuales.* 37 ed. Ed. Porrúa, México. 2004
- Cabrero Mendoza, Enrique. *La ola descentralizadora. Un Análisis de tendencias y obstáculos de las políticas descentralizadoras en el ámbito internacional.* Visible en *Las Políticas descentralizadoras en México (1983-1993) Logros y desencantos.* México, D.F., Centro de Investigaciones y Docencia Económicas y Miguel Ángel Porrúa
- Camargo Pacheco, María de Jesús. "La Reparación del Daño al Ofendido en la Legislación Sonorense." *Academia Revista Jurídica de la Academia de Derecho de la Universidad de Sonora.* Enero 2003.
- Carbonell, Miguel. *Los Derechos Fundamentales en México.* Ed. Instituto de Investigaciones Jurídicas, UNAM. México. 2004
- Cappelletti, Mauro y Garth, Bryant. *El acceso a la Justicia. La tendencia en el movimiento mundial para hacer efectivos los derechos.* Ed. Fondo de Cultura Económica. México. 1996

- Carrancá y Trujillo, Raúl. *Derecho Penal Mexicano. Parte General.* Editorial Porrúa. México. 1997
- Carranza, Elías. (coord). *Justicia Penal y Sobrepoblación Penitenciaria. Respuestas Posibles. E*d. Siglo XXI. México. 2001
- Colaíacovo, Juan Luís. *Negociación moderna. Teoría y práctica.* Ediciones Jurídicas Cuyo. Argentina. 1998
- Colín Sánchez, Guillermo, *Derecho Mexicano de Procedimientos Penales.* Editorial Porrúa. México. 1998
- Confusio. *Analectas.* Ed. Edad. Madrid. 2006
- COSSIO DÍAZ, José Ramón. *Derecho y análisis económico.* Editorial Fondo de Cultura Económica. ITAM México 2002
- Craver, Charles. *El Negociador Inteligente.* Ed. Aguilar, México, 2002
- Crespo, Mariano. *El Perdón. Una Investigación filosófica.* Ed. Encuentro Madrid. 2004
- Cruz Barney, Óscar. "El arbitraje en México. De las siete partidas al capítulo XIX del TLCAN" en González Martín, Nuria, et al. (coord.) *Arbitraje comercial internacional.* Ed. Porrúa. México. 2007
- Christie, Nils. *Los límites del dolor.* Ed. Fondo de Cultura Económica. México. 1981
- De Pina, Rafael. Diccionario de Derecho. 34. ed. Ed. Porrúa. México. 2005
- Deutsch, Karl. *Los nervios del gobierno, medios de comunicación y control políticos,* México, Paidós, 1989
- Diez, Francisco, et al. "*Herramientas para trabajar la mediación*" Ed. Paidos. Argentina, 1999

- Domingo de la Fuente, Virginia. "Justicia Restaurativa y Mediación Penal de la teoría a la práctica." Lex Nova. Ed. Lex Nova Madrid. 2008
- Dreier, Ralf. "Derecho y Moral" en Garzón Valdez, Ernesto. (comp.) *Derecho y Filosofía*. Ed. Fontamara. México. 1998
- Dupuis, Juan Carlos. *Mediación y conciliación*. Ed. Abelardo-Perrot. Buenos Aires. 1997
- Fabiana Raña, Andrea. *La Mediación y el Derecho Penal.* Ed. Fabián Di Placido. Argentina. 2001
- Faya Biseca, Jacinto. *Leyes Federales y Congreso de la Unión. Teoría de la Ley Mexicana.* Ed. Porrúa. México. 2000
- Fisas, Vincec. *Cultura de paz y gestión de conflictos*. Ed. Icaria/Antrazyt. UNESCO. Barcelona. 2001.
- García García, Lucía. Mediación Familiar. Prevención y alternativa al litigio en los conflictos familiares. Ed. Dykinson. Madrid. 2003
- García Ramírez, Sergio. *La Reforma Penal Constitucional (2007-2008). ¿Democracia o autoritarismo?* Ed. Porrúa. México. 2008.
- Gargarella, Roberto. Las Teorías de la Justicia después de Rawls. Un breve manual de filosofía política. Editorial Paidós. Barcelona, 1999.
- Giddens Anthony, Turner Jonathan y otros. "La Teoría Social Hoy" Editorial Alianza Universidad. Madrid. 1990.
- Giner Salvador (coord.) Teoría sociológica moderna. Editorial Ariel. Barcelona. 2003.
- Gómez Lara, Cipriano. *Teoría general de proceso.* Ed. Harla. México. 1990

- González de Cossío. Francisco. Arbitraje. Ed. Porrúa. México, 2004.
- Gorjón Gómez, Francisco Javier y Sáenz López, Karla Annett. *Métodos Alternos de Solución de Controversias.* Ed. CECSA, México, 2006.
- Gorjón Gómez, Francisco Javier. Arbitraje comercial, paradigma del derecho. *Revista Jurídica Jalisciense.* Ed. Universidad de Guadalajara. Año 11, núm 14.
- Gorjón Gómez, Francisco Javier. *Arbitraje comercial y ejecución de laudos.* Ed. Mc Graw Hill. México, 2001
- Gorjón Gómez, Francisco Javier. "Negación de créditos, problemas fiscales, problemas de credibilidad y mala fama." *Revista Jurídica Jalisciense.* Ed. Universidad de Guadalajara. Año 11, núm. 53.
- Gorjón Gómez, Francisco Javier y Steele Garza. José Gpe *Métodos alternativos de solución de conflictos.* Ed. Oxford. México, 2008.
- Gorjón Gómez, Francisco Javier. *Estudio de los métodos alternos de solución de controversias en el Estado de Nuevo León.* Instituto de Investigaciones Jurídicas. Cd. Universitaria. San Nicolás de los Garza, México. 2003.
- Gorjón Gómez, Francisco Javier. "Los MASC como parámetros de modernización de la Justicia en México. En Aguilera Portales, Rafael Enrique, et al. *Derecho, Ética y Política como consolidación del Estado Democrático y Social de Derecho.* Ed. Elsa G. de Lazcano. México. 2008.
- Gorjón Gómez, Francisco Javier. "Los MASC en México y Argentina". Revista *Conocimiento y Cultura Jurídica*, Número

2, 2ª. Época, Ed. Instituto de Investigaciones Jurídicas, Facultad de Derecho y Criminología de la UANL, San Nicolás de los Garza, México, 2007.

- Gorjón Gómez, Francisco Javier y Pérez Sauceda, José Benito. "Visión 2008 de los MASC en México: referente latinoamericano". En Figueruelo Birrieza, Ángela, Gorjón Gómez, Francisco Javier. *Las Transformaciones del Derecho en Ibero América: Homenaje a los 75 años de la Universidad Autónoma de Nuevo León,* Ed. COMARES, Granada, 2008.
- Highton, Álvarez, et. al. *Resolución alternativa de disputas y sistema penal.* Ed. Ad-Hoc. Buenos Aires. 1998
- Junco Vargas, José Roberto. La Conciliación. Aspectos sustanciales y procesales en el sistema acusatorio. 5ta. ed., Ed. Temis, Bogotá, 2007.
- Karl – Heinz Hillmann-Karl. "Diccionario Enciclopédico de Sociología", Editorial Herder Barcelona, 2001.
- Leigh De Mooss, Nancy. Escoja *Perdonar: Su Camino a la Libertad.* Ed. Portavoz. Estados Unidos de América. 2007
- Luhmann, Niklas, Teoría de la sociedad y pedagogía, Ed. Paidós 1996
- Lutker, John (Ed.). *Prevención de Violencia. Investigación y Estrategias basadas en evidencia.* Ed. Manual Moderno. México. 2006
- Malváez Contreras, Jorge. *La Reparación del Daño al Ofendido o Víctima del Delito.* Ed. Porrúa. 2008.
- Merton Robert. "Funciones Manifiestas y latentes en teoría y Estructura Sociales". Fondo de Cultura Económica. México. 1987.

- Neuman, Elías. *La Mediación Penal y la Justicia Restaurativa.* Ed. Porrúa. México. 2005.
- Núñez Torres, Michael. "Nuevas tendencias en el Derecho Constitucional del Siglo XXI o el regreso de concepciones clásicas del Estado" en Torres Estrada, Pedro *Neoconstitucionalismo y Estado de Derecho.* Ed. Limusa. México. 2006
- Olson, Cynthia. "Aplicando la Mediación y los Procesos de Consenso en el marco de la Justicia Restaurativa". En Carranza, Elías (coord.) Justicia Penal y sobrepoblación penitenciaria. Respuestas posibles. Ed. Siglo XXI. México. 2001
- Ortiz Treviño, Rigoberto Gerardo. *La seguridad jurídica. Los Derechos humanos en la jurisprudencia mexicana.* Ed. Comisión Nacional de Derechos Humanos. México. 2004
- Pacheco Pulido, Guillermo. *Mediación. Cultura de Paz.* México, Ed. Porrúa, 2004.
- Pérez Fernández del Castillo, Othón y Rodríguez Villa, Bertha Mary. *Manual básico del Conciliador.* Ed. Vivir en Paz, México, 2003
- Pérez Sauceda, José Benito. "La construcción de una Cultura de Paz frente a la del Conflicto: la relevancia de la Mediación y de la figura del Mediador como elementos indispensables en la resolución de controversias y la obtención de verdadera justicia", Revista *Conocimiento y Cultura Jurídica*, Número 2, 2ª. Época, Ed. Instituto de Investigaciones Jurídicas, Facultad de Derecho y Criminología de la UANL, San Nicolás de los Garza, México, 2007.

- Pérez Sauceda, José Benito. "La Situación actual de la Mediación en México". Capítulo XIX. En Gorjón Gómez, Francisco Javier. *Arbitraje y Mediación en las Américas,* Ed. Centro de Estudios de Justicia de las Américas (CEJA) y la Universidad Autónoma de Nuevo León (UANL), 2006.
- Pérez Sauceda, José Benito. "Los métodos alternos de solución de controversias en México", Revista *Conocimiento y Cultura.* Ed. Instituto de 487 Investigaciones Jurídicas, Facultad de Derecho y Criminología de la UANL, San Nicolás de los Garza, México, 2006.
- Pérez Sauceda, José Benito. "...Regresar a lo básico, es decir, al diálogo...", en *Voces para una Paz Urbana,* Ed. Universidad Regiomontana, Monterrey, México, 2008.
- Pérez Sauceda, José Benito. "La importancia en la formación de abogados-mediadores: el nuevo paradigma para los juristas con verdadero sentido humano" en Aguilera Portales, Rafael Enrique y Prado Maillard, José Luís. *Derecho, Ética y Política como consolidación del estado democrático y social de derecho.* Ed. Elsa G. de Lazcano. México. 2008.
- Rawls, John, *Teoría de la Justicia* (México, Fondo de cultura económica. 2000
- Rodríguez Rodríguez, Emilio. "Conciliación y Mediación Penal". en Gorjón Gómez, Francisco Javier, et al. *Mediación y Arbitraje. Leyes Comentadas y Concordadas del Estado de Nuevo León.* Ed. Porrúa México2009
- Rojas Amendi, Víctor Manuel. *Filosofía del Derecho.* 2ª Edición. Oxford University Press, México, 2000, citado por Leonel Pérez nieto Castro en su obra *Introducción al Estudio*

del Derecho, Oxford University Press, 2002, ISBN 970-613-669-X

- Schiffrin, Adriana. "La mediación: aspectos generales" en Gottheil, Julio y Schiffrin, Adriana (comps). *Mediación. Una transformación en la cultura.* Ed. Paidós. Argentina. 1996
- Silva García Fernando, "Jurisprudencia Interamericana sobre Derechos Humanos Criterios Esenciales". Ed. Dirección General de Comunicación Social del Consejo de la Judicatura Federal
- Urquidi, Enrique. *Mediación. Solución a conflictos sin litigio,* México, Ed. Centro de resolución de conflictos, 1999.
- Wolkmer, Antonio Carlos. *Introducción al Pensamiento Jurídico-Critico.* Colección en Clave de Sur. Primera Edición. ILSA, Bogotá D.C. Colombia. Octubre 2003.
- Zaragoza Huerta, José (et.al.). Los Derechos Humanos en la Sociedad Contemporánea. 2da. ed. Ed. La&Go. México. 2007

Fuentes electrónicas:

- Alberdi Bidaguren, Jokin, Nina, Daniel, "Gobernabilidad y formas populares de justicia en la nueva Sudáfrica y Mozambique: tribunales comunitarios y "vigilantismo" Ed. Red Convergencia, 2006
- Anglas Castañeda, Domingo Jesús. *Teoría del Análisis Económico del Derecho Recuperado en: http://www.teleley.com/articulos/art_160708-2.pdf*
- Aranda, Rafael Marcos "La negociación y mediación en conflictos sociales" Ed. Trama 2005
- Battola, Karina E. , Justicia restaurativa: nuevos procesos penales " Ed. Alveroni Ediciones, 2014

- Brage Camazano Joaquín. "LA DOCTRINA DE SMEND COMO PUNTO DE INFLEXIÓN DE LA HERMENÉUTICA Y CONCEPCIÓN DE LOS DERECHOS FUNDAMENTALES POR LOS TRIBUNALES CONSTITUCIONALES A PARTIR DE LA SEGUNDA POSGUERRA". Universidad Complutense. 2005. Recuperado en: http://www.uned.es/dpto-derecho-politico/Comunicacion_J_Brage.pdf
- Brito Ruiz, Diana, "Justicia Restaurativa. Reflexiones sobre la Experiencia en Colombia" Ed. De la Universidad Técnica Particular de Loja, 2010. Recuperado en: http://www.icbf.gov.co/portal/page/portal/PortalICBF/Bienestar/SRPA/Tab/JR-en-Colombia.pdf
- Buenrostro, 2013, "Justicia alternativa y el sistema acusatorio" Recuperado en: http://setecc.egobierno.gob.mx/files/2013/03/Justicia-alternativa-y-el-sistema-acusatorio.-Buenrostro-Baez-Pesqueira-Leal-Soto-Lamadrid.pdf
- Código Nacional de Procedimientos Penales. Recuperado en: http://www.dof.gob.mx/nota_detalle.php?codigo=5334903&fecha=05/03/2014
- Código penal Jalisco. Recuperado en: http://info.jalisco.gob.mx/sites/default/files/leyes/C%C3%B3digo_Penal_para_el_Estado_Libre_y_Soberano_de_Jalisco_(26_OCTU12).pdf
- Código de Procedimientos del Estado de Jalisco. Recuperado en: http://congresojal.gob.mx/bibliotecavirtual/legislacion/Codigos/C%C3%B3digo%20de%20Procedimientos%20Penales%20pa

ra%20el%20Estado%20Libre%20y%20Soberano%20de%20Jalisco.doc

- Congresos de las Naciones Unidas sobre Prevención del Delito y Justicia Penal 1955-2010. 55 años de logro. UNODC. Oficina de las Naciones Unidas contra la Droga y el Delito. Recuperado en:*http://www.unis.unvienna.org/pdf/2010crime_Congress/Spanish_Poster_Book.pdf)*
- Consejo Económico y Social, *Informe de la Reunión del Grupo de Expertos sobre Justicia Restaurativa*. Apartado IV. Recuperado en: *http://www.unodc.org/pdf/crime/commissions/11comm/5add1s.pdf*
- Constitución Política del Estado de Baja California. Recuperada en http://www.pjbc.gob.mx/semefo/constitucion_BC.pdf)
- Constitución Política del Estado de Chiapas. Recuperada en http://www.consejeriajuridica.chiapas.gob.mx/marcojuridico/pdf/constitucion_politica_chiapas.pdf
- Constitución Política del Estado de Coahuila. Recuperada en http://docs.mexico.justia.com/estatales/coahuila/constitucion-politica-del-estado-de-coahuila-de-zaragoza.pdf
- Constitución del Estado de Colima. Recuperado de http://www.congresocol.gob.mx/proyectoweb/5.Texto%20Vigente%20sin%20reformas%202013.pdf
- (Constitución Política del Estado de Durango. Recuperada en http://docs.mexico.justia.com/estatales/durango/constitucion-politica-del-estado-de-durango.pdf

- Constitución Política del Estado de Guanajuato. Recuperada en https://www.google.com.mx/url?sa=t&rct=j&q=&esrc=s&source=web&cd=1&ved=0CC4QFjAA&url=http%3A%2F%2Fwww.congresogto.gob.mx%2Fimages%2Fword%2Fconstitucion.doc&ei=NZIiUvnQKKizsATu5oGYAg&usg=AFQjCNH7z_XNNv8tN3Lqd1cllAW_vwk_hQ&sig2=D1LowQBMz1zlXL-Z98eVYA
- Constitución Política del Estado de Hidalgo. Recuperada en https://www.google.com.mx/url?sa=t&rct=j&q=&esrc=s&source=web&cd=3&ved=0CDUQFjAC&url=http%3A%2F%2Fwww.ordenjuridico.gob.mx%2FDocumentos%2FEstatal%2FHidalgo%2Fwo23546.doc&ei=GpMiUvynKbS-sASOplCYCQ&usg=AFQjCNHat8iJ4s2xsMqSuUfxgMrsxAHvog&sig2=LtEfeBMoXgpDlvvB_1kLAQ
- Constitución Política del Estado de Michoacán. Recuperada en http://www.ordenjuridico.gob.mx/Documentos/Estatal/Michoacan/wo33247.pdf
- Constitución Política del Estado de Nayarit. Recuperada en http://www.ordenjuridico.gob.mx/Documentos/Estatal/Nayarit/wo24120.pdf
- Constitución Política del Estado de Nuevo León. Recuperada en http://www.hcnl.gob.mx/transparencia/pdf/constituciopoliticadelestadodenuevoleon.pdf)
- Constitución Política del Estado de Oaxaca. Recuperada en www2.scjn.gob.mx/.../..%5Clegislacionestatal%5CTextos%5COaxaca%5.pdf)

- Constitución Política del Estado de Quintana Roo. Recuperada en http://www.eleccionesenmexico.org.mx/pdf/QROOCONST01.pdf
- Constitución Política del Estado de Veracruz. Recuperada en http://www.ordenjuridico.gob.mx/Documentos/Estatal/Veracruz/wo21745.pdf
- Constitución Política del Estado de Yucatán. Recuperada en http://www.yucatan.gob.mx/gobierno/orden_juridico/Yucatan/nr4rf12.pdf
- Cossío Díaz José Ramón, Sistemas y modelos de control constitucional en México. Recuperado en: http://biblio.juridicas.unam.mx/libros/libro.htm?l=3012
- Cuadra Ramírez, Guillermo Medios alternativos de resolución de conflictos como solución complementaria de Administración de Justicia. José Recuperado en: http://www.scjn.gob.mx/Transparencia/Lists/Becarios/Attachments/134/Becarios_134.pdf
- Dahrendorf, 1996, "Teoría del Conflicto" Recuperado en: http://es.scribd.com/doc/158961097/Ralf-Dahrendorf-Teoria-del-conflicto-pdf
- Declaración de Costa Rica: Sobre Justicia Restaurativa en América Latina, 2005. Recuperado en: *http://www.justiciarestaurativa.org/news/crdeclaration/*)
- Diccionario Jurídico Chileno. Recuperado en: http://www.juicios.cl/dic300/ARBITRO.htm

- Diccionario Jurídico Mexicano. Instituto de Investigaciones Jurídicas página 2791 Recuperado en: http://www.bibliojuridica.org/libros/libro.htm?l=1171}
- El tejido Social y su Fortalecimiento. Secretaría de Seguridad Pública. Recuperado en http://www.ssp.gob.mx/portalWebApp/ShowBinary?nodeld=/BEA%20Repository/1214181//archivo
- Foro Europeo de Mediación víctima-victimario y Justicia Restaurativa: Mediación en ámbito penal, Lovaina, Bélgica, 1999. Recuperado en: http://www.euroforumrj.org/
- García-López, Eric , "Mediación, perspectivas desde la psicología jurídica" Ed. Editorial El Manual Moderno Colombia, 2011
- Giner, Jesús "Teorías del Conflicto Social" Recuperado en: http://pendientedemigracion.ucm.es/info/eurotheo/diccionario/C/conficto_social_teorias.pdf)
- Gonzalo Quiroga, Marta, Sánchez García, Arnulfo , "Métodos alternos de solución de conflictos: herramientas de paz y modernización de la justicia" Ed. Dykinson, 2011
- Henry Renna Gallano. Recuperado en: http://www.academia.edu/2375639/Con_Marx_y_con_Dahrendorf_Leyendo_los_conflictos_urbanos_en_la_ciudad_de_Santiago_de_Chile
- Horkheimer Teoría Crítica del Derecho, 1968 Recuperado en: http://cadeiras.iscte-iul.pt/TS3/horkheimer-teoria-trad-critica-1937.pdf
- Justicia Alternativa y el Sistema Acusatorio. Secretaría Técnica del Consejo de Coordinación para la Implementación

del Sistema de Justicia Penal. Recuperado de http://setec.gob.mx/work/models/SETEC/PDF/DGEPN6JusticiaAlternativaySistemaAcusatorio.pdf

- "Justicia restaurativa, mediación penal y penitenciaria; un renovado impulso". Recuperado en: http://ezproxy.uag.mx:2052/lib/bibliouagsp/reader.action?docID=11046469
- Kelsen, Hans. Teoría general del Derecho y del Estado. Ed. Universidad Nacional Autónoma de México, 1988. Recuperado en: https://teoriageneraldelderecho122028.files.wordpress.com/2010/10/kelsen-teoria-general-de-derecho-y-del-estado.pdf
- La mediación intrajudicial como método de resolución de conflictos en el Seno Familiar. Revista entramado. **Vol.7 No. 1, 2011 (Enero - Junio)** Recuperado en:http://www.unilibrecali.edu.co/entramado/images/stories/pdf_articulos/volumen7/Entramado_19003803_Enero_Junio_2011_72-87.pdf
- Laplante, Lisa, "Después de la verdad: demandas para reparaciones en el Perú postcomisión de la verdad y reconciliación" Ed: D - Universidad de los Andes Colombia Fecha de Publicación: 10/2009
- Ley de Justicia Alternativa del Estado de Jalisco. Recuperado en: http://www.jalisco.gob.mx/sites/default/files/Ley%2520de%2520Justicia%2520Alternativa%2520del%2520Estado%2520de%2520Jalisco%2520%252820-NOV-2012%2529.pdf)

- Ley General de Victimas. Recuperado en: http://dof.gob.mx/nota_detalle.php?codigo=5284359&fecha=09/01/2013
- Ley Nacional Mecanismos alternos. Recuperado en: http://www.diputados.gob.mx/LeyesBiblio/pdf/LNMASCMP_291214.pdf
- Martín Diz Fernando. Retos de la Mediación como complemento al Proceso judicial en una sociedad globalizada. Recuperado en: http://ruc.udc.es/bitstream/2183/9198/1/ponencias_08_Martin_Diz_131-146.pdf
- Martín Diz Fernando. Resolución Alternativa de Conflictos penales. Recuperado en http://www.criminologia.org.es/aportaciones/primero/conflictos.pdf
- Martínez Escamilla, Margarita Sánchez Álvarez, María Pilar, "Justicia restaurativa, mediación penal y penitenciaria: un renovado impulso" Ed: Editorial Reus. Recuperado en: http://ezproxy.uag.mx:2052/lib/bibliouagsp/reader.action?docID=11046469
- Márquez Algara, María Guadalupe "Mediación y administración de justicia: hacia la consolidación de una justicia participativa" Ed. Universidad Autónoma de Aguascalientes, 2004 Recuperado en: http://ezproxy.uag.mx:2052/lib/bibliouagsp/reader.action?docID=10609384)
- Matute Morales Claudia. Rango Constitucional de los Medios Alternativos de Solución de Controversias: El Fundamento para un nuevo paradigma en la Justicia Venezolana.

Recuperado en: en; http://www.ordenjuridico.gob.mx/Publicaciones/CDs2011/CDArbitraje/pdf/PUBLI15.pdf)

- Métodos Alternativos de Resolución de Conflictos en los Sistemas de Justicia de los Países Americanos. Oficina del Subsecretario de Asuntos Jurídicos. Subsecretaría de Asuntos Jurídicos. Secretaría General de la Organización de los Estados Americanos Recuperado en: www.oas.org/consejo/sp/cajp/docs/cp09044s04.doc
- Octavo Congreso de las Naciones Unidas sobre Prevención del Delito y Tratamiento del Delincuente. La Habana, Cuba, de 27, de agosto a 7 de septiembre de 1990. *Apartado 27. Protección de los Derechos Humanos de las Víctimas de la Delincuencia y del Abuso de Poder*, p.207, en: *http://www.asc41.com/UN_congress/Spanish/8S%20Octavo%20Congreso/A_CONF144_28_REV1.pdf* . *Apartado* 27.66 *Ibídem*, Apartado 27. Inciso B. punto 149,
- Oficina del Alto Comisionado de las Naciones Unidas para los Derechos Humanos Declaración sobre los Principios Fundamentales de Justicia para las Víctimas de Delitos y del Abuso de Poder. Recuperado en *http://www2.ohchr.org/spanish/law/delitos.htm*
- Organización de las Naciones Unidas, *Reglas Mínimas de las Naciones Unidas sobre las Medidas no Privativas de la Libertad (Reglas de Tokio)*, Recuperado en: *http://www.justiciarestaurativa.org/resources/intergov/noncustodial*

- Pelayo Lavín Martha. Tesis: La mediación como vía complementaria de resolución de conflictos. Recuperado en:http://gredos.usal.es/jspui/bitstream/10366/110555/1/DDAFP_Pelayo_Lavin_M_LaMediacion.pdf)
- Peralta Quintanilla Tomas Rolando. "Tesis: La Mediación Comunitaria como Medio Alternativo de Solución de Conflictos en la Legislación Ecuatoriana" Recuperado en: http://www.sisman.utm.edu.ec/libros/FACULTAD%20DE%20CIENCIAS%20HUMAN%C3%8DSTICAS%20Y%20SOCIALES/CARRERA%20DE%20TRABAJO%20SOCIAL/07/NEGOCIACION%20MEDIACION%20Y%20RESOLUCION%20DE%20CONFLICTOS/LA%20MEDIACI%C3%93N%20COMUNITARIA%20COMO%20MEDIO.pdf
- Pérez Sauceda, José Benito, Zaragoza Huerta, José y Barba Álvarez, Rogelio. "La interdisciplinariedad y multidisciplinariedad como modelos a seguir en la enseñanza del Derecho: La experiencia de loa Métodos Alternos de Solución de Controversias" en *Letras Jurídicas: revista electrónica de Derecho.* Universidad de Guadalajara. Primavera del 2009, N. 8 http://letrasjuridicas.cuci.udg.mx/numeros/articulos8/La%20interdisciplinariedad%20y%20multidisciplinariedad.pdf
- Pérez Sauceda José Benito. Tesis: Métodos Alternos de Solución de Conflictos: Justicia Alternativa y Restaurativa para una Cultura de Paz".http://eprints.uanl.mx/2689/1/Tesis_Definitiva_R1.pdf)
- ¿Qué se entiende por reparación del daño con perspectiva de género? Recuperado en: http://www.equidad.scjn.gob.mx/spip.php?article813

* Quiroga, "Métodos alternos de solución de conflictos de paz y modernización de la justicia", 2011, recuperado en: http://ezproxy.uag.mx:2052/lib/bibliouagsp/reader.action?docID=10559770)
* Ríos Martín, "Métodos alternos de solución de conflictos de paz y modernización de la justicia", recuperado en: http://ezproxy.uag.mx:2052/lib/bibliouagsp/reader.action?docID=10559770
* Rodríguez Márquez, José A.. Los métodos alternativos de solución de controversias. Recuperado en: http://www.juridicas.unam.mx/publica/librev/rev/anjuris/cont/247/pr/pr9.pdf).
* Seller, Enrique Pastor. La mediación intrajudicial como método de resolución de conflictos en el seno familiar. Revista Entramado vol. 7 Enero- Junio 2011. Recuperado en: http://www.unilibrecali.edu.co/entramado/images/stories/pdf_articulos/volumen7/Entramado_19003803_Enero_Junio_2011_72-87.pdf)
* Torres Manrique Fernando Jesús *Análisis económico del derecho* Recuperado en: http://www.articuloz.com/leyes-articulos/analisis-economico-del-derecho-405912.html
* Vado Grajales Luis Octavio. Medios alternativos de resolución de conflictos. Recuperado en: http://biblio.juridicas.unam.mx/libros/5/2264/19.pdf
* Zehr, citado por García López, "Mediación, perspectivas desde la psicología jurídica" Recuperado en:

http://ezproxy.uag.mx:2052/lib/bibliouagsp/reader.action?docID=10995264)

Kolibri 360 GmbH
Ferdinand-Jühlke-Straße 7
99095 Erfurt, Deutschland
produktsicherheit@kolibri360.de

Druck:
CPI Druckdienstleistungen GmbH
im Auftrag der
Kolibri 360 GmbH
Ferdinand-Jühlke-Str. 7
99095 Erfurt